# ऐन्द्रिकता और मुक्तिबोध

(आलोचना)

# ऐन्द्रिकता और मुक्तिबोध

विनय विश्वास

वाणी प्रकाशन ग्रुप | भारतीय ज्ञानपीठ

वाणी प्रकाशन : भारतीय ज्ञानपीठ की पुस्तकों के एकमात्र प्रकाशक एवं वितरक

लोकोदय ग्रन्थमाला : ग्रन्थांक 1319

सजिल्द पहला संस्करण : 2018
सजिल्द दूसरा संस्करण : 2025

वाणी प्रकाशन : भारतीय ज्ञानपीठ की पुस्तकों के एकमात्र प्रकाशक एवं वितरक

**वाणी प्रकाशन**

4695, 21-ए, दरियागंज, नयी दिल्ली-110 002
दूरभाष : 011-23273167, 23275710
ईमेल : sales@vaniprakashan.in
www.vaniprakashan.com

**ISBN : 978-93-7112-743-1**

**मूल्य : ₹ 600**

**ऐन्द्रिकता और मुक्तिबोध**
*(आलोचना)*
**विनय विश्वास**



ENDRIKTA AUR MUKTIBODH
*(Criticism)*
by Vinay Vishwas

आवरण-चित्र : लीलाधर मंडलोई
मुद्रक : आर. टेक ऑफसेट प्रिंटर्स, दिल्ली-110 032

गुरुदेव डॉक्टर विश्वनाथ त्रिपाठी को
सादर

# प्राक्कथन

बात सन् 1983-84 की है। मैं एम.ए. कर रहा था। मुक्तिबोध की 'अँधेरे में' कोर्स में थी। ज़्यादातर विद्यार्थियों को वह एक कठिन कवि की कठिन कविता लगती। मुझे भी। समझने की हम बार-बार कोशिश करते। सफलता कम मिलती फिर भी कोशिशें रुकती नहीं। इस कारण भी कि हम अधिकांशत: मध्यवर्गीय घरों से थे। दुनिया बदलने पर अकम्प भरोसा था। अपने सपनों और संघर्षों के सबसे निकट मुक्तिबोध लगते। वो हमारे हीरो थे। किसी का उनको नापसन्द करना या कमज़ोर कवि ठहराना हमें बर्दाश्त नहीं होता। लगता—मुक्तिबोध ऐसे कठिन भी नहीं कि समझना असम्भव हो। ज़रूरत ईमानदार और समझदार कोशिशों की है। मुक्तिबोध और उनके आलोचकों को पढ़ना, पढ़े हुए पर किसी भी समय चर्चा करना (एक बार रंजन कुमार सिंह, लेखनाथ सिंह ठाकुर और मैं फ़िल्म की टिकट के लिए लाइन में लगे थे और मुक्तिबोध पर बहस कर रहे थे) और घंटों बहस में मुब्तिला रहना हमारी ऐसी ही कोशिशों के रूप थे। समझदार हों न हों पर कोशिशें ईमानदार ज़रूर थीं। फल उनका यह हुआ कि उसके बाद मुक्तिबोध से रिश्ता कभी नहीं टूटा।

सर (गुरुदेव डॉक्टर विश्वनाथ त्रिपाठी) से सीखने का सुअवसर मिला तो कोशिशें कुछ समझदार भी होने लगीं। उनके निर्देशन में एम.फिल. और पी-एच.डी. करते हुए मुक्तिबोध को और समझने की कोशिश की। लगातार बातचीत और बहसों से इस कोशिश को बल मिला। उन दिनों दिल्ली विश्वविद्यालय की सेन्ट्रल लाइब्रेरी का रिसर्च फ़्लोर अनेक मित्रों (द्वारिका प्रसाद चारुमित्र, अजय तिवारी, ख़ालिद अलवी, ख़ालिद अशरफ़, गोबिन्द प्रसाद, चन्द्रभान, बिक्रम सिंह, दीपक सिन्हा, बली सिंह, रेणु बाला, हेमन्त कुकरेती, पवन कुमार, मज़हर, सिराज़ अजमली, नज़मा, जतिन आदि) के अड्डे जैसा बन गया था। सर वहाँ अकसर आते। कभी-कभी त्रिलोचन शास्त्री भी। ख़ूब सत्संग होता। उससे भी जितना सीख सका, सीखा। एम. फिल. के दौरान मेरे लघु शोध-प्रबन्ध का विषय था—'मुक्तिबोध की कविताओं में इन्द्रिय-बोधात्मकता'। सर ने आशातीत इन्वॉल्वमैंट के साथ काम कराया। गुरुवर डॉ. नित्यानन्द तिवारी और मित्रों का सहज सुलभ मार्गदर्शन सोने पर सुहागे जैसा

था। नतीजा यह कि बहुतों को अच्छा लगने लायक़ काम हुआ। प्रस्तुत लेखन की बुनियाद में वही काम है। इसमें कुछ अच्छा लगे तो गुरुदेवों एवं मित्रों का योगदान है और बुरा लगे तो मेरी अयोग्यता। यह विनम्रता नहीं, वास्तविकता है।

गुरुवर डॉक्टर तिवारी ने इसके अन्तिम रूप को पढ़ा और इस पर प्रकाशन-योग्य होने की मुहर लगाई, इसके लिए कृतज्ञ हूँ। इसे अन्तिम रूप देने की प्रक्रिया में प्रिय वेदप्रकाश सिंह (जीतू) ने पूरे उत्साह के साथ बहुत समय दिया, मूल्यवान सुझाव दिए, इसके लिए बहुत-बहुत स्नेह। इसे प्रकाशित करने में भारतीय ज्ञानपीठ के सुप्रसिद्ध कवि-लेखक-सम्पादक-मीडियाकर्मी श्री लीलाधर मंडलोई और श्री महेश्वर ने रुचि ली, इसके लिए उनका बहुत-बहुत आभार और धन्यवाद। सर्जक मुक्तिबोध को समझने में इससे थोड़ी-सी भी सहायता यदि मिले तो सन्तोष होगा।

सर ने कई बार इसे छपवाने को कहा। मैं तो चाहता ही था कि यह छपे। इसलिए कि इससे मुझे बहुत-कुछ सीखने को मिला था और मुझे लगता रहा कि इसे पढ़नेवालों को भी शायद कुछ सीखने के लिए मिल जाए। चाहने और होने के बीच का अन्तराल चौंतीस-पैंतीस बरसों तक फैल गया। शोध, कवि मुक्तिबोध पर केन्द्रित था। बाद में विचार आया कि उनका गद्य उनको समझने के लिए महत्त्वपूर्ण ही नहीं, ज़रूरी भी है। ऐन्द्रिकता का अध्ययन उनके गद्य में भी होना चाहिए। इस बीच मुक्तिबोध के बारे में जो लिखा गया, उसकी रौशनी में भी मुक्तिबोध को देखा जाना चाहिए। इस दिशा में चलना शुरू किया। सफ़र और लम्बा होना ही था। थोड़ा-बहुत सही पर लगातार चलते रहने की नीयत और कोशिश रही। लक्ष्य हासिल हुआ या नहीं, यह तो नहीं कहा जा सकता पर कोशिश पूरी हुई। इसी का नतीजा है यह किताब। देखकर लग रहा है कि यह काम (अनपेक्षित विलम्ब के साथ सही पर मुझ जैसे आलसी और तरह-तरह के झंझटों में फँसे आदमी के द्वारा भी) अन्ततः हो पाया। जैसा भी हुआ पर काम बिलकुल न होने से तो यह स्थिति शायद बेहतर ही है।

मुक्तिबोध के सृजन से पहले उनके जीवन से परिचय वांछनीय है। उनका जन्म 13 नवम्बर, सन् 1917 को रात के 2 बजे श्योपुर कला, ग्वालियर (सम्प्रति ज़िला मुरैना) में (महाराष्ट्रीय देशस्थ ऋग्वेदी, कुलकर्णी पूर्वतर वंशनाम, अत्रि गोत्र में) हुआ और देहान्त 11 सितम्बर, सन् 1964 को रात लगभग 8.30 बजे ऑल इंडिया इंस्टीट्यूट ऑफ मेडिकल साइंसेज़, दिल्ली के कमरा नम्बर 208 में। उन्होंने लगभग 47 वर्ष का शरीर-जीवन पाया।

पिता थे—माधवराव मुक्तिबोध। ग्वालियर राज्य में पुलिस अधिकारी। दबंग, नियम के पाबन्द और धर्मनिष्ठ। ईमानदारी से प्रेम और चापलूसी से नफ़रत करनेवाले। तिलक के अख़बार 'केसरी' के ग्राहक। मूलतः मराठीभाषी। अँग्रेज़ी, संस्कृत, उर्दू

और फ़ारसी के जानकार। (फ़ारसी का ज्ञान उनको अपने पिता मुंशी जी के नाम से मशहूर टोंक (राजस्थान) में दफ़्तरदार गोपालराव मुक्तिबोध से मिला था।) क़िस्सा सुनाने की कला में पारंगत। घटना का सजीव चित्रण करने में समर्थ। गजानन मुक्तिबोध से एक दिन पहले नागपुर में उनका देहावसान हुआ। माँ थीं—पार्वतीबाई मुक्तिबोध। मूलतः हिन्दी-भाषी। ईसागढ़ (सम्प्रति ज़िला अशोकनगर, म.प्र.) बुन्देलखंड के समृद्ध किसान देशपांडे परिवार की बेटी। विवाहोपरान्त कभी मायके नहीं जा सकीं। विधिवत् शिक्षा छठवीं तक। मेधावी इतनी कि उस समय शिक्षा के लिए सौ रुपये का पुरस्कार पाया। शिक्षा का महत्त्व जानती थीं। अपने बच्चों के अनपढ़ रह जाने की आशंका से उद्विग्न रहतीं।

मुक्तिबोध का साहित्यिक व्यक्तित्व मूलतः उनकी माँ का योगदान है। मुक्तिबोध के ही शब्दों में, 'मेरी माँ जब प्रेमचन्द की कृति पढ़ती, तो उसकी आँखों में बार-बार आँसू छलछलाते-से मालूम होते। और तब—उन दिनों मैं साहित्य का एक जड़मति विद्यार्थी मात्र मैट्रिक का एक छोकरा था—प्रेमचन्द की कहानियों का दर्द-भरा मर्म माँ मुझे बताने बैठती। प्रेमचन्द के पात्रों को देख, तदनुसारी-तदनुरूप चरित्र माँ हमारे पहचान वालों में से खोज-खोजकर निकालतीं। इतना मुझे मालूम है कि माँ ने प्रेमचन्द का 'नमक का दारोग़ा' पिताजी में खोजकर निकाला था।'[1]

स्पष्ट है कि साहित्य का जीवन से अनिवार्य सम्बन्ध मुक्तिबोध बचपन से ही जान गये थे। उन्होंने अपने पिता को देवता कहा है तो माँ को गुरु। माँ के बारे में लिखा—''सामाजिक दंभ, स्वाँग, ऊँच-नीच की भावना, अन्याय और उत्पीड़न से कभी भी समझौता न करते हुए घृणा करना उसी ने मुझे सिखाया। लेकिन मेरी प्यारी श्रद्धास्पदा माँ यह कभी न जान सकी कि वह किशोर-हृदय में किस भीषण क्रान्ति का बीज बो रही है।... माँ मेरी गुरु थी अवश्य, किन्तु, मैं उनका शायद योग्य शिष्य न था! अगर होता तो कदाचित् अधिक श्रेष्ठ साहित्यिक होता, केवल प्रयोगवादी कवि बनकर न रह आता।'[2]

मुक्तिबोध के साहित्य में मौजूद अन्याय और विषमता से घृणा और क्रान्ति की प्रबल भावना का बीज उनकी माँ ने बोया था। आत्मालोचना का भी। वे 'अपनी भावना में प्रेमचन्द को माँ से अलग नहीं कर' सकते थे। उनके अनुसार, 'प्रेमचन्द समाज के चित्रणकर्त्ता ही नहीं, वरन् वे हमारी आत्मा के शिल्पी भी' थे। मुक्तिबोध का आदर्श था—'आत्मा का शिल्पी' अर्थात् पाठक की 'आत्मकेन्द्रिता का दुर्ग' तोड़कर उसे 'अच्छा मानव' बनाने में समर्थ लेखन। उनका सारा लेखकीय संघर्ष इस आदर्श को अपना यथार्थ बनाने के लिए रहा।

बचपन के दौरान घर में कोई अभाव न था और दो बड़े भाइयों का निधन हो चुकने के कारण वे सभी के अतिरिक्त दुलार के केन्द्र रहे। उन्हें 'बाबू साहब' कहकर

पुकारा जाता और उनकी हर ज़िद पूरी की जाती। शरच्चन्द्र, वसन्त और चन्द्रकान्त मुक्तिबोध उनके छोटे भाइयों के नाम हैं। परिवार के बड़े बेटे होने का फ़र्ज़ वे चाहते हुए भी कभी अदा नहीं कर पाए (सन् 1939 में पिता जब रिटायर हो गये और अर्थाभाव के कारण छोटे भाइयों की पढ़ाई बन्द होने की नौबत आई, तब उनके परिवार को उनकी सर्वाधिक ज़रूरत थी पर वे कुछ भी कर सकने में असमर्थ थे।), यह दुःख उनके जीवन-दुःख में शामिल था। उनका जीवन वस्तुतः दुःख से संघर्ष की निरन्तर यात्रा है।

'संघर्ष' मुक्तिबोध को जानने के लिए सबसे समर्थ शब्द है। बचपन के थोड़े-से समय को हटा दें तो उनका पूरा जीवन तरह-तरह के संघर्षों में बीता। शिक्षा भी उनके जीवन की सहज प्रक्रिया नहीं रही। रमेश मुक्तिबोध के शब्दों में, 'मेरे दादा माधवराव जी के बार-बार स्थानान्तरण के कारण मुक्तिबोध जी की प्राथमिक शिक्षा का सिलसिला बनता-बिगड़ता रहा। अमझरा, सरदारपुर, विदिशा आदि स्थानों पर उन्होंने प्राथमिक शिक्षा प्राप्त की। उज्जैन के माधव कॉलेज से सन् 1930 में ग्वालियर बोर्ड की परीक्षा में असफल रहने के बाद सन् 1931 में सफलता हासिल की।...सन् 1935 में माधव कॉलेज से इंटरमीडिएट पास होने पर वे परिवार के पहले सबसे ज़्यादा पढ़े-लिखे सदस्य थे। इन्दौर के होल्कर कालेज से सन् 1938 में बी.ए. तथा सन् 1953 में नागपुर विश्वविद्यालय से एम.ए. किया।'[3] चौदह की उम्र में मुक्तिबोध ने मिडिल, अठारह में इंटर, इक्कीस में बी.ए. और बी.ए. के पन्द्रह साल बाद छत्तीस की उम्र में एम.ए. किया। शिक्षा के लिए उनके संघर्ष का एक उदाहरण यह कि 1948 में वे डी.एन. जैन हाई स्कूल, जबलपुर में अध्यापक थे और नागपुर विश्वविद्यालय से एम.ए. की परीक्षा देने की तैयारी कर चुके थे लेकिन स्कूल ने छुट्टी नहीं दी। परीक्षा वे नहीं दे सके।

संघर्ष मुक्तिबोध के जीवन में उनके विवाह के लिए भी रहा। सन् 1939 में उन्होंने प्रेम विवाह किया। रमेश मुक्तिबोध ने बताया कि 'होल्कर कॉलेज इन्दौर में अध्ययन काल के समय मुक्तिबोध जी अपनी बुआ आत्याबाई के यहाँ रहते थे। उस समय आत्याबाई का निवास अस्पताल के नर्सेस क्वाटर्स में था। नर्सेस क्वाटर्स के अन्य हिस्से में, शान्ता जी अपनी बड़ी बहन कृष्णाबाई कुलकर्णी, जो स्वयं नर्स थी, की छत्रछाया में अपनी माता मनुबाई के साथ रहती थी। शान्ता जी के पिता माधवराव मोरोपन्त मिरीकर महु छावनी में रिसालदार थे। शान्ता जी चार भाई-बहनों में सबसे छोटी थीं। विधवा ब्राह्मणी मनुबाई को आत्याबाई के यहाँ रसोई सँभालने का काम मिला था, जो आय का एक साधन था। शान्ता जी कभी-कभार अपनी माँ के साथ आत्याबाई के यहाँ आती-जाती थीं।

एक बार मुक्तिबोध जी की बीमारी में शान्ता जी ने उनकी तन्मयता से सेवा-

सुश्रूषा की। शान्ता जी का सेवाभाव देखकर उनके मन में शान्ता जी के प्रति आसक्ति पैदा हुई। आगे चलकर मुक्तिबोध जी ने घोषणा कर दी कि वे शान्ता जी से ही विवाह करेंगे, अन्य किसी से नहीं...यह विवाह सजातीय था और इन्दौर के एक मन्दिर में सम्पन्न हुआ। विवाह का सारा बन्दोबस्त वर पक्ष ने किया। आत्याबाई ने अपनी नाराज़गी, विवाह में शामिल न होकर दर्ज़ करा दी। उन्हें यह कतई पसन्द नहीं था कि उनका भतीजा उनके यहाँ काम करनेवाली की लड़की से विवाह करे।...' (एक कारण यह भी बताया गया कि शान्ता जी दमे की मरीज़ थीं।)[4]

मुक्तिबोध के पिता ने भी इस सम्बन्ध को सहजता से स्वीकार नहीं किया था। इस अस्वीकृति के कारण मुक्तिबोध कुछ समय घर से भागकर उज्जैन में अपने मित्र शान्ताराम क्षीरसागर के पास रहे। वहीं से पिता को आवेशपूर्ण पत्र लिखा।[5] माँ ने साथ दिया। अन्ततः पिता तैयार हुए। विवाह हो गया। उस 'घर-गिरस्ती' की शुरुआत हुई, जिसके बारे में मुक्तिबोध ने लिखा, "...मेरी आँखों में घर-गिरस्ती को देखकर काले सपने आया करते हैं। बीस तारीख़ के बाद दिवालियापन सताता रहता है क्रुद्ध प्रेत-सा...।"[6]

यह प्रेत भी मूल्यवान प्रेम-सम्बन्धों में मुक्तिबोध की निष्ठा को विचलित नहीं कर सका। एक पोलिश शोधकर्तृ थीं—आग्न्येश्का। 'कवि', अप्रैल, 1957 में 'कविता' शीर्षक से छपी मुक्तिबोध की 'ब्रह्मराक्षस' कविता से प्रभावित हो वह उनके सम्पर्क में आई थीं। यह सम्पर्क आत्मीयता में विकसित हुआ। भोपाल के हमीदिया अस्पताल में जब एक भारतीय युवक से उनका विवाह आयोजित किया गया तो मुक्तिबोध ने उनके पिता की जगह कन्यादान किया था।

जगह-जगह नौकरियाँ पकड़ना और छोड़ना मुक्तिबोध के संघर्ष का प्रत्यक्ष रूप है। उन्होंने बी.ए. के बाद बड़नगर के मिडल स्कूल में जुलाई, 1938 से अक्तूबर, 1938 तक अध्यापन किया। इस स्कूल से अपने सहकर्मी रामलाल को दुश्चरित्रता और अनुशासनहीनता के झूठे आरोप लगाकर निकालने के विरोध में इस्तीफ़ा दिया। नवम्बर, 1938 से शुजालपुर मंडी के शारदा शिक्षा सदन में अध्यापक हुए। (शारदा शिक्षा सदन, सन् 1937 में फ़ैज़पुर में हुए कांग्रेस के अधिवेशन में महात्मा गाँधी और सरदार पटेल के व्याख्यानों से देहातों में रचनात्मक काम करने की प्रेरणा पाकर डॉक्टर नारायण विष्णु जोशी ने अनुभवी कार्यकर्ता रामचन्द्र चौबे के साथ शुजालपुर मंडी से ढाई मील दूर गेरखेड़ी गाँव में शुरू किया था। डेढ़ साल में चौबे जी चल बसे। जोशी जी सदन को शुजालपुर ले आए। उसे मिडिल तक पहुँचाया। हाई स्कूल तो न बना सके पर स्वाधीनता संग्राम का सच्चा स्कूल ज़रूर बना दिया। वहाँ चरखे भी चले और जुलाहे द्वारा विद्यार्थियों को कपड़ा बुनने की शिक्षा भी मिली। माचवे जी ने जोशी जी को मुक्तिबोध का नाम सुझाया था। इस

तरह मुक्तिबोध वहाँ पहुँचे।)

अगस्त, 1939 से सितम्बर, 1941 तक मुक्तिबोध ने उज्जैन के दौलतगंज मिडल स्कूल में पढ़ाया। अक्तूबर, 1941 में पुनः शारदा शिक्षा सदन पहुँचकर काम शुरू किया। 1943 से 1945 तक उज्जैन के मॉडेल हाई स्कूल में अध्यापक रहे। फिर 1945 में वायुसेना के अन्तर्गत किरानी का काम करने बंगलोर गये। डेढ़-दो हफ़्ते में वहाँ से जैसे-तैसे (हमेशा के लिए) छुट्टी लेकर उज्जैन लौटे। सितम्बर, 1945 में सरस्वती प्रेस, बनारस पहुँचे। वहाँ पढ़ने-लिखने का सारा समय काम के नाम हुआ। नवम्बर, 1946 से जबलपुर के डी.एन. जैन हाई स्कूल में अध्यापन शुरू किया। यहीं कालान्तर में हरिशंकर परसाई भी अध्यापक हुए। इस स्कूल की नौकरी निरन्तर परेशान करनेवाली थी। (स्कूल से छुट्टी मिलती नहीं थी। एक बार छुट्टी पर गये तो उनको अनुपस्थित बताकर नौकरी से निकाल दिया गया। दोबारा इस शर्त पर रखा गया कि वे कभी आकस्मिक या अवैतनिक छुट्टी नहीं लेंगे। छुट्टी न मिलने के कारण ही वे 1948 में नागपुर विश्वविद्यालय में एम.ए. का शुल्क जमा करने पर भी परीक्षा नहीं दे सके थे।)

अक्तूबर, 1948 में यह नौकरी छोड़ मध्य प्रदेश सरकार के सूचना और प्रकाशन विभाग में पत्रकार के पद पर काम करने (उन दिनों मध्यप्रदेश की राजधानी) नागपुर गये। सितम्बर, 1954 के बाद यह नौकरी भी छोड़ी और अक्तूबर, 1954 में आकाशवाणी, नागपुर के प्रादेशिक समाचार विभाग की नौकरी पकड़ी। सन् 1956 में उनका तबादला आकाशवाणी, भोपाल हुआ तो वहाँ प्रतिकूल हालात होने के कारण यह नौकरी भी छूटी। 27 अक्तूबर, 1956 को वे नागपुर में 'नया ख़ून' के सम्पादक नियुक्त हुए। लगभग डेढ़ साल रहे। सम्पादकी छोड़ने के बाद कुछ समय तक पाठ्य पुस्तकें लिखने और उनका भाषान्तर करने का काम किया। अन्ततः जुलाई, 1958 में (सागर विश्वविद्यालय से सम्बद्ध और 1957 में स्थापित) दिग्विजय कॉलेज, राजनांदगाँव में व्याख्याता हुए।

मुक्तिबोध की राजनीतिक-साहित्यिक सक्रियता का सम्भवतः सबसे पहला साक्ष्य यह कि सन् 1931 में उज्जैन में हिन्दी साहित्य सम्मेलन का अधिवेशन हुआ। महात्मा गाँधी की उपस्थिति वाले उस अधिवेशन में मुक्तिबोध और उनके मित्र विलायती राम घेई ने बतौर स्वयंसेवक काम किया। नवम्बर, 1938 के बाद नेमिचन्द्र जैन के साथ शुजालपुर में निरन्तर सत्संग के दौरान मार्क्सवादी हुए। सन् 1942 से 1947 तक भारतीय कम्युनिस्ट पार्टी के विधिवत् सदस्य रहे। विशेषता यह कि अन्ध-पक्षधर न मार्क्सवाद के हुए न मार्क्सवादियों के। चीन के भारत पर हमले के विरोध में 'मज़दूर संघर्ष' नामक चार पेज का अख़बार कन्हैयालाल अग्रवाल के भारतीय प्रेस से छपवाया और उसकी पन्द्रह हज़ार प्रतियाँ बाँटीं।

उज्जैन में बतौर राजनीतिक-साहित्यिक कार्यकर्ता विशेषत: सक्रिय रहे। यहीं सन् 1942 के दौरान 'मध्य भारत प्रगतिशील लेखक संघ' की स्थापना की। फरवरी, 1943 में मध्यभारतीय लेखक परिषद् का त्रिदिवसीय आयोजन जैनेन्द्रकुमार की अध्यक्षता में किया। सन् 1944 में भारत-सोवियत मैत्री संघ के अधिवेशन में शामिल होने बम्बई गये। पार्टी ने छात्र मोर्चे का दायित्व सौंपा तो उज्जैन में एक छात्र-आन्दोलन की शुरुआत की दिशा में यथाशक्ति काम किया। राहुल सांकृत्यायन की अध्यक्षता में सन् 1943 के दौरान इन्दौर में फासिस्ट-विरोधी लेखक-सम्मेलन आयोजित किया। फासिस्ट-विरोधी वे जीवन-पर्यन्त रहे। भोपाल में बीमारी के दौरान जवाहरलाल नेहरू के निधन का समाचार मिला तो अचेत अवस्था में भी कह उठे—'पार्टनर, बस अब फासिज़्म आ जाएगा।'

त्रिलोचन शास्त्री के अनुसार मुक्तिबोध द्वारा '...कविता लिखने का आरम्भिक साल 1930 तक माना जा सकता है। ...मोटे तौर पर 50-51 तक मुक्तिबोध को ऐसी काव्य-भूमि मिल जाती है जिस पर वे अपनी रचना-शक्ति की छाप लगा सकते हैं। ... 50 के बाद से अन्तिम समय तक की उनकी रचनाएँ इसी उच्च भूमि की हैं।'[7] रचनावली में पहली कविता 4 सितम्बर, 1935 की लिखी हुई है और अन्तिम (चम्बल की घाटी में) सन् 1964 की। नेमिचन्द्र जैन बताते हैं कि "1949 में नागपुर आने के साथ उन कविताओं का दौर शुरू हुआ जो बाद में उनके एकदम निजी और विशिष्ट स्वर की पहचान बन गयीं।"[8] सन् 1930 के बाद से 1964 तक उनके कवि-व्यक्तित्व को लगातार रूप लेते देखा जा सकता है। उनकी सर्वाधिक महत्त्वपूर्ण कविताएँ सन् 1950 से 1964 के बीच लिखी गयीं।

प्रकाशन की शुरुआत दिसम्बर, 1935 में माधव कॉलेज, उज्जैन की मैगज़ीन में छपी कविता से हुई (मुक्तिबोध की रचनात्मकता को बढ़ावा देनेवाले कॉलेज में एक शिक्षक थे—रमाशंकर शुक्ल 'हृदय')। कर्मवीर, वाणी, आरती, वीणा, विचार आदि पत्र-पत्रिकाओं में प्रारम्भिक कविताएँ प्रकाशित हुईं। प्रारम्भिक कविताओं का (भी) एक बड़ा हिस्सा अप्रकाशित रहा, जो रचनावली में संकलित हुआ। 'तार सप्तक' (सन् 1943) को उनकी कविताओं का पहला महत्त्वपूर्ण प्रकाशन कहा जा सकता है।

मुक्तिबोध उस दौर के कवि हैं, जब हिन्दी कविता सुनाने-सुनने की जगह लिखने-पढ़ने की प्रक्रिया में रूपान्तरित हो रही थी। उस दौर में भी उस धारा के, जो इस रूपान्तरण को सम्भव बनानेवाली थी। ऐसे कवि के लिए प्रकाशन, ख़ास तौर से, ज़रूरी था। कविता-संग्रह वे बहुत पहले से छपवाना चाहते थे। सन् 1942 में नेमिचन्द्र जैन को उन्होंने लिखा था—"मैं कविता संग्रह प्रदीप कार्यालय मुरादाबाद भेज चुका हूँ। अज्ञेय ने संग्रह की भूमिका लिखना स्वीकार कर लिया है।"[9] तथ्य है

कि वे जीवन-भर अपना कविता-संग्रह छपा हुआ नहीं देख सके। उनकी एकमात्र पुस्तक, जिसे वे प्रकाशित रूप में देख सके, सन् 1961 में छपी आलोचना-कृति 'कामायनी : एक पुनर्विचार' थी।

इससे पहले वे सन् 1948-49 में ढाई सौ पृष्ठों का अपना एकमात्र पूर्ण उपन्यास इलाहाबाद के एक प्रकाशक को दे चुके थे और वह पांडुलिपि गुम हो चुकी थी। ग़ौरतलब है कि वे अपने जीवन में हमेशा बनी रहने वाली आर्थिक समस्याओं का समाधान उपन्यास (के सम्भावित पारिश्रमिक) में देखा करते थे। 'अँधेरे में' कविता में 'अनलिखे उपन्यास' का ज़िक्र है। 'नया ख़ून' में काम करते हुए मुक्तिबोध को वैचारिक सहचरों के साथ मिलकर एक उपन्यास लिखने का विचार आया था और लगा था कि 'तार सप्तक' को जो सफलता मिली, वह गद्य सप्तक को भी मिल सकती है। यह विचार कभी साकार नहीं हुआ। वस्तुतः उपन्यास उनके जीवन की अतृप्त महत्त्वाकांक्षाओं में से एक रहा। उनके महादु:ख का एक रूप यह है।

मुक्तिबोध मूलतः कवि थे। अशोक वाजपेयी ने बताया कि "मुक्तिबोध का एक कविता-संग्रह निकलवाने की बहुत कोशिश हम साधनहीनों ने की थी। सागर के एक साथी प्रकाशन से उन्हें डेढ़ सौ रुपये की पेशगी भी दिलवा दी। पर मुक्तिबोध ने संग्रह की पांडुलिपि ही तैयार नहीं की। उन पर जब दबाव डाला तो उन्होंने कहा कि *छोटा मध्यवर्गीय प्रकाशक है, मेरा संग्रह छापेगा तो डूब जाएगा।*"[10] नरेश सक्सेना ने लिखा है—जब परसाई जी ने कहा कि इन कविताओं को छपना चाहिए तो मुक्तिबोध बोले—*इतनी लम्बी कविताओं को छापेगा कौन?* परसाई जी ने कहा—*मैं छापूँगा* तो मुक्तिबोध ने कहा—*तुम्हें तो हरगिज नहीं दूँगा, मुझे मालूम है 'वसुधा' मुश्किल में है, ऐसी कविताएँ छापोगे तो बन्द ही हो जाएगी।*[11] (प्रतिक्रियाओं के ये प्रसंग मुक्तिबोध के स्वार्थ-रहित, संवेदनशील, निरन्तर सजग और करुणा-कुशल व्यक्तित्व के सूचक तो हैं ही, एक आदर्श मनुष्य की आचार-संहिता के दुर्लभ और प्रासंगिक प्रतिमान भी हैं।)

सन् 1962 में मुक्तिबोध ने एक पाठ्यपुस्तक लिखी—'भारत : इतिहास और संस्कृति'। कुछ दक्षिणपन्थी और बिके हुए प्रकाशकों ने उसके विरुद्ध आन्दोलन किया। मुक्तिबोध ने जिन्हें हमेशा साथी माना, उन वामपंथियों ने भी इस आन्दोलन का साथ दिया। मध्यप्रदेश सरकार ने 19 सितम्बर, 1962 को पुस्तक पर प्रतिबन्ध लगा दिया। मुक्तिबोध के अन्तर्बाह्य जीवन पर इसका गहरा असर पड़ा। अन्तर्जीवन पर असर का साक्ष्य 'अँधेरे में' कविता का आशंकाओं और भय से भरा वातावरण है तो बाह्य जीवन पर असर का साक्ष्य वह रोग, जो जानलेवा साबित हुआ। जीवन के अन्तिम समय, जब वे बेहोश थे, उनकी एक पुस्तक छपकर आई—'एक साहित्यिक की डायरी'। उनकी मृत्यु के तेरह दिन बाद उनका पहला कविता-संकलन छपा—

'चाँद का मुँह टेढ़ा है'।

सन् 1980 में छह खंडों में 'मुक्तिबोध रचनावली' छपी। अपने मित्र शरद कोठारी से मुक्तिबोध ने कहा था, 'थोड़ा ठहरो दोस्त, सन् 1980 तो आने दो।' यह बात उसी तरह सच हुई जैसे अपने मित्र अनिल कुमार से कही गयी उनकी यह बात कि "म्यूज़ियम में रखी जाएँगी मेरी कविताएँ।"[12] (भोपाल में उनकी पांडुलिपियों के लिए संग्रहालय बना।) प्रकाशन के लिए जीवन-पर्यंत संघर्षरत मुक्तिबोध की मृत्यु के बाद उनकी रचनाएँ ढूँढ़-ढूँढ़कर छापने का क्रम चला जो कमोबेश अब तक जारी है।

सर (डॉक्टर विश्वनाथ त्रिपाठी) ने एक बार कहा था कि दु:ख कितना सच्चा है, यह उसे दूर करने के संघर्ष (की मात्रा और सघनता) से जानना चाहिए। मुक्तिबोध दु:ख और संघर्ष के दो हाथों से बने थे। परसाई और ज्ञानरंजन उनसे मिलने राजनाँदगाँव गये, जिसका ज़िक्र परसाई ने इन शब्दों में किया है—"दूसरी मंज़लि के हॉल के एक कोने में विकलांग मुक्तिबोध खाट पर लेटे थे। लगा, जैसे इस आदमी का व्यक्तित्व किसी मजबूत किले-सा है। कई लड़ाइयों के निशान उसपर हैं। गोलों के निशान हैं, पलस्तर उखड़ गया है, रंग समय ने धो दिया है—मगर जिसकी मजबूत दीवारें गहरी नींव में जमी हैं और वह सिर ताने गरिमा के साथ खड़ा है।"[13] यह मुक्तिबोध के व्यक्तित्व का चित्र है। खरा। जीवन्त। परसाई ने जिन लड़ाइयों के निशानों की बात की, उनमें से कुछ ये हैं-

इक्कीस सितम्बर, सन् उन्नीस सौ अड़तालीस। नेमिचन्द्र जैन को मुक्तिबोध ने एक पत्र में लिखा—"मैं इसे पचास रुपये में बेचने को तैयार हूँ... कृपया उपन्यास को फ़ौरन बेच दीजिए और तुरन्त मुझे पचास रुपये दिला दीजिए।"[14] आठ दिसम्बर, अड़तालीस को लिखा, "व्यक्तिगत रूप से मैं ग़रीबी से नहीं डरता। लेकिन अपने प्रिय लोगों की आँखों के नीचे काले घेरे देखनेवाला कोई भी अपने होने पर खुश नहीं हो सकता। वे आँखें मेरे लिए अभिशाप हैं।"[15] तीन मार्च, पचास को लिखा, "अगर कोई निकट भविष्य में इनको लेना और छापना चाहे तो मैं सिर्फ़ दो सौ रुपये में अपनी सारी कविताएँ बेच देने को तैयार हूँ।"[16] छह फरवरी, बावन को लिखा, "कुछ महीनों पहले पिता जी यहाँ आए और बीमार पड़ गये। एक मशहूर सर्जन ने उनको कैंसरग्रस्त घोषित कर दिया। पिता जी बाद में कुछ ठीक हो गये। हमेशा की तरह मुझे अब भी पैसे की बड़ी ज़रूरत है। अपने लिए नहीं, पिता जी के लिए। (आप जानते हैं कि एक महीने में कम से कम पाँच दिन मेरी कमज़ोर पत्नी को और मुझे सिर्फ़ चाय पर गुज़ारने पड़ते हैं। 1951 से पहले ऐसा कभी नहीं हुआ था लेकिन अब यह बिला नागा हर महीने होने लगा है।)"[17] एक महीने में कम-से-कम *पाँच दिन सिर्फ़ चाय* पर गुज़ारा...वह भी अपनी प्रिय ब्याहता के साथ! कैसी मर्मान्तक

रही वह ग़रीबी, जिससे मुक्तिबोध संघर्ष करते रहे।

संघर्ष का एक उदाहरण यह कि नागपुर में वे 'नया ख़ून' के लिए रात के दो-दो बजे तक काम करते। चौथाई आमदनी ब्याज चुकाने में जाती। 'नया ख़ून' की छवि एक सनसनीखेज़ अख़बार की थी, जिसे बदलने के लिए कठिन परिश्रम ज़रूरी था। परसाई ने देखा था—मई का महीना, नागपुर की गरमी, सर से थोड़ा ही ऊपर टीन की तपती छत। छत के नीचे बुखार से तपता शरीर। फिर भी निरन्तर काम। संघर्ष का दूसरा उदाहरण यह कि नागपुर में घर से दफ़्तर की दूरी लगभग चार मील थी, जिसे वे पैदल तय करते रहे। मुक्बिोध ने सन् 1941 और 1943 में (उज्जैन में) अपनी दो सन्तानों के तथा सन् 1950 और 1956 में (नागपुर में) दो और (जुड़वाँ) सन्तानों के कालकवलित होने की पीड़ा से भी संघर्ष किया।

श्रीकान्त वर्मा को नागपुर से सन् 1956 में लिखे गये एक पत्र में मुक्तिबोध ने लिखा था—"...सिर्फ़ एक ही 'महत्त्वाकांक्षा' है। लेक्चररी मिल जाए, ज़रा अच्छे ढंग की। मारा-मारा न फिरूँ।"[18] लेक्चररी मुक्तिबोध की महत्त्वाकांक्षा थी। वह उन्हें जब मिली तो नागपुर छोड़ राजनाँदगाँव जाना था। कर्ज़ चुकाए बिना नागपुर से निकलना असम्भव था। उनके एक मित्र ने जब वह चुकाया तब वे अपनी साकार महत्त्वाकांक्षा को छू सके। राजनाँदगाँव पहुँचकर भी अभावों ने उन्हें छोड़ा नहीं। वहाँ से एक साहित्यिक कार्यक्रम में सर्दियों के दौरान जबलपुर जाना पड़ा तो अपने एक साथी से ओवरकोट उधार लेकर गये।

जीवन के अन्तिम हिस्से में बीमारी से संघर्ष के दौरान उनके मित्रों और शुभचिन्तकों से कुछ राशि एकत्र हुई तो तय हुआ कि उसे बैंक में रखा जाए। यह बात मुक्तिबोध के सामने जब चल रही थी तो ज़िद करने लगे कि बैंक में खाता उन्हीं के नाम से खोला जाए। बोले, "बात यह है पार्टनर कि मेरी इच्छा है ऐसी। 'आई विश इट'। मैं नहीं जानता कि बैंक में खाता होना कैसा होता है। एक नया अनुभव होगा मेरे लिए। तर्कहीन लालसा हो—पर है ज़रूर, कि एक बार अपना भी एकाउंट हो जाए! ज़रा इस सन्तोष को भी देखूँ।"[19]

मुक्तिबोध ने मारक चुनौतियों की आग में जलते हुए भी अपनी नैतिकता और ईमानदारी पर कभी आँच नहीं आने दी। नरेश सक्सेना ने लिखा—"...मुझे याद है, 1958 या 59 की शाम जबलपुर में परसाई जी के घर के सामने ज़मीन पर बिछे बोरे पर बैठकर मुक्तिबोध से 'अँधेरे में' कविता का पहला पाठ सुनना।... मुक्तिबोध को कविता का अधिकांश हिस्सा याद था। काव्य पाठ के बाद मुक्तिबोध ने एक चाय की फ़रमाइश की, लेकिन इतने लोगों के लिए चायपत्ती और दूध कम पड़ गया था। परसाई जी ने कहा, सिर्फ़ एक कप चाय मुक्तिबोध जी के लिए बनवा दो, बाक़ी लोग बाद में पी लेंगे, लेकिन मुक्तिबोध ने अकेले चाय पीने से इनकार कर दिया

था।''[20] यह इनकार कितना व्यंजक है! कितना प्रासंगिक!

एक प्रसंग और। मुक्तिबोध जब लेक्चरर नियुक्त हुए तो उस पद के लिए श्रीमती वैकुंठ भी उम्मीदवार थीं। पी-एच. डी. उपाधि-सम्पन्न थीं वे। यह मुक्तिबोध को पता लगा तो वे अपना इस्तीफ़ा लेकर प्रिंसिपल के पास पहुँच गये। कहने लगे कि उनसे ज़्यादा क्वालिफाइड प्रत्याशी के साथ अन्याय हुआ है इसलिए उनका इस्तीफ़ा मंजूर किया जाए। प्रिंसिपल ने जब उन्हें यक़ीन दिलाया कि उनकी विशेष योग्यता के कारण उनको नियुक्त किया गया है और दूसरे प्रत्याशी को इस नौकरी की उतनी ज़रूरत नहीं है, तब उन्होंने वह लेक्चररी स्वीकार की[21], जो उनकी बरसों पुरानी महत्त्वाकांक्षा थी।

मुक्तिबोध की ईमानदारी जितनी गहरी थी, नैतिकता उतनी ही मज़बूत। इस निगाह से परसाई के लेखन का यह हिस्सा उल्लेखनीय है, जिसमें वे लिखते हैं कि मुक्तिबोध बीमार थे। चिकित्सा के लिए ज़रूरी पैसा था नहीं। ''तभी एक ज्येष्ठ लेखक की चिट्ठी आई कि आप घबड़ाएँ नहीं, हम कुछ लेखक जल्दी ही अख़बार में आपकी सहायता के लिए अपील प्रकाशित करा रहे हैं। चिट्ठी पढ़कर मुक्तिबोध बहुत उत्तेजित हो गये। झटके से तकिये पर थोड़े उठ गये और बोले—

''यह क्या है? दया के लिए अपील निकलेगी! अब, भीख माँगी जाएगी मेरे लिए! चन्दा होगा! नहीं—मैं कहता हूँ—यह नहीं होगा। मैं अभी मरा थोड़े ही हूँ। मित्रों की सहायता मैं ले लूँगा—लेकिन मेरे लिए चन्दे की अपील! नहीं। ...उस शाम को रमेश ने एक चिट्ठी लाकर दी, जिसमें बीस रुपये के नोट थे। चिट्ठी उनके एक विद्यार्थी की थी। उसने लिखा था कि मैं एक जगह काम करके पढ़ाई का ख़र्च चला रहा हूँ। आपके प्रति मेरी श्रद्धा है। मैं देख रहा हूँ कि अर्थाभाव के कारण आप-जैसे साहित्यकार की ठीक चिकित्सा नहीं हो पा रही है। मैंने ये बीस रुपये बचाए हैं। इन्हें आप ग्रहण करें। ये मेरी ही कमाई के हैं, इसलिए आप इन्हें लेने में संकोच न करें। स्वयं आपको रुपये देने का साहस मुझमें नहीं है, इसलिए इस तरह पहुँचा रहा हूँ। चिट्ठी और हाथ में रुपये लिए वे बड़ी देर तक खिड़की के बाहर देखते रहे। उनकी आँखें भर आयीं। बोले—'यह लड़का गरीब है। उससे कैसे पैसे ले लूँ?'

वहाँ एक अध्यापक बैठे थे। उन्होंने कहा, 'लड़का भावुक है। वापस कर देंगे तो उसे चोट पहुँचेगी।' मुक्तिबोध बहुत द्रवित हो गये इस स्नेह से। बड़ी देर तक गुमसुम बैठे रहे।''[22]

यह गुमसुम बैठे रहना मुक्तिबोध की अखंड नैतिकता का दृश्य-रूप है। इसके बाद हुआ यह कि ''जो थोड़े-से पैसे उनके हाथ में आ गये थे, वे कुलबुला रहे थे। उन्हें कितने ही कर्तव्य याद आ रहे थे। कोई मित्र कष्ट में है, किसी की पत्नी बीमार है, किसी की लड़की बीमार है, किसी के बच्चों के लिए कपड़े बनवाना है। उस

अवस्था में जब वे ख़ुद अपंग हो गये थे और अर्थाभाव से पीड़ित थे, वे दूसरों पर इन पैसों को ख़र्च कर देना चाहते थे। आगे भोपाल में तो इस बात पर उनसे बाक़ायदा युद्ध हुआ और बड़ी मुश्किल से हम उन्हें समझा सके कि रोगी का किसी के प्रति कोई कर्तव्य नहीं होता; सबके कर्तव्य उसके प्रति होते हैं।''[23]

अथाह करुणा से सम्पन्न दुबले-पतले मुक्तिबोध के कन्धे चौड़े, माथा ऊँचा, नाक लम्बी, आँखें बेधक, गाल कुछ दबे हुए, बाल पीछे की तरफ़ सँवरे हुए और रंग साँवला था। वे 'लम्बे डग भरकर' चला करते। उनकी विशेषताएँ थीं—कर्मठता, विद्रोह, अव्यावहारिकता (राजनांदगाँव में भी उनका वेतन आने से पहले ही उड़ जाया करता। अतः कॉलेज के प्रिंसिपल किशोरीलाल गोस्वामी ने उनके घर का बजट खुद बनाना शुरू कर दिया था।) और आत्मीयता (—रमेश मुक्तिबोध—'निश्छल तरल हँसी के साथ 'दोनों बाँहों में भरकर मुक्त आलिंगन' देना उनके व्यक्तित्व का विशेष पहलू था।'[24])।

वे मेहमाननवाज़ थे (हरिशंकर परसाई—''किसी को अपने घर में साग्रह खाना खिलाना, अपनी हैसियत से बाहर खातिर करना उनकी ख़ास प्रकृति थी।''[25]) चाय और बीड़ी ख़ून में रमी थी। शतरंज खेलना प्रिय था। अच्छे तैराक थे (-रमेश मुक्तिबोध—'क्षिप्रा नदी को एक तट से दूसरे तट तक सहज गति से पार कर लेते थे।'[26]) मित्रों का दायरा बड़ा था। शान्ताराम क्षीरसागर, विलायतीराम घेई, रामलाल, प्रभाकर माचवे, नेमिचन्द्र जैन, नरेश मेहता, प्रभागचन्द्र शर्मा, हरिशंकर परसाई, प्रमोद वर्मा, रामकृष्ण श्रीवास्तव, जीवनलाल वर्मा विद्रोही, श्रीकान्त वर्मा, मनमोहन मदारिया, अनिलकुमार, भाऊ समर्थ, शरद कोठारी, पार्थसारथि, गुरुदेव काश्यप, अशोक वाजपेयी, जसराज, नारायण विष्णु जोशी, वीरेन्द्र कुमार जैन, भारतभूषण अग्रवाल आदि इस दायरे के हिस्से थे।

सत्संग मुक्तिबोध के स्वभाव में था। कई जगहें उनकी जीवन्त अड्डेबाज़ी की साक्षी रहीं। होल्कर कॉलेज, इन्दौर के छात्रावास में माचवे का कमरा, जहाँ प्रभाकर माचवे और वीरेन्द्र कुमार जैन के साथ बैठकी जमती। यह एक तिकड़ी थी, जिसमें मुक्तिबोध शामिल थे। दूसरी तिकड़ी शुजालपुर मंडी के शारदा शिक्षा सदन में सक्रिय रही, जहाँ डॉ. नारायण विष्णु जोशी और नेमिचन्द्र जैन के साथ नियमित सत्संग होता। उज्जैन में माचवे के घर भी साथी जुटते। नागपुर में तो उनकी मित्र-मंडली को मुक्तिबोध-मंडल और कवि-मित्रों को मुक्तिबोध-स्कूल के कवि कहने पर भी विचार हुआ। वस्तुतः मुक्तिबोध जहाँ भी रहे, मित्रों के साथ गपशप और बहस उनके जीवन का अनिवार्य हिस्सा रही। इसका ताप उनके पूरे साहित्य में महसूस किया जा सकता है।

मुक्तिबोध क्रमशः रोग और मृत्यु की तरफ़ गये। पहले उन्हें हाथ-पाँवों में

एग्ज़िमा हुआ। पाँव सूज गये। चक्कर आने लगे। कई बार पैदल चलते हुए और साइकिल से जाते हुए गिरे। रोग ने गंभीर रूप लिया सन् 1964 में 7 फरवरी को, जब उनपर पक्षाघात का आक्रमण हुआ। लेखकों के प्रयासों से मध्यप्रदेश के तत्कालीन मुख्यमन्त्री द्वारिकाप्रसाद मिश्र ने भोपाल के हमीदिया अस्पताल में चिकित्सा की व्यवस्था कराई। भोपाल वे 17 फरवरी को पहुँचे। शुरू में स्वास्थ्य कुछ सुधरा पर बाद में बिगड़ता चला गया। वे बेहोशी में चले गये। दिल्ली के लेखकों ने कोशिश की और तत्कालीन प्रधानमन्त्री लाल बहादुर शास्त्री ने ऑल इंडिया इंस्टीट्यूट ऑफ़ मेडिकल साइंसेज़ में उनके उपचार का इन्तज़ाम कराया। एम्स में वे 26 जून को दाख़िल हुए। लम्बा उपचार चला पर 11 सितम्बर को उन्होंने अन्तिम प्रस्थान कर दिया।

घर से हमीदिया अस्पताल, भोपाल के लिए चलने का हाल परसाई जी ने लिखा है—"और उस रात जब हम लोग गाड़ी पर चढ़े तो साथ में रिमों काग़ज़ था। मुक्तिबोध ने हठ करके पूरी कविताएँ, अधूरी कविताएँ, तैयार पाण्डुलिपियाँ सब लदवा लीं। बोले, 'यह सब मेरे साथ जाएगा। एकाध हफ्ते बाद मैं कुछ काम करने लायक हो जाऊँगा, तो कविताएँ पूरी करूँगा, नयी लिखूँगा और पांडुलिपियाँ दुरुस्त करूँगा। अपने से अस्पताल में बेकार पड़ा नहीं रहा जाएगा, पार्टनर! और हाँ, वह पासबुक रख ली है न?'

पर उन काग़ज़ों पर मुक्तिबोध का न फिर हाथ चल सका और न वे एक चेक काट सके।

ज़िन्दगी बिना कविता-संग्रह देखे और बिना चेक काटे गुज़र गयी।"[27]

निरन्तर संघर्ष की एक यात्रा पूरी हुई। मृत्यु के बाद मुक्तिबोध को महान् मान लिया गया। परसाई जी के अनुसार "जो इतने सालों से कहते रहे थे कि मुक्तिबोध कविता नहीं लिखते, भाषण देते हैं, वे भी जय बोलते पकड़े गये। ...मुझे शक है, बहुत शक है—कि यदि वे मामूली अस्पताल के जनरल वार्ड के किसी बिस्तर पर पड़े-पड़े दम तोड़ते, तो भी लोग कुछ समय और उनके बारे में सत्य को दबाए रहते। सही मूल्यांकन के लिए अभी भी लेखक को कितनी परिस्थितियाँ पैदा करनी पड़ती हैं—कठिन बीमारी, मुख्यमन्त्री, प्रधानमन्त्री, मौत!"[28]

अब मुक्तिबोध अपने शब्दों में जीवित हैं। मानो कह रहे हों—देखा पार्टनर! हम जैसों को कोई नहीं मार सकता—चाहे कोई साजिश हो या टूटन या वेदना या बीमारी या मौत!

मुक्तिबोध हिन्दी और नयी कविता के विशेष कवि हैं। नयी कविता में उनकी स्थिति कमोबेश वैसी है जैसी छायावाद में निराला की। वे नयी कविता के कवि होते हुए भी नयी कवितावादी नहीं। हिन्दी में नयी कविता एकाधिक रूपों में प्रचलित है।

प्रयोगवादी कविता के लिए अज्ञेय और इससे जुड़े अन्य कवियों ने 'नयी कविता' का प्रयोग उचित माना। आज़ादी के बाद इलाहाबाद से प्रकाशित 'नयी कविता' पत्रिका ने इस प्रयोग को इस्तेमाल करते हुए और सुदृढ़ रूप दिया। दूसरी तरफ़ आज़ादी से पहले छायावादी कविता में हुए परिवर्तन को भी 'नयी कविता' कहा गया। मुक्तिबोध ने इसी अर्थ में नयी कविता को, निराला से उसके रिश्तों-सहित, स्वीकार किया। आज़ादी के बाद की नयी कविता को उन्होंने 'नयी कविता का दूसरा उत्थान' कहा और उसकी अनेक मूल स्थापनाओं से घोर असहमति व्यक्त की। अपने को नयी कविता की प्रगतिशील धारा का हिस्सा बताया और इसी रूप में अपना काव्य-संघर्ष (पूरा) किया।

मुक्तिबोध की ऐन्द्रिकता बताती है कि उनका काव्य-संघर्ष जितना खरा था, उतना ही सक्षम। इसका अध्ययन वस्तुत: उनके संवेदनात्मक उद्देश्य से रचना-संसार और रचना-विन्यास के रिश्तों का अध्ययन है। यथार्थ की पुनर्रचना के लिए उन्होंने जो भाववादी शिल्प अपनाया, वह उनकी अन्तर्वस्तु का सबसे स्वाभाविक रूप था। वे अन्तर्जगत (की आत्मालोचना, अपराध-बोध, संकल्पबद्धता, उल्लास, उदासी, शर्म, बेशर्मी, स्वप्नदर्शिता आदि अनेक प्रक्रियाओं और वस्तुस्थितियों) के बड़े कवि थे। यह अन्तर्जगत जटिल था और फ़ैंटेसी इसका स्वाभाविक रूप। इसे इस दृष्टि से भी देखा जाना चाहिए कि यह सामाजिक लक्ष्य, के व्यक्तिगत लक्ष्य में रूपान्तरण की सर्जनात्मक प्रक्रिया का परिणाम है। ऐन्द्रिकता का अध्ययन प्रकारान्तर से इस प्रक्रिया के घटित होने का अध्ययन है। मुक्तिबोध की ऐन्द्रिकता विशेष है। इस विशेष का स्वरूप यथासम्भव सामने आए, इसके लिए और काम करने की ज़रूरत उभरे, यह भी इस अध्ययन की नीयत है।

और यह तो आप जानते ही हैं कि प्रतिक्रियाओं से बल ही नहीं मिलता, बात भी आगे बढ़ती है।

**—विनय विश्वास**

**सन्दर्भ —**


1. मुक्तिबोध रचनावली-5, पृ. : 429
2. मुक्तिबोध रचनावली-5 : पृ. 429-430
3. सामयिक सरस्वती (त्रैमासिक) वर्ष: 2, अंक : 1, अप्रैल-जून, 2016, पृ. 93
4. सामयिक सरस्वती (त्रैमासिक) वर्ष: 2, अंक: 1, अप्रैल-जून, 2016, पृ. 95
5. भारतीय साहित्य के निर्माता (मोनोग्राफ): मुक्तिबोध, नन्दकिशोर नवल, साहित्य अकादमी, नयी दिल्ली, पृ. 17

6. मुक्तिबोध रचनावली-6, पृ. 221-22-23
7. मुक्तिबोध की कविताएँ, सम्पादकः त्रिलोचन शास्त्री, पृ. 7, 21
8. मुक्तिबोध रचनावली-1 : पृ. 19
9. मुक्तिबोध रचनावली-6, पृ. 235
10. आलोचना (त्रैमासिक), सहस्राब्दी अंक 55, जुलाई-सितम्बर, 2015, मुक्तिबोध पर केन्द्रित, पृ. 71
11. सामयिक सरस्वती (त्रैमासिक) वर्षः 2, अंकः 1, अप्रैल-जून, 2016, पृ. 10
12. मुक्तिबोध : कविता और जीवन-विवेक, चन्द्रकान्त देवताले, पृ. 30
13. परसाई रचनावलीः 6 (पहला संस्करण) जनवरी, 1985 (तीसरा संस्करण) सितम्बर, 1998, पृ. 368
14. मुक्तिबोध रचनावली-6, पृ. 280
15. मुक्तिबोध रचनावली-6, पृ. 284
16. मुक्तिबोध रचनावली-6, पृ. 304
17. मुक्तिबोध रचनावली-6, पृ. 313-314
18. मुक्तिबोध रचनावली-6, पृ. 350
19. परसाई रचनावलीः 6 (पहला संस्करण) जनवरी, 1985, तीसरा संस्करणः सितम्बर, 1998 पृ. 370
20. सामयिक सरस्वती (त्रैमासिक) वर्षः 2, अंकः 1, अप्रैल-जून, 2016 पृ. 10
21. भारतीय साहित्य के निर्माता (मोनोग्राफ): मुक्तिबोध, नन्दकिशोर नवल, साहित्य अकादमी, नयी दिल्ली, पृ. 39
22. परसाई रचनावली-6 (पहला संस्करण) जनवरी, 1985, तीसरा संस्करण : सितम्बर, 1998 पृ. 370-371
23. परसाई रचनावली-6 (पहला संस्करण) जनवरी, 1985, तीसरा संस्करण : सितम्बर, 1998 पृ. 371
24. सामयिक सरस्वती (त्रैमासिक) वर्ष : 2, अंकः 1, अप्रैल-जून, 2016, पृ. 93
25. मुक्तिबोध : कविता और जीवन-विवेक (चन्द्रकान्त देवताले) पृ. 17-18
26. सामयिक सरस्वती (त्रैमासिक) वर्ष : 2, अंकः 1, अप्रैल-जून, 2016 पृ. 93
27. परसाई रचनावलीः 6 (पहला संस्करण) जनवरी, 1985, तीसरा संस्करणः सितम्बर, 1998 पृ. 371-372
28. परसाई रचनावलीः 3 (पहला संस्करण) जनवरी, 1985, (तीसरा संस्करण) सितम्बर, 1998 पृ. 393-394

# अनुक्रम

# ऐन्द्रिकता और साहित्य

ऐन्द्रिक शब्द 'ऐन्द्रियक' का व्यावहारिक रूप है। ऐन्द्रियक संस्कृत विशेषण है। अर्थ है—इन्द्रिय-सम्बन्धी या जिसका ज्ञान इन्द्रियों से हो। ऐन्द्रिकता इन्द्रियों की ज्ञान-प्राप्ति-प्रक्रिया है। उसका फल और फलत्व भी। इन्द्रियों के द्वार से या उनके द्वारा संसार का बोध होता है। सुखद या दु:खद इन्द्रिय-संवेदन इस बोध के आधार हैं। इन्हीं से संसार अनुभव होना शुरू होता है। यह अनुभव कुछ स्थिर एवं परिपक्व होने पर प्रत्यय-बोध में विकसित होता है। प्रत्यय-बोध के विकास से भाव का उदय होता है। आचार्य रामचन्द्र शुक्ल ने 'प्रत्यय-बोध, अनुभूति और वेगयुक्त प्रवृत्ति; इन तीनों के गूढ़ संश्लेष' को 'भाव'[1] कहा है। बोध, भाव में बद्धमूल है।

बोध के आधार पर बने भाव मोटे तौर पर सभी के लिए समान रूप से सत्य होते हैं। बारीक़ी से देखने पर उनके अलग-अलग रूप पहचाने जाते हैं। रति का भाव सबमें है लेकिन सभी में एक जितना और एक जैसा नहीं। इसलिए सबका रवैया भी संसार के प्रति एक जैसा नहीं। सभी का भावलोक रूप, रस, गन्ध, स्पर्श और ध्वनि द्वारा अर्जित बोध से बनता है। भिन्नता का कारण है इस बोध की मात्रा, गुणधर्म और विकास का अलग-अलग होना। इसी अलगाव से व्यक्तित्व बनता है।

पेड़ सभी हैं पर गुणधर्म और रूपाकार सबके अपने-अपने हैं। मनुष्य सभी हैं पर भीतर-बाहर से अलग-अलग। सभी बाहरी संसार का इन्द्रियों द्वारा आभ्यन्तरीकरण करते हैं। सभी का भावलोक इस आभ्यन्तरीकरण पर आधारित होता है। सभी अपने भावलोक के अनुसार क्रिया-प्रतिक्रिया करते हैं। ये क्रिया-प्रतिक्रियाएँ मूलत: आभ्यन्तरीकृत संसार की अभिव्यक्तियाँ हैं। उसका बाह्यीकरण हैं। संस्कृति और (कविता सहित) उसके तमाम हिस्से इस बाह्यीकरण में रूप लेते हैं।

मनुष्यकृत प्रकृति ही संस्कृति है। डॉक्टर विश्वनाथ त्रिपाठी ने कहा है कि 'मनुष्य प्रकृति-शरीर की आँख और बुद्धि जैसा है जिसके ज़रिए प्रकृति ख़ुद अपने-आपको देखती है।'[2] प्रकृति द्वारा ख़ुद अपने-आपको देखने का आशय है अपने सौन्दर्य को देखना। अपने सारतत्त्व को पहचानना। मनुष्य इस पहचान का माध्यम है। वस्तुत: वह प्रकृति का हिस्सा है। सचेत हिस्सा। सचेत होने के कारण वह प्रकृति को अपने

अनुभव-ज्ञान के आधार पर अपनी ज़रूरतों के अनुसार बदलता है। पेड़ को मेज़ या बाँसुरी की शक्ल देता है। मेज़ या बाँसुरी वस्तुतः पेड़ का ही सौन्दर्य है। मनुष्य उसे उसके भीतर से उभार लाता है। प्रकृति विविधरूपा है। उसकी ऊर्जा अपार है। उसके लिए विवेक की आँख है मनुष्य। उसके द्वारा वह स्वयं को बदलती है। मानवीय रूप लेती है। संस्कृति बनती है।

प्रकृति और संस्कृति के सौन्दर्य में अन्तर है। आचार्य हजारीप्रसाद द्विवेदी ने बतलाया है कि ''प्रकृतिदत्त सौन्दर्य 'जैसा है, वैसा' के अनुभव का आस्वाद है; मनुष्यकृत सौन्दर्य इस अनुभव और 'जैसा होना चाहिए, वैसा', इन दोनों से उद्भूत विशिष्ट आनन्द है।''[3] पेड़ की सुन्दरता प्रकृति-प्रदत्त है। मेज़ या बाँसुरी की सुन्दरता मनुष्यकृत। बोलने की क्षमता मनुष्य को प्रकृति-प्रदत्त है लेकिन इस क्षमता से भाषा और भाषा से कविता का निर्माण उसी ने किया है। यह निर्माण संस्कृति की विराट विकास-यात्रा का हिस्सा है। गतिशील और परिवर्तनपूर्ण। इसी अर्थ में मुक्तिबोध ने कविता को 'एक सांस्कृतिक प्रक्रिया' कहा। सांस्कृतिक प्रक्रिया अर्थात जीवन को सजग हस्तक्षेप से और मानवीय, और बेहतर बनाने की निरन्तर कोशिश। अगर जो है, उससे बेहतर नहीं चाहिए तो कविता, या संस्कृति का कोई भी रूप विलासिता हो सकता है, ज़रूरत नहीं।

मनुष्य, विवेक को बरतते हुए बाहरी प्रकृति को भी बदलता है, भीतरी को भी। कविता अपने सर्जक और पाठक-श्रोता, दोनों की भीतरी प्रकृति को बदलती है। भीतरी प्रकृति मनुष्यता का स्रोत है। सूख गया हो तो कविता इसे सींचती, उर्वर बनाती है। उर्वर हो तो और अधिक उर्वर, और अधिक मानवीय बनाती है। यह कविता की सार्थकता है। इसे अर्जित करने की प्रक्रिया ऐन्द्रिकता के सजग उपयोग से सम्भव होती है। यह उपयोग रचनाकार अपने अनुसार करता है और पाठक या श्रोता अपने अनुसार। दोनों उपयोगों के बीच एक रिश्ता बनता है, जो रचना-क्षमता को प्रभाव-क्षमता में रूपान्तरित करता है। यह प्रभाव-क्षमता ही रचनाकार और पाठक या श्रोता, दोनों के लिए रचना की सार्थकता है।

सभी कलाएँ मनोविकारों को कमोबेश बदलती हैं, उनका पुनर्गठन करती हैं लेकिन सभी की ऐन्द्रिकता एक जैसी नहीं होती। चित्रकला रूप-प्रधान होती है तो संगीत ध्वनि-प्रधान। साहित्य में ऐन्द्रिकता के अधिकतम रूपों का उपयोग होता है। रूप, रस, गन्ध, स्पर्श, ध्वनि; आवश्यकतानुसार सभी रूप इसमें रह सकते हैं, प्रधान हो सकते हैं। विवेक-शक्ति का विचार-रूप में सर्वाधिक उपयोग साहित्य करता है। विचार-पुष्ट भाव से उसका सरोकार सर्वाधिक होता है। संगीत के लिए इन्द्रिय-बोध और भाव, दोनों सन्दर्भवान हैं लेकिन विचार के बिना भी उसका काम चल सकता है। साहित्य के लिए विचार अनिवार्य हैं पर निरे विचारों से साहित्य का सृजन असम्भव।

विचार के साथ इन्द्रिय-बोध और भाव भी चाहिए।

साहित्य का माध्यम है—भाषा। भाषा ऐन्द्रिकता से बनती है। बनती ही नहीं, ऐन्द्रिकता का सृजन भी करती है। उसकी अर्थवत्ता ही भौतिक संसार को अमूर्त ध्वनि-चिह्नों के द्वारा मूर्त कर देने में है। जब कहा जाता है—'काग़ज़' तो काग़ज़ के न रहने पर भी मानस-पटल पर उसका रूपाकार वैसा ही उभर आता है, जैसा प्रत्यक्ष काग़ज़ को देखने पर। यह भाषा की शक्ति है। संसार में ऐसी वस्तुस्थितियाँ इनी-गिनी हैं, जिन्हें वह इन्द्रियगम्य न कर सके। ऐसी भाषा जिस कला का माध्यम होगी, वह संसार के जड़-चेतन का अधिक उपयोग करने में सक्षम होगी ही। साहित्य ऐसी ही कला है। सर्वसमावेशी होने के कारण वह चित्र, मूर्ति, संगीत आदि कलाओं से मिलनेवाला अनुभव सहजता से दे सकती है। ये कलाएँ साहित्य का अनुभव सहजता से नहीं दे सकतीं।

'तीसरी क़सम' फणीश्वरनाथ रेणु की कहानी भी है, शैलेन्द्र की फ़िल्म भी। कहानी में जहाँ हीरामन, हीराबाई को बैलगाड़ी में ले जाता है वहाँ लिखा गया है कि उसकी पीठ में गुदगुदी होती है। बावजूद राज कपूर जैसे सक्षम अभिनेता और 'तीसरी क़सम' जैसी समर्थ फ़िल्म के, फ़िल्म इस गुदगुदी को परदे पर पूरी तरह नहीं दिखा पाती। पीठ में होनेवाली गुदगुदी का दृश्य-रूप क्या हो सकता है, इसका उत्तर आसान नहीं। इस रूप को भाषा में बताया जा सकता है। यह भाषा की अपनी शक्ति है। अतः साहित्य की भी।

कविता साहित्य का लयात्मक आदि-रूप है। लय कविता का अपना औज़ार है। उसी तरह जैसे वर्णन गद्य साहित्य का। अपना, विशेष और अनिवार्य। भाषा का उन्नत रूप है साहित्य। मनुष्यता की लयात्मक या वर्णनात्मक अभिव्यक्ति। संसार-स्थितियाँ बदलती हैं तो मनुष्यता भी बदलती है, साहित्य भी। इस बदलाव से वह समकालीन होता है। साहित्यकार अपने युग को मूर्त रूप में देखते, अनुभव करते हुए मूर्त रूप में ही उसकी पुनर्रचना किया करता है। यह पुनर्रचना ही सृजन है। यह सृजन वस्तुतः विकसित मनुष्यता का फल है।

ऐन्द्रिकता मनुष्य के विकास में बद्धमूल है। एकेन्द्रिय जीवों के पास सिर्फ़ त्वचा होती है। पेड़-पौधे केवल स्पर्श से अपना काम चलाते हैं। सीप, शंख आदि दो इन्द्रिय वाले जीव स्पर्श के साथ रस का बोध भी ले सकते हैं। ऑक्टोपस स्पर्श और रस के साथ रूप-बोध से भी सम्पन्न होता है। चार इन्द्रियों वाले जीव सूँघ भी सकते हैं। गाय, घोड़े, कुत्ते आदि में पाँचों ज्ञानेन्द्रियों की उपयोग-क्षमता होती है। एक से पाँच इन्द्रियों की उपस्थिति वस्तुतः जीव-जगत में विकास की उपस्थिति है।

मनुष्य के पास छठी इन्द्रिय भी है—विवेक। यह बुद्धि-क्षमता का विकसित उपयोग है। पशु-पक्षी-संसार से उसकी भिन्नता या विकसित अवस्था का कारण। यह विकास इन्द्रिय-बोध, प्रत्यय-बोध और विवेक के निरन्तर सजग उपयोग से तो सम्भव

हुआ ही है, इससे ऐन्द्रिकता का सजग या विवेकसम्मत उपयोग भी सम्भव होता है। संस्कृति की विकास-यात्रा परिवर्तनशील प्रकृति से मनुष्य के परिवर्तनशील रिश्तों की सूचक है। उसके विकासशील अन्तर्जगत की परिचायक।

इस अन्तर्जगत में स्मृति, कल्पना और आवेग जैसी शक्तियाँ हैं। स्मृति का रिश्ता अतीत से है तो कल्पना का भविष्य से और कर्म का वर्तमान से। साहित्य इस अन्तर्जगत की सन्तान है। यही कारण है कि वह काल के तीनों आयामों से ऊर्जा लेता है। अतीत के अनुभव और भविष्य के पूर्वानुमान सर्जक के अन्तर्जगत को पुनर्गठित करते हैं। यह पुनर्गठित अन्तर्जगत सृजन के माध्यम से देशकाल की पुनर्रचना करता है। यह पुनर्रचना पाठक-श्रोता के अन्तर्जगत को बदलती है। यही बदलाव सृजन का प्रभाव है।

सृजन, अपने साधनों का सांस्कृतिक उपयोग करता है। साधनों का अपना मिज़ाज होता है। सर्जक इसे समझता है। अनुभव करता है। वह इससे नियन्त्रित नहीं होता। इसपर अपनी इच्छा लादकर इसे नियन्त्रित भी नहीं करता। वह इसे समझते, महसूस करते और इसका मूल्यांकन करते हुए बरतता है। सर्जक का यही बरताव उसकी क्षमता है। क्षमतावान सर्जक अपने सृजन के संवेदनात्मक उद्देश्य से उसके उपकरणों के मिज़ाज की संगति खोजता और पाता है। इसी तरह संगत और समर्थ होता है वह।

संवेदनात्मक उद्देश्य और साधन-स्वभाव जब एक-दूसरे के लिए हो जाते हैं, तब ऊर्जस्वी रचना का जन्म होता है। ऊर्जस्वी अर्थात सौन्दर्य-सम्पन्न। सौन्दर्य क्या है? आचार्य हजारीप्रसाद द्विवेदी के शब्दों में, ''एक प्रकार का व्यापक मानव-चित्त है, जो विश्वजनीन है। जो वस्तु इस समष्टि-चित्त को सुन्दर लगती है, वही सुन्दर है। कुछ थोड़े-से व्यक्तियों को अगर सुन्दर न लगे तो मानना होगा कि वे समष्टि-चित्त से विच्छिन्न होने के कारण विकृत हैं और इसीलिए चिकित्स्य हैं।...समष्टि-चित्त के अनुकूल भावान्दोलन पैदा करनेवाला तत्त्व ही सौन्दर्य है। व्यक्ति उसके प्रतिकूल जाने पर विकृत माना जाता है, अनुकूल जाने पर प्रकृत।''[4] यह समष्टि-चित्त ऐन्द्रिकता के निरन्तर और सामूहिक उपयोग का फल है।

व्यवहार से अनुभव और अनुभव से ज्ञान का उदय होता है। ज्ञान, कल्पना के सर्जनात्मक उपयोग का आधार है। रचना-प्रक्रिया में कल्पना की भूमिका स्पष्ट करते हुए मुक्तिबोध ने कहा, ''असलियत यह है कि सौन्दर्य तब उत्पन्न होता है, जब सृजनशील कल्पना के सहारे, संवेदित अनुभव का ही विस्तार हो जाए। कलाकार का वास्तविक अनुभव और अनुभव की संवेदनाओं द्वारा प्रेरित फैंटेसी, इन दोनों के बीच कल्पना का एक रोल होता है। वह रोल—वह भूमिका एक सृजनशील भूमिका है। यही कल्पना उसे वास्तविक अनुभव की व्यक्तिबद्ध पीड़ाओं से हटाकर, उस अनुभव को ही दृश्यवत् करके, उसी अनुभव को नये रूप में उपस्थित कर देती है।''[5]

कल्पना, व्यक्तिगत अनुभव को सामूहिक अनुभव में रूपान्तरित होने की क्षमता

देती है। यह क्षमता ही सर्जनात्मक होने की योग्यता है। 'संवेदित अनुभव का विस्तार' है। ऐन्द्रिकता का परिपक्व उपयोग है। इसी से रचना यथार्थवान होती है। यथार्थवान होना अपने समय और समाज के यथार्थ-मर्म को देखने-दिखाने वाली योग्यता से लैस होना है। वांछनीय प्रभाव पैदा करने की ताक़त से सम्पन्न होना है। मनुष्य की भीतरी और बाहरी प्रकृति का सर्जनात्मक उपयोग इस प्रभाव का स्रोत है।

प्रकृति में अपार वैविध्य है। ऐन्द्रिकता द्वारा प्रकृति ही अन्त:प्रकृति में रूपान्तरित होती है। कृति के रूप में अन्त:प्रकृति बाह्य प्रकृति की पुनर्रचना करती है। अत: कृति प्रकृति का ही सुसंस्कृत रूप है। उसके रूप में काव्य-सौन्दर्य की सृष्टि होती है। साहित्य-सौन्दर्य पाठक/श्रोता की अन्त:प्रकृति में वांछनीय परिवर्तन कर, उसे और सुन्दर बनाकर सार्थक होता है। यह परिवर्तन प्रकृति, मनुष्य और संस्कृति; तीनों को और अधिक मानवीय बनाता, समृद्ध करता है। यही कारण है कि साहित्य एक सांस्कृतिक प्रक्रिया है।

साहित्य की सत्ता वास्तविक जीवन से स्वतन्त्र नहीं होती। वह वास्तविक जीवन से, वास्तविक जीवन द्वारा और वास्तविक जीवन के लिए होती है। वास्तविकता उसके कण-कण और क्षण-क्षण में है। मुक्तिबोध के शब्दों में, ''कवि-जीवन (सर्जक-जीवन) के मूल्य वास्तविक जीवन से निर्मित और नियन्त्रित हैं। उन मूल्यों की स्वतन्त्रता वास्तविक जीवन की सत्ता से स्वतन्त्र नहीं, यदि कवि-जीवन के मूल्य वास्तविक जीवन से स्वतन्त्र होते तो साहित्य में सौन्दर्य नामक जो प्रभावशाली गुण पैदा होता है, वह होता ही नहीं।''[6] वास्तविकता सौन्दर्य की माँ है।

साहित्य का सौन्दर्य विशेष होता है। उसमें सबकुछ आकर्षक या मनोहारी हो, यह ज़रूरी नहीं। उसमें घृणित की भी अपनी जगह होती है। घृणित अपने-आप में सुन्दर नहीं होता। उससे घृणा को जगाने, प्रगाढ़ करने और उसके विरोध के लिए मन को तैयार करनेवाली कला सुन्दर होती है। ऐसा करने की ताक़त ही सौन्दर्य है। ताक़त अर्थात किसी भी कृति की अन्तर्वस्तु और उसके रूप के बीच उसके संवेदनात्मक उद्देश्य को ज़्यादा से ज़्यादा पूरा करनेवाला रिश्ता। इस रिश्ते के बारे में मुक्तिबोध की राय है कि ''तत्त्व अपना रूप लेकर उपस्थित होता है। किन्तु न यह तत्त्व स्थिर है और न यह रूप। यह हृदय में समशील तत्त्वों और अनुभवों से संयुक्त होता हुआ व्यापक अर्थवत्ता से अपने को परिपूर्ण करता जाता है। उसके आंगिक अवयवों का विकास होता जाता है। व्यक्तिबद्धता की स्थिति हटती जाती है, और एक विशेष प्रकार की हार्दिक मुक्तावस्था बढ़ती जाती है।''[7] दूसरे शब्दों में अनुभवों का व्यक्तिगत अर्थवत्ता तक सीमित रह जाना रचनाकार के हृदय की बन्धनावस्था है।

हृदय की मुक्तावस्था तब होती है, जब समूह-चित्त की संवेदना से व्यक्तिगत अनुभव आलोकित हो उठें। आलोकित होकर ही ये सर्जक-जीवन के हिस्से बनते हैं।

ये हिस्से हैं—'संवेदन-क्षमता, कल्पना की संश्लेषण-शक्ति, बुद्धि की विश्लेषण-शक्ति' और 'अभिव्यक्ति-सम्पदा-प्राप्ति के लिए संघर्ष।'[8] सर्जक मानस में यथार्थ की संवेदनाएँ होती हैं। वे परस्पर संगुम्फित होती हैं। अनुभव बनती हैं। अनुभवों का मूल्यांकन होता है। मूल्यांकन के अनुसार वे अलग-अलग होते हैं और सबसे सही अभिव्यक्ति की तलाश करते हैं। यह तलाश रचना-प्रक्रिया में ऐन्द्रिकता की सक्रियता द्वारा होती है।

आचार्य शुक्ल जब कविता का काम 'अर्थ-ग्रहण' कराने की बजाय 'बिम्ब-ग्रहण' कराना बताते हैं तो वस्तुतः यह कहते हैं कि कविता की भाषा ऐन्द्रिक होती है। ऐन्द्रिक रूप में वह कवि द्वारा ग्रहण (''यह बिम्ब-ग्रहण निर्दिष्ट, गोचर और मूर्त विषय का ही हो सकता है।''[9]) भी होती है और सम्प्रेषित भी। बिम्ब ज्ञानेन्द्रियों के बोध-आकार हैं। ज्ञानेन्द्रियाँ पाँच हैं। बिम्बों के रूप भी मुख्यतः पाँच ही हैं। सभी जीवन-जगत-बोधक हैं। मात्रा और गुण, दोनों दृष्टियों से यह बोध जिसे जितना होता है, वह उतना ही सक्षम सर्जक हो सकता है। यह बोध-सम्पन्नता उसमें ''अनुभवात्मक ज्ञान-दृष्टि का विकास'' करती है। अनुभवात्मक ज्ञान-दृष्टि अर्थात अनुभव और ज्ञान के एकमेक हो जाने से विकसित होनेवाली अन्तर्दृष्टि। यह अन्तर्दृष्टि संवेदनात्मक उद्देश्य के अनुसार और ''संवेदनात्मक उद्देश्यों द्वारा होनेवाले कल्पना-परिचालन'' में सहायता करती है।[10] कल्पना की सक्रियता एक तरफ़ रचना के 'संवेदनात्मक उद्देश्य' तो दूसरी तरफ़ रचनाकार की 'अनुभवात्मक ज्ञानदृष्टि' से जुड़ी होती है।

मुक्तिबोध उद्देश्य को संवेदनात्मक कहते हैं, ज्ञानदृष्टि को अनुभवात्मक, संवेदन को ज्ञानात्मक और ज्ञान को संवेदनात्मक। उनके चिन्तनलोक में संवेदन, ज्ञान, दृष्टि और उद्देश्य अलग-अलग निरपेक्ष तत्व नहीं हैं। ज्ञानदृष्टि अनुभव से बनती है। बन जाने पर भी अनुभव की ऊर्जा उसमें रहती है। उद्देश्य, विशेषतः सर्जक के, निरे ज्ञान से नहीं बनते। वास्तविक जगत के संवेदनों से बनते हैं और संवेदन उनमें शामिल रहते हैं। उसी तरह जैसे बच्चा माँ से जन्म लेता है पर माँ उसमें जीवन-भर शामिल रहती है।

संवेदनात्मक न होने पर उद्देश्यों का सच्चे होना भी असम्भव है, असरकारी होना भी। यही 'संवेदनात्मक ज्ञान' और 'ज्ञानात्मक संवेदन' का भी सच है। ज्ञान मनुष्य का होने के कारण उसके संवेदनों से अलग नहीं हो सकता। भले पहली नज़र में ही साफ़-साफ़ दिखलाई न दें पर ज्ञान में संवेदन रहते ही हैं। गुरुत्वाकर्षण का सिद्धान्त ज्ञान है। सेब को ज़मीन पर गिरते हुए देखने के संवेदन से इसका उदय हुआ। उदय हो जाने के बाद भी इस संवेदन की ऊर्जा इसमें शामिल है। संवेदन वस्तुतः ज्ञान का द्वार है। उदित हो जाने के बाद भी ज्ञान संवेदनात्मक रहता है। इसी तरह संवेदन का होना ज्ञान या बोध के बिना सम्भव नहीं। इन्द्रियों के द्वारा बाह्य जगत् का बोध या ज्ञान ही न हो तो संवेदन होगा कैसे?

संवेदन, बाह्य जगत का अनुभूतिमय ज्ञान है। अत: ज्ञानात्मक है। ज्ञान, बाह्य जगत के संवेदन का अनुभवमय परिणाम है। अत: संवेदनात्मक है। नन्दकिशोर नवल ने लिखा, ''संवेदना और ज्ञान का निश्चित अर्थ है: संवेदना का सम्बन्ध व्यक्ति से होता है, ज्ञान का समाज से; संवेदना का सम्बन्ध भावना से होता है, ज्ञान का बुद्धि से; संवेदना का सम्बन्ध विशिष्ट से होता है, ज्ञान का सामान्य से और संवेदना का सम्बन्ध भोक्ता से होता है, ज्ञान का द्रष्टा से।...'संवेदनात्मक ज्ञान' में ज्ञान में संवेदना समाई होती है और 'ज्ञानात्मक संवेदन' में संवेदना में ज्ञान। इस तरह दोनों दोनों का जटिल सम्मिश्रण होते हैं।'[11]

संवेदनात्मक ज्ञान और ज्ञानात्मक संवेदन, दोनों सर्जक-मानस की अनिवार्य शक्तियाँ हैं। दोनों का उदय ऐन्द्रिकता से होता है। ज्ञानात्मक संवेदन से सर्जक बाह्य जगत् की अनुभूतियाँ, उनका ज्ञान पाता है। संवेदनात्मक ज्ञान से वह इस पाए हुए ज्ञान के उचित निष्कर्षों तक पहुँचता है। उनका रचना-प्रक्रिया में उपयोग करता है। उन्हें उनकी वांछनीय भाषा देता है। इस भाषा में संवेदनात्मक उद्देश्य कलात्मक मूर्तिमत्ता अथवा इन्द्रियग्राह्य रूप ग्रहण करते हैं। बौद्धिकता भी इन्द्रियग्राह्य होकर ही कला के योग्य होती है। कलाकार के विचार जीवित छवियों में आकार लेते हैं। छवियाँ जीवन-यथार्थ की होने के कारण जीवित होती हैं। जीवन-यथार्थ का ज्ञानात्मक संवेदन और संवेदनात्मक ज्ञान कवि के 'जीवन-चिन्तन' को बनाता है। यह यथार्थ ही कवि के ''बौद्धिक चिन्तन को 'सत्य-प्राप्ति' कराता है।''[12] विचार का जीवित छवियों में उभर आना कवि की 'सत्य-प्राप्ति' है।

बिम्ब मुक्तिबोध के लिए कला-युक्ति-भर नहीं हैं। असल में किसी भी बड़े कवि के लिए नहीं होते। तुलसीदास कहते हैं—

> ''बरसा को गोबर भयो को चहै को करै प्रीति।
> तुलसी तू अनुभवहि अब राम बिमुख की रीति।।''[13]

राम से विमुख की हालत वैसी ही हो जाती है जैसे बारिश में गोबर की। वह न लीपने के काम आता है, न पाथने के। हर तरफ़ छितरा जाता है। उसे कोई (देखना भी) नहीं चाहता। यहाँ 'बारिश के गोबर' का बिम्ब महज़ एक कला-युक्ति तक सीमित नहीं रहता। इसके द्वारा तुलसी केवल भाषा की सजावट नहीं करते। यह राम-विमुख की दुर्दशा बताने के लिए अनिवार्य है। यह दुर्दशा जितनी ज़्यादा है, राम के प्रति तुलसी का समर्पण उतना ही अधिक व्यंजित होता है। इस अन्तर्वस्तु का काम 'बारिश के गोबर' को छोड़कर चल नहीं सकता।

समर्थ कवि के लिए बिम्ब जीवन-यथार्थ और रचना-प्रक्रिया के हिस्से होते हैं। कवि के यथार्थ-बोध का पता बतानेवाले। कविता की यथार्थ-निष्ठा को सूचित करने वाले। पाठक-श्रोता को रचना के संसार तक पहुँचानेवाले। उसके मानस को कविता के

लिए अनुकूलित करनेवाले। उचित के प्रति राग और अनुचित के प्रति द्वेष जगाने वाले। इस राग-द्वेष में आवेग और आवेग से कर्म पैदा करनेवाले। कविता के संवेदनात्मक उद्‌देश्य के वाहक। मुक्तबोध ने बिम्बों का प्रयोग प्रायः इसी दृष्टि से किया है।

कविता लय (उसका रूप चाहे जो हो) के कारण ही कविता होती है। लय और छन्द वास्तविक जीवन में रहते हैं। आचार्य हजारीप्रसाद द्विवेदी ने लिखा है कि बाहरी संसार में दिन-रात, ऋतु-परिवर्तन आदि होते हैं और मनुष्य-शरीर में नाड़ियों का स्पन्दन और श्वासोच्छ्‌वास का क्रम होता है। बाहरी संसार की लय जब भीतरी संसार की लय से मिलकर चलने लगती है तो "लय और ताल की अनुभूति होती है। यही छन्द है।"[14] छन्द वस्तुतः लय के व्यवस्थित रूपाकार हैं। जीवन-जगत की निरन्तर लय के कुछ हिस्से हैं।

कुछ ही हैं। सबको पहचाना ही नहीं गया, उनके नामकरण का तो सवाल ही क्या! जीवन निरन्तर है। पल-प्रतिपल बदलता हुआ। उसकी लय के तमाम रूपों की पहचान भी इसी तरह बदलती हुई होकर ही उसके प्रति सच्ची हो सकती है। उसका परिभाषा जैसा कोई स्थिर रूप सम्भव नहीं है। सम्भव है तो संवेदनात्मक उद्‌देश्य के अनुरूप कवि द्वारा जीवन-जगत की लय, बिम्ब आदि विविध सम्पदाओं का सजग इस्तेमाल। अपने-अपने उद्‌देश्य और क्षमता के अनुसार यह इस्तेमाल सभी कवि करते रहे हैं।

यही कवि की ऐन्द्रिकता है। इसके द्वारा विविध कविताओं का (अर्थगत और रूपगत) ढाँचा बनता रहा है। इसी के द्वारा सक्षम कवि रचना को जीवन्त बनाने और पाठक-श्रोता की मानसिकता का संवेदनात्मक उद्‌देश्य के अनुरूप परिवर्तन करने में सफल होते रहे हैं। किसी कवि की ऐन्द्रिकता का अध्ययन वस्तुतः उसके रचना-संसार का और उस रचना-संसार के इस्तेमाल का अध्ययन है। कुशल कवि इसका उचित इस्तेमाल कर पाते हैं। अपने उद्‌देश्य को पूरा कर पाते हैं।

मुक्तिबोध ऐसे ही कवियों में हैं। अपने दौर की ज़रूरत पहचानते हैं। उनके अनुसार अपना संवेदनात्मक उद्‌देश्य निश्चित करते हैं। इसकी पूर्ति के लिए अन्तर्बाह्य संघर्ष करते हैं। कहते हैं कि "आज ऐसे कवि-चरित्र की आवश्यकता है, जो, मानवीय वास्तविकता का बौद्धिक और हार्दिक आकलन करते हुए, सामान्य-जनों के गुणों और उनके संघर्षों से प्रेरणा और प्रकाश ग्रहण करे, उनके संचित जीवन-विवेक को स्वयं ग्रहण करे, तथा उसे और अधिक निखारकर कलात्मक रूप में उन्हीं की चीज़ को उन्हें लौटा दे।"[15] यह लौटाना उनके गुणों और संघर्षों को और अधिक ऊर्जस्वी बनाने की कोशिश है। यह कोशिश सच्चा कवि-कर्म भी है और मुक्तिबोध का कवि-कर्म भी।

कविता में ऐन्द्रिकता को देखना इस कवि-कर्म को सक्रिय होते देखना है। देखना है कि कवि अपने संवेदनात्मक उद्‌देश्य के हित में चुनी गयी वास्तविकता का क्या

उपयोग करता है और कैसे। ऐन्द्रिकता इस उपयोग की प्रक्रिया में है। पाठक जब कविता को पढ़ता है तो जाने-अनजाने इस प्रक्रिया को भी देखता है। इस पर मुग्ध होता या खीझता भी है। यथार्थ से कवि के रिश्तों का सच क्या है, इसका आकलन भी करता है। कवि के भाषा-संघर्ष की उपलब्धियाँ और सीमाएँ भी देखता है। यही ऐन्द्रिकता को देखना है।

अलग-अलग कवियों की ऐन्द्रिकता भी अलग-अलग होती है। बारिश की पहली बौछार होने पर अज्ञेय 'पड़ा यह दौंगरा पहला/ धरा ललकी, उठी, बिखरी हवा में/ बास सोंधी मुग्ध मिट्टी की'[16] सूँघते हैं तो मुक्तिबोध तक वह सुगन्ध पहुँचती है, जो 'टिक्कड़' की है। यह सुगन्ध 'आत्मा में फैलती है/ईमान की भाफ बन।'[17] सुगन्ध दोनों हैं। दोनों सुखद हैं। फिर भी दोनों में अन्तर है। मुक्तिबोध के यहाँ सुगन्ध ईमान की बनती है। संवेदनात्मक उद्देश्य से एकमेक होती है। एकमेक। मानो उद्देश्य से अलग होकर वह सुगन्ध ही न रहे।

पहली बारिश होने पर मिट्टी की सोंधी गन्ध से आनन्दित होनेवाले आदमी और टिक्कड़ की गन्ध से जीवित रहनेवाले (जीवन-संघर्ष की ताक़त लेनेवाले) आदमी में भरपूर अन्तर है। टिक्कड़ की सुगन्ध आत्मा तक पहुँचती है। ईमान बनकर आचरण में उतरती है। पूरे जीवन में बस जाती है। मिट्टी की सुगन्ध थोड़ी-सी देर का सुख है। अज्ञेय के यहाँ सौन्दर्य अच्छी तरह देखा हुआ है। मुक्तिबोध के यहाँ भरपूर जीया हुआ है। दोनों की सौन्दर्य-दृष्टि में अन्तर ही नहीं, लगभग विपरीतता भी है।

अज्ञेय की ऐन्द्रिकता प्रकृति का आस्वाद है। भोग है। सुख है। मुक्तिबोध की ऐन्द्रिकता में प्रकृति का भोग कम है, इस्तेमाल ज़्यादा। अज्ञेय के यहाँ प्रकृति प्राकृतिक ज़्यादा है तो मुक्तिबोध के यहाँ सांस्कृतिक। मुक्तिबोध प्रकृति को अपने उद्देश्य या ज़रूरत के हिसाब से रूपान्तरित ज़्यादा करते हैं। उनकी शायद ही कोई कविता हो जिसकी प्राकृतिक गतिविधियों में मनुष्य या मानवीय गतिविधियों में प्रकृति शामिल न हो। अज्ञेय के यहाँ ऐसे हिस्से मिल जाएँगे, जहाँ प्रकृति का सौन्दर्य मनुष्यरहित है।

मुक्तिबोध की ऐन्द्रिकता मनुष्य की तरह अपने समय के यथार्थ से भी नाभिनालबद्ध है। यह ऐन्द्रिकता उनकी कविताओं के साथ-साथ उनके गद्य में भी मौजूद है। बताती हुई कि यह एक सर्जक, एक कवि का गद्य है। गद्य हो या पद्य, दोनों हैं मुक्तिबोध-कृत सृजन के रूप ही। दोनों परस्पर सम्बद्ध हैं। यही कारण है कि एक, दूसरे को समझने में विश्वसनीय मदद करता है। मुक्तिबोध की कविताएँ गद्य के काव्यात्मक उपयोग की परिणतियाँ हैं। उनके कथा-साहित्य में कविता की शक्तियों का इस्तेमाल है।

फिर भी उनकी कहानियाँ, कहानियाँ हैं और कविताएँ, कविताएँ। दोनों का केन्द्र मुक्तिबोध हैं। उनकी ऐन्द्रिकता को समझना उनके सर्जक व्यक्तित्व को उसके तमाम रूपों के साथ समझना है।

## ऐन्द्रिकता और मुक्तिबोध की कविताएँ

मुक्तिबोध की एक असंकलित कविता है—'इन्तज़ार'। उसका एक हिस्सा है—

> "हम उस दिन का
> करते हैं इन्तज़ार
> ...हमारे चपरासी की बेटी के
> चेहरे को
> सूरज की, चाँद की, कमल की
> उपमाएँ दी जाएँगी!!
> जब आज के ग़रीब से ग़रीब का पुत्र भी
> गगन में सूर्य-मुख-मंडल-सा दमककर
> पृथ्वी को प्रकाश देगा
> समाज को विकास देगा...।"[18]

यह मुक्तिबोध की कविताओं का संवेदनात्मक उद्‌देश्य है। जीवन में इसका वस्तुतः पूरा होना मुक्तिबोध के रचनाकाल में भी कठिन था, आज भी कठिन है। जीवन और साहित्य मुक्तिबोध के सृजन में अकसर एकमेक रहते हैं। दोनों में दमित का उत्थान उनकी जागती आँखों का सपना है। उनका सारा संघर्ष इसके चरितार्थ होने के लिए है। ग़रीब से ग़रीब के बेटे को सूरज की तरह चमकने-चमकानेवाले हालात मिलें, आज भी यह पूरी तरह सम्भव नहीं हो सका है। इसे सम्भव करने का संघर्ष, इस संघर्ष के लिए तैयार मानस को तैयार करने का संघर्ष, मुक्तिबोध-काव्य की अन्तर्वस्तु है। पूरी तरह प्रासंगिक अन्तर्वस्तु।

ऐन्द्रिकता के सजग प्रयोग से इस अन्तर्वस्तु को रूपाकार मिलता है। ऐन्द्रिकता के अनेक रूपों में एक वैचारिकता है। मुक्तिबोध के कवि-कर्म में मार्क्स, तिलक, गाँधी आदि विचार-ऊर्जा के धनी व्यक्तित्वों की मौजूदगी सच्ची समानता पर आधारित समाज का संवेदनात्मक उद्‌देश्य पूरा करने के लिए है। इसे पूरा करने में जिस भी स्रोत से ऊर्जा मिलती हो, मुक्तिबोध बेझिझक लेते हैं। चन्द्रकान्त देवताले ने इसीलिए लिखा

कि "मुक्तिबोध मार्क्सवादी थे।...पर उनका मार्क्सवाद दलीय समझ से परिचालित नहीं होता...उनका समग्र चिन्तन मार्क्सवादी चेतना के भारतीय संस्कार का निजी अनुभव और विवेक से किया गया उपक्रम है।"[19] मार्क्सवाद उनका लक्ष्य नहीं। लक्ष्य है—समानता पर आधारित समाज। इसके लिए मार्क्सवाद ने उन्हें वैचारिक ऊर्जा दी तो उन्होंने पूरे मन से उसे अपनाया। यही स्थिति उनके यहाँ अन्य दर्शन या विचारधाराओं की भी है। निर्णायक उनके लिए जीवन ही रहा। उनका काव्य-सौन्दर्य जीवन से, जीवन के द्वारा और जीवन के लिए है।

त्रिलोचन शास्त्री ने कहा, "मुक्तिबोध की कविताएँ अन्य प्रगतिशील कवियों से अलग होते हुए प्रगतिविरोधी नहीं हैं। ...उनकी काव्यवस्तु अन्य कवियों से इस बात में पृथक् है कि वे जीवन से सम्बद्ध तीखे प्रश्नों का सामना करने से कतराते नहीं थे।"[20] ये प्रश्न कोरे साहित्यिक होते तो तीखे न होते। राजनीति, साहित्य या समाज में अपना करियर बनाने से प्रेरित होते तो तीखे न होते। रस्मी होते तो भी तीखे न होते। तीखे वे इसलिए थे कि सच्चे थे। जन-स्वतन्त्रता के लिए संघर्ष और उसमें एक-एक आदमी की सकर्मक भूमिका से जुड़े थे। 'अँधेरे में' कविता में आया भी है कि प्रश्न थे गम्भीर, शायद ख़तरनाक भी, इसलिए जंगलों से आती हवा ने उनको बुझा दिया। ये प्रश्न वस्तुतः उनके पूरे रचनाकर्म में ऐसे मौजूद रहते हैं जैसे पूरे शरीर में दिल की धड़कन। राजेश जोशी को अकारण यह नहीं लगता कि "शायद मुक्तिबोध ही ऐसे पहले लेखक हैं जो अपने पाठक को प्रश्न करने को उकसाते हैं। हमें प्रश्नाकुल बनाते हैं।"[21] पूरी विश्वसनीयता के साथ प्रश्नाकुल वही बना सकता है, जो स्वयं वस्तुतः प्रश्नाकुल हो।

पाठक को प्रश्नाकुल बनानेवाले मुक्तिबोध पहले रचनाकार नहीं हैं। 'अगर तू ब्राह्मण-ब्राह्मणी का जाया है तो दुनिया में किसी और रास्ते से क्यों नहीं आया' जैसे प्रश्न करनेवाले कबीर भी पाठक को प्रश्नाकुल बनाते हैं। छायावादी काव्य में जिज्ञासा के अनेक रूपों की भरपूर चर्चा होती रही है। 'कौन तम के पार रे कह', या 'किस अनन्त का नीला अंचल हिला-हिलाकर आती हो तुम सजी मंडलाकार' जैसे प्रश्न करनेवाले छायावादी कवि भी पाठक को प्रश्नाकुल बनाते हैं। महत्त्वपूर्ण यह नहीं कि मुक्तिबोध ऐसा करनेवाले पहले रचनाकार हैं। महत्त्वपूर्ण यह है कि ऐसा करनेवाले वे समर्थ रचनाकार हैं। मुक्तिबोध जिस बुनियादी प्रश्न से हमेशा बेचैन रहे वह यही था कि सभी मानव सुखी, सुन्दर व शोषणमुक्त कब होंगे।

यहाँ 'सुन्दर' का अर्थ भूमंडलीकृत उपभोक्तावाद ने और खोला है। सौन्दर्य-प्रसाधनों ने अपना लोहा मनवाने में कोई कसर नहीं छोड़ी कि वे किसी को भी सुन्दर बना सकते हैं लेकिन उनकी सुन्दरता ख़र्चीली भी है और बनावटी भी। मुक्तिबोध के यहाँ सुन्दरता सहज है। सबके लिए है। सच्ची है। समकालीन दिखावाधर्मी सुन्दरता के साथ उसे रखकर देखा जाए तो उसका तेज और ज़्यादा उभरता है। वैसे ही जैसे घने

अँधेरे में एक दीये का उजाला भी ज़्यादा उभरता है। चूँकि दिखावटी नहीं इसलिए वह सुन्दरता दीर्घजीवी है। उसका प्रभाव गहरे तक जानेवाला भी है।

मुक्तिबोध के यहाँ सौन्दर्य केवल शारीरिक नहीं है। वैचारिक, भावनात्मक और सामूहिक भी है। इस सौन्दर्य की ऐन्द्रिकता के बारे में डॉक्टर विश्वनाथ त्रिपाठी ने लिखा है कि "...मुक्तिबोध ने सौन्दर्य के शब्द रूप, रस, गन्ध, स्पर्श की अनुपम छवियाँ कविता में उपलब्ध कीं और अपने पाठकों को दी हैं। जनहित पक्षधर कविता का सौन्दर्य जूठा और झूठा नहीं होता। निराला के बाद (निराला की तरह नहीं निराला से भिन्न) सौन्दर्य के ऐसे चित्र किसी और कवि ने नहीं उकेरे।"[22] सौन्दर्य चित्रों में उभरे तो भरा-पूरा होता है। जीवन की तरह।

जीवन एकायामी नहीं होता। अशोक वाजपेयी कहते हैं कि मुक्तिबोध के "मुहावरे में बिम्बधर्मिता, सपाटबयानी, उत्सवधर्मिता, विश्लेषण, बातचीत, रिटारिक, विनोदप्रियता आदि अनेक तत्त्वों का अद्‌भुत और जटिल संयोजन सम्भव हुआ है। इसलिए मुक्तिबोध का मुहावरा बहुत कुछ को छोड़कर विकसित किया हुआ नहीं है, बल्कि समावेशी है। वह ऊपर से ऊबड़-खाबड़ लगता है तो इसलिए कि वह किसी स्वायत्त संसार को नहीं, एक-दूसरे से टकराते, उलझते-लिपटते समकालीन मनुष्य के कई संसारों को चरितार्थ करने में संलग्न मुहावरा है।"[23] मुक्तिबोध की कविता-भाषा का सरोकार समकालीन जीवन और मनुष्य से है। दिखावटी सुन्दरता से नहीं। यही कारण है कि उसमें ज़रूरत पड़ने पर भाषा का ऊबड़-खाबड़पन भी बेझिझक चला आता है। जीवन में जो कुछ है, उस सबको साथ लेकर बढ़नेवाला रवैया उसका है, भले इसे साहित्य-जगत में अवांछनीय माना जाता रहे। इस रवैये की मुक्तिबोध ने क़ीमत भी चुकाई। जीते जी वे हिन्दी नयी कविता के अनिवार्य हस्ताक्षर नहीं माने गये पर जीवन-भर अपने समावेशी मुहावरे, अपनी भाषा में अपने सच का सृजन करते रहे।

मुक्तिबोध को विष्णु खरे ने 'हिन्दी की नयी कविता में अपने कृतित्व के प्रति सर्वाधिक जागरूक (मुग्ध नहीं) कवि'[24] माना है। जागरूकता के कारण ही वे कई बार एक कविता के अनेक ड्राफ़्ट तैयार किया करते थे। लम्बी कविताओं को सँभालने की निरन्तर कोशिश भी थी यह। सम्भवत: इसी का परिणाम था कि कुमारेन्द्र पारसनाथ सिंह को उनकी 'कविताओं की आन्तरिक सघनता नागार्जुन की कविताओं की आन्तरिक सघनता की तुलना में कहीं ज़्यादा ठोस'[25] लगी। यह 'आन्तरिक सघनता' मुक्तिबोध के शब्दों में 'वास्तविकता के प्रदीर्घ चित्रण से बचाव' है। कविताओं में फैंटेसी के उपयोग का एक कारण भी है यह। समझा जा सकता है कि जो कवि अपनी कविता-भाषा 'प्रदीर्घ चित्रण से बचाव'[26] को ध्यान में रखते हुए अर्जित करता रहा हो और जिसने इतनी लम्बी कविताएँ लिखी हों, उसका भाषा-संघर्ष कितना कठिन और निरन्तर रहा होगा! मुक्तिबोध की यह कठिन और सतत् जागरूकता आज के सुविधाभोगी मनुष्य

तथा कवि के लिए आश्चर्य से ज़्यादा सीखने का विषय है।

मुक्तिबोध की काव्य-भाषा विविधानेक अनुभव-चित्रों से बनी है। नरेश सक्सेना ने कहा है कि उनकी "तमाम कविताएँ अछूते और प्रभावशाली बिम्बों से भरी हैं।"[27] इस अछूते व प्रभावशाली बिम्बों से बनी भाषा का एक कारण ऐतिहासिक भी है। प्रगतिवाद पर लगे प्रमुख आरोपों में से एक सपाटबयानी था। मुक्तिबोध की जीवन-दृष्टि प्रगतिवादी थी और इस आरोप से उनको तक़लीफ़ होती थी। उन्होंने अपनी काव्यभाषा द्वारा इसका सर्जनात्मक प्रत्युत्तर दिया। उनके बिम्ब-प्रयोग की विशेषता है कि वे प्राय: पारम्परिक बिम्बों के परम्परामुक्त प्रयोग करते हैं। ऐसे प्रयोग का एक उदाहरण 'पराजित हो चलूँ' शीर्षक उनकी एक असंकलित कविता में है—

"स्वार्थों के बँधे तालाब में
काले कमल काले अहं के खिल रहे
प्रतिपल विषैली रश्मियों के तेज में।"[28]

कमल पवित्रता को रूप देनेवाला पुराना प्रतीक रहा है। यहाँ उसने अहंकार को आकार दिया है। वह स्वार्थों के सड़े हुए पानी में खिला है। ज़हरीली रौशनी उसे खिला रही है। उसका रंग काला है। नकारात्मक प्रवृत्तियों का पुंज है वह। अकेला नहीं है। उसके जैसे अनेक हैं। समय और समाज में कुरूपता फैलाते हैं। कमल का यह प्रयोग उसे उसके सारे पारम्परिक आभिजात्य से बाहर खींच लाता है। उसे अपने समय और समाज की प्रमुख प्रवृत्ति से जोड़ता है। समकालीन बनाता है। बतौर कवि यह मुक्तिबोध का योगदान है। इसे समझने की कोशिश उतनी नहीं हुई है, जितना सम्पन्न यह वस्तुत: है। अशोक वाजपेयी को सम्भवत: इसीलिए अनुभव होता है, "इस पर कम ध्यान गया है कि मुक्तिबोध की कविता में अपार चित्रमयता, बिम्बमालाएँ हैं।"[29]

हालाँकि ऐसा भी नहीं है कि इस पर ध्यान दिया ही न गया हो। कतई ध्यान न दिया गया होता तो चन्द्रकान्त देवताले इस नतीजे पर नहीं पहुँचते कि "प्रसाद की वेदना का रंग नीला था, मुक्तिबोध की वेदना स्याह भूरी है।"[30] कालापन लिए हुए वेदना का यह भूरा रंग उन चट्टानों का होता है, जो पृथ्वी के भीतर टकरावों या दु:खों से मिलकर एक अरसे बाद बनती हैं। मुक्तिबोध के सृजन में अभिव्यक्त वेदना बहुत सारे धरतीपुत्रों के भीतर इसी तरह बनती और पकती रही है। एक कवि द्वारा अनुभूत सामूहिक वेदना है यह।

प्रभाकर श्रोत्रिय के अनुसार, "सामाजिक वैषम्य और उसकी प्रतिक्रिया में संगठित प्रयत्न के अभाव में उपजी संवेदित मन की असहाय पीड़ा ने स्वयमेव उनके काव्य में श्यामल और बोझिल रंगों का रूप ले लिया है।...काला रंग तो है, मगर उसे चीरकर एक उजली प्रभा-रेखा बराबर उभरती रहती है और अन्तत: कवि के अपने रचना-संसार में काले रंग का ध्वंस हो जाता है।"[31] वस्तुत: मुक्तिबोध की अभिव्यक्ति

के कई रंग-रूप हैं। विष्णु खरे के शब्दों में, ''मुक्तिबोध का काव्य एक बड़ा कैनवस है जो विविध आकारों तथा रंगों से भरा हुआ है।''[32]

ये आकार और रंग मुक्तिबोध की उस कला-क्षमता के सूचक हैं, जिसे उन्होंने सतत संघर्ष से अर्जित किया। वे अपने आसपास के दृश्यों को ध्यान से देखते और अन्तरतम में सँजोते रहे। उनकी यह सम्पदा अभिव्यक्ति का संघर्ष करते हुए काम आती रही। परिणामस्वरूप चन्द्रकान्त देवताले ने लिखा कि ''मुक्तिबोध के यन्त्रणा-दृश्य बहुत असरकारक हैं। जेल में दी जानेवाली यन्त्रणा-विधियों से वे किशोरावस्था से ही परिचित भी थे।''[33] गवाही दी डॉ. प्रभाकर माचवे ने—''(मैंने वह जगह देखी है जहाँ मुक्तिबोध के पिता उज्जैन के पुलिस थाने के भीतर दूसरे-तीसरे मंज़िल पर रहते थे) रास्ते से गुज़रते हुए कई तंग अँधेरी कोठरियाँ थीं, तलघर भी थे। वहाँ कैदियों को तरह-तरह की शारीरिक यातनाएँ देकर गुनाह कुबूल करवाया जाता था। एक भयानक सामन्ती अन्याय-प्रथा की छाया उनकी कई कविताओं में मँडराती है।''[34] आशय यह कि मुक्तिबोध की कविताओं में आए ऐन्द्रिक संवेदन कोरी कल्पना की उपज नहीं हैं। वे उनके देखे हुए हैं। देखे हुए पर आधारित हैं। इसीलिए पाठक पर उनका वांछनीय असर होता है।

मुक्तिबोध हिन्दी में अन्तर्जगत की विविध स्थितियों और प्रक्रियाओं के सम्भवत: सबसे बड़े कवियों में हैं। उनकी एक अप्रकाशित कविता में है—

''मन की चट्टानी स्थिरता के गहरे तल पर
अस्थिर धाराएँ बहें, उन्हें बहने दो तुम
भीतर के नेत्रों को
उर में घूमती हुई पीड़ाओं की
आँखें सारी सहने दो तुम
उन पीड़ाओं की आँखों से
जो पीड़ा तुम्हें पहुँचती है जो कष्ट तुम्हें
नित होता है
वह पीड़ा की पीड़ा भीतर रहने दो तुम
उससे मत घबराओ
वह है न ह्रदय की कमज़ोरी।...''[35]

भीतर की नज़र यहाँ ह्रदय में लगातार गतिशील रहनेवाली पीड़ाओं की आँखों को देख रही है, सह रही है। पीड़ाएँ मामूली नहीं। ताक़तवर हैं। इतनी कि अन्तर्दृष्टि को भी देख सकें। यह देखना चुनौती देना, झुकाने की कोशिश करना है। अनेक पीड़ाएँ मिलकर महापीड़ा बन गयी हैं। यह महापीड़ा अन्तर्दृष्टि को धुँधला, विचलित कर सकती है। आदमी को संघर्ष के कठिन रास्ते से, उसके अपने रास्ते से डिगा सकती है।

उसके जीवन को हाय-हाय की पुकार या पीड़ाओं का शिकार-भर बनाकर छोड़ सकती है, व्यर्थ कर सकती है। इससे सावधान रहने की ज़रूरत है।

यह अन्तर्दृष्टि कठिन साधना का फल है। 'जब प्रश्नचिह्न बौखला उठे' कविता में आया—

"ईमानदार संस्कारमयी
सन्तुलित नयी गहरी विवेक-चेतना
अभय होकर अपने
वास्तविक मूलगामी निष्कर्षों तक पहुँची
ऐसे निष्कर्ष कि जिनके अनुभव-अस्त्रों से
वैज्ञानिक मानव-शस्त्रों से
मेरे सहचर हैं ढहा रहे
वीरान विरोधी दुर्गों की अखंड सत्ता।
उनके अभ्यन्तर के प्रकाश की कीर्तिकथा
जब मेरे भीतर मँडराई
मेरी अख़बारनवीसी ने भीतर सौ-सौ आँखें पाईं।"[36]

संघर्षशील अनुभवधर्मिता और वैज्ञानिकता के भीतरी प्रकाश से अन्तर्दृष्टि रोशन होती है। तुलसीदास ने उन खलों की वन्दना की है, जो दूसरों के दोष हज़ार आँखों से देखा करते हैं। उनकी दुष्टता इन 'हज़ार आँखों' द्वारा प्रत्यक्ष होती है। मुक्तिबोध ने विपरीत सन्दर्भ में 'सौ-सौ आँखों' का प्रयोग किया है। परम्परा की ऊर्जा मिल जाए तो अन्तर्दृष्टि की ताक़त बहुत बढ़ जाती है। अपने समय के रहस्यों को देखने में वह सक्षम हो जाती है। 'सौ-सौ आँखें' इस क्षमता के रूप हैं।

तुलसी आँखों का समर्थ उपयोग करनेवाले कवि हैं। पुष्पवाटिका में राम-लक्ष्मण को सीता की सखी देखकर आती है तो उनका सौन्दर्य बता नहीं पाती। कारण इसका बाबा तुलसीदास ही बता सकते थे कि देखनेवाली आँखों के पास वाणी नहीं है और वाणी के पास आँखें नहीं हैं। डॉक्टर विश्वनाथ त्रिपाठी ने लिखा है कि "नयन को वाणी नहीं है लेकिन नयनों की अभिव्यक्ति अचूक होती है।"[37] आँखों की भाषा अपनी होती है। समर्थ कवि इस भाषा के विद्वान और मर्मज्ञ होते हैं। इस भाषा से तुलसी ने भी काम लिया है, निराला ने भी। इलाहाबाद के पथ पर पत्थर तोड़नेवाली उस दृष्टि से देखती है 'जो मार खा रोई नहीं'। रोना मार खाने का स्वाभाविक परिणाम है। मार खाकर न रोना इसका प्रतिरोध। न रोकर वह मारने का प्रतिरोध करती है। अपनी तरह से 'मार' को मारती है। निराला जब मार खाकर न रोनेवाली दृष्टि को अंकित करते हैं तो 'मारने' के विरुद्ध 'न रोने' को उसकी पूरी ताक़त के साथ सन्नद्ध करते हैं। यह 'न रोना' अत्याचार के ख़िलाफ़ कवि के सत्याग्रह का रूप है। स्वाधीनता आन्दोलन में सर्जनात्मक

हिस्सेदारी।

मुक्तिबोध की अख़बारनवीसी जो 'सौ-सौ आँखें' पाती है, वे स्वाधीनता-प्राप्ति के बाद का अन्तर्बाह्य यथार्थ देखने, उसके मर्म तक पहुँचने और उसकी पुनर्रचना करने के लिए ज़रूरी थीं। ये आँखें उनको परम्परा से मिलीं। जीवन और साहित्य, दोनों की परम्परा से। डॉ. रामविलास शर्मा की मुक्तिबोध के बारे में और कोई बात ठीक हो या न हो, यह बात पूरी तरह ठीक है कि "मुक्तिबोध साहित्य और राजनीति की प्रगतिशील परम्परा के प्रति अत्यन्त जागरूक रहनेवाले कवि थे।"[38] तुलसी और निराला का वारिस होने के लिए जो सामर्थ्य चाहिए थी, वह मुक्तिबोध के पास थी। समकालीन जीवन और उसमें भी मध्यवर्ग के अन्तर्जगत को उजागर करते अविस्मरणीय बिम्बों के सृजन में इस सामर्थ्य को रूप लेते देखा जा सकता है। ज़रूरत इस सामर्थ्य को, जितना हो सके, समझने की है।

## (क) मुक्तिबोध का कविता-संसार

मुक्तिबोध का कवि-कर्म ज्ञानात्मक संवेदनों का सर्जनात्मक उपयोग है। सर्जनात्मक अर्थात संवेदनात्मक उद्‌देश्य के अनुकूल। ज्ञानात्मक संवेदन प्रकृति से मिलते हैं। वे मिलकर जो संवेदनात्मक ज्ञान देते हैं, वह प्रकृति की सम्पन्नता को (उसे संस्कृति का रूप देते हुए) और बढ़ाता है। प्रकृति में अपार शक्ति है। डॉ. रामविलास शर्मा के शब्दों में यह "...शक्ति पृथ्वी-अप्-तेज-वायु-आकाश—इन पाँच तत्त्वों में प्रत्यक्ष होती है और इन पाँच तत्त्वों के गुण हैं—रूप, रस, स्पर्श, शब्द, गन्ध।"[39] आशय यह कि पृथ्वी तत्त्व रूप के, जल रस के, अग्नि स्पर्श के, वायु शब्द के और आकाश गन्ध के माध्यम से व्यक्त होता है। किसी रचना या रचनाकार का अध्ययन इस दृष्टि से भी महत्त्वपूर्ण है कि उसके रचना-संसार में इन तत्त्वों का कितना, कैसे और क्या उपयोग हुआ है।

मुक्तिबोध का कविता-संसार जीवन के ऐन्द्रिक रूपों से बना है। इसलिए शमशेर ने कहा कि "अपनी शैली में मुक्तिबोध अमूर्त को मूर्त करने की सहज शक्ति हैं।"[40] सहज शक्ति का अभिप्राय यह कि जो जनजीवन उनकी कविताओं का प्रमुख सरोकार है, वे स्वयं उसके हिस्से हैं। इस सरोकार से जुड़े संसार को कविता तक लाने के लिए उनको अलग से कोशिश नहीं करनी पड़ती। केदारनाथ सिंह के अनुसार, "मुक्तिबोध अपनी कविता में एक भाव या विचार को सम्प्रेषित करने के लिए एक पूरा दृश्यालेख प्रस्तुत करते हैं और इस प्रक्रिया के द्वारा भाव के स्तर पर एक अद्‌भुत पदार्थमयता का निर्माण करते हैं।"[41] अमूर्त को मूर्त करने की शक्ति के उपयोग से पदार्थमयता पैदा होती है। मुक्तिबोध की कविताओं में भाव पदार्थमय हैं। प्रत्यक्ष हैं। ऐन्द्रिक हैं। जीवित छवियों के रूप में सामने आते हैं।

भावों को ऐन्द्रिक रूप देने के क्रम में मुक्तिबोध के यहाँ पाँच तत्त्वों में सबसे

ज़्यादा उपयोग पृथ्वी का हुआ है। इसके रूप विविधानेक हैं। एक कविता में लिखा गया—

> ''ईमान का डंडा है,
> बुद्धि का बल्लम है,
> अभय की गेती है
> हृदय की तगारी है- तसला है
> नये-नये बनाने के लिए भवन
> आत्मा के,
> मनुष्य के,
> हृदय की तगारी में ढोते हैं हमीं लोग
> जीवन की गीली और
> महकती हुई मिट्टी को।''[42] ('कहने दो उन्हें जो यह कहते हैं')

यह रूपक भवन-निर्माण-सामग्री से बना है। कारण यह भी कि मिट्टी को भवन का रूप देना प्रकृति को संस्कृति का रूप देना है और मुक्तिबोध के शब्दों में कविता एक सांस्कृतिक प्रक्रिया है। रचना-प्रक्रिया के साथ रचना के साधन और साध्य भी यहाँ इन्द्रियगम्य हैं। 'हमीं लोग' का अर्थ यहाँ 'हम रचनाकार' है। रचनाओं के माध्यम से रचनाकार ईमान, अभय, बुद्धि, हृदय और जीवन के उपयोग से नये मनुष्य का सृजन करते हैं। नया मनुष्य अर्थात पहले से ज़्यादा संस्कृति-सम्पन्न और वांछनीय मनुष्य।

सृजन निराकार को कुशलतापूर्वक साकार करना है। टूटे हुए सपने, रुके हुए विचार और मूक रह गये भाव अमूर्त होते हैं। मुक्तिबोध की कविता में जब ये आए तो इस तरह मूर्त हुए—

> ''अपुष्प-पत्र, वक्र-श्याम झाड़-झंखाड़ों-घिरे असंख्य ढूह
> भग्न निश्चयों रुँधे विचार-स्वप्न-भाव के
> मुझे दिखे।''[43]

ये ढूह उसी को दिख सकते हैं, जिसके लिए कविताई बुद्धि-विलास न होकर एक रास्ता हो वंचितों की पीड़ा के मर्म तक पाठक को पहुँचाने का। महसूस कराने का कि ये ढूह भी सुन्दर फूल-पत्तियों से सम्पन्न हो सकते थे। साधारण मनुष्यों की असाधारण किन्तु अनभिव्यक्त क्षमताओं के रूप हैं ये ढूह। इनको देखने-दिखाने के लिए विशेष अन्तर्दृष्टि चाहिए। ऐसी अन्तर्दृष्टि, जिसमें ज्ञान का प्रकाश और संवेदनशीलता की भेदक क्षमता एक साथ हो। इस दृष्टि ने अपने समय में मुक्तिबोध को आन्तरिक यथार्थ का सबसे ऊर्जस्वी कवि बनाया। अन्तर्जगत की शक्तियाँ और कमज़ोरियाँ मुक्तिबोध के रचना-संसार में जिस तरह जीवित छवियों के रूप में सामने आती हैं, उस तरह शायद ही किसी और के यहाँ आती हों।

ये जीवित छवियाँ पंचतत्त्वों में पृथ्वी के इस्तेमाल से ज़्यादा बनी हैं। मुक्तिबोध के रचना-संसार में शक्ति के दहाड़ते पहाड़ हैं।[44] उजाले के सुनहले मैदान हैं।[45] मिट्टी के लोन्दे में भक्ति की अग्नि का उद्रेक है।[46] धूल के कण में अनहद-नाद का कम्पन है।[47] साधारण की व्यक्त या अव्यक्त असाधारण सम्भावनाओं के प्रत्यक्ष-रूप हैं ये। शमशेर को मुक्तिबोध "इसलिए ज़्यादा अपील करता है कि वह" उनसे अलग है। "एब्सट्रैक्ट नहीं, ठोस।...प्रत्येक पंक्ति में चित्र के उभार को और भी घूरती, और भी ताड़ती हुई आँख से प्रत्यक्ष करता हुआ।"[48]

कविता बिम्ब-ग्रहण कराती है तो मुक्तिबोध की कविता इस 'और भी घूरती, और भी ताड़ती हुई आँख' के बल पर और भी पूरी तरह बिम्ब-ग्रहण कराती है। एक अरूप शून्य का रूप इन शब्दों में उजागर होता है—

"काल्पनिक योग्यता की पूँछ के बालों को काटकर
होठों पर मूँछ लटका रखी है!!
ओ नट-नायक
सारे जगत पर रौब तुम्हारा है।"[49]

पाखंड यहाँ अपने को इस तरह पेश करता है कि उसका रूप भी सामने आ जाए और असलियत भी। उसकी योग्यता काल्पनिक है। झूठी है। वास्तव में है ही नहीं। फिर भी उसका दिखावा किया जाता है। उसे ऐसे पेश किया जाता है जैसे वह जीवन का सबसे बड़ा सच हो। लोग भोले हैं। वे उसे जीवन का सबसे बड़ा सच मान भी लेते हैं। इसीलिए जो है ही नहीं, उसका रौब सारी दुनिया पर पड़ता है। वह पूँछ को मूँछ की तरह दिखलाने समेत दिखावे के लिए कुछ भी कर सकता है। इस दिखावे को दिखाकर मुक्तिबोध अपने समर्थ कवि होने का परिचय देते हैं।

मुक्तिबोध हिन्दी में आत्मालोचना के सबसे समर्थ कवियों में हैं। डॉ. रामविलास शर्मा तक मानते हैं कि "आत्मभर्त्सना का ऐसा प्रखर स्वर हिन्दी के किसी दूसरे कवि की रचनाओं में नहीं सुनाई देता।"[50] आत्मभर्त्सना आत्म-निर्ममता से पैदा होती है। इसके लिए भक्त-कवियों जैसा साहस चाहिए। सूरदास ने कहा था कि मेरे जैसा कुटिल, खल और कामी कोई दूसरा नहीं। यह अपनी कमज़ोरियों को सामने लाना है। अपने को ये कमज़ोरियाँ दूर करने के लिए तैयार करना है। भगवान की कृपा का सुपात्र बनाना है। मुक्तिबोध भिन्न उद्‌देश्य से अपनी कमज़ोरियाँ स्वीकार करते, सामने लाते हैं। इन कमज़ोरियों को उनके रचना-संसार में प्रत्यक्ष देखा जा सकता है—

"अचानक एक काला-स्याह चेहरा प्रकट होता है
विकट हँसता हुआ।
अध्यक्ष वह
मेरी अँधेरी खाइयों में

कार्यरत कमज़ोरियों के छल-भरे षड्यन्त्र का
केन्द्रीय संचालक।''[51]

अपने विरुद्ध षड्यन्त्र करती अपनी ही कमज़ोरियों की सारी ताक़त जब इकट्ठी होती है तब यह चेहरा बनता है। अपनी कमज़ोरियों का सामना करने, उनसे पार पाने के लिए उनको पहचानना ज़रूरी है और यह 'काला-स्याह चेहरा' उनकी पहचान कराता है। व्यक्ति के भीतर 'कई अँधेरी खाइयाँ' होती हैं और उनमें तरह-तरह की कमज़ोरियाँ कार्यरत रहती हैं, यह मुक्तिबोध की कविताओं में दिखलाई देता है। डॉक्टर विश्वनाथ त्रिपाठी के अनुसार, ''अन्य प्रगतिशील कवियों से अलग मुक्तिबोध वर्ग संघर्ष तक ही नहीं रुके, वर्गसंघर्ष को वे आत्मसंघर्ष तक लाए। यह आत्मसंघर्ष भारतीय कविता में मुक्तिबोध के पहले केवल भक्त कवियों के यहाँ मिलता है।...डॉ. रामविलास शर्मा ने इस अपराध-बोध को अस्तित्ववादी पाप से जोड़ा है। मेरे विचार से वह अस्तित्ववादियों से नहीं भक्त कवियों से जुड़ता है।''[52] भक्त कवियों से जुड़ने का मतलब है भारतीय साहित्य के सबसे समर्थ काव्यान्दोलन से जुड़ना। समकालीन मनुष्य को अपनी कमज़ोरियों से संघर्ष करने के लिए सबसे समर्थ और सबसे प्रासंगिक परम्परा की शक्ति उपलब्ध कराना। हिन्दी-कविता के भक्ति-युग की शक्ति से मुक्तिबोध का रचना-संसार सम्पन्न है।

इस रचना-संसार में विरुद्धों का तनाव है। अँधेरा और रौशनी इसी के रूप हैं। कहीं अँधेरे के साम्राज्य में दीन-हीन रौशनी है तो कहीं रौशनी के वर्चस्व में असहाय और मलिन अँधेरा। अँधेरे की मौजूदगी रौशनी से कहीं ज़्यादा है। कारण यह कि मुक्तिबोध के समय में अँधेरा ज़्यादा है। उन्हें कहना पड़ता है कि—

''आजकल
दिन के उजाले में भी अँधेरे की साख है।''[53]

यह अँधेरा असीम लालच का है। क्रूर शोषण का है। नग्न अवसरवाद का है। वंचितों और दमितों की पीड़ा का है। अनैतिकता का है।

दिन में भी मौजूद इस अँधेरे को पूरी तरह उजागर करने में मुक्तिबोध कोई कसर नहीं छोड़ते। इसके लिए वे प्राकृतिक अन्धकार में सक्रिय होनेवाली शक्ति का उपयोग करते हैं। कहते हैं, ''मैं तो वस्तुओं को टटोलना चाहता हूँ, और उन्हें वैसे ही रखना चाहता हूँ जैसी कि वे मेरे हाथों को लग रही हैं। ना, आप आँख से मत देखिए, पर आपकी स्पर्शानुभूति वाली अँगुलियों से टटोलिए। सम्भव है, वे छिद जाएँ। पर इससे आपको नुकसान नहीं होने का। अन्धकार में यही मज़ा है। अन्धकार में कोई द्रौपदी अपनी साड़ी का अंचल फाड़कर आपके घाव को पट्टी नहीं बाँधेगी। आपकी अँगुलियों से रक्त बहता जाएगा, और आपका भार भी हल्का होता जाएगा, और आप वस्तु को पहचान लेंगे। आप उसके रूप को देख न सकेंगे, लेकिन उसकी आत्मा आपकी गीली

अँगुलियों को मिल जाएगी। अन्धकार में इतना पा लेना क्या कम है?''[54] देखा-सुना हुआ झूठ हो सकता है पर छुआ हुआ नहीं।

सर्जक इस 'छूने' की कीमत चुकाने को तैयार रहता है। उसके लिए वस्तु की आत्मा का ज्ञान मिले तो कोई भी कीमत कम है। यह संवेदनात्मक ज्ञान है। मुक्तिबोध कृत एक स्पर्श-चित्र है-

''बालक लिपटा है मेरे इस गले से चुपचाप,
छाती से कन्धे से चिपका है नन्हा-सा आकाश।''[55]

बालक आकाश इसलिए है कि उसकी सम्भावनाएँ आकाश से कम नहीं। वह सबको अवकाश देता है। फिर भी उसे डराया जाता है। इसी कारण उसे 'चिपकने' की ज़रूरत पड़ती है। 'चिपकना' उसके डर का साकार रूप है। इस रूप में उसके डर को देखा जा सकता है। सम्भावनाओं को डरानेवाली शक्तियों की पहचान ज़रूरी है। मुक्तिबोध ने इसके लिए चाँद और चाँदनी का उपयोग किया है। उनसे पहले हिन्दी कविता में चाँद का मुँह टेढ़ा नहीं हुआ था। ''चन्द्र की मनोहर लपटें''[56] महसूस नहीं की गयी थीं। ''गंजे-सिर चाँद की सँवलाई किरनों के जासूस''[57] नहीं जाँचे गये थे। चाँदनी ''आवारा शोहदों-सी''[58] डराती नहीं थी। मुक्तिबोध ने चाँद और चाँदनी को नयी भाषा दी। समकालीन बनाया। उस तकनीक का रूप भी दिया, जिससे सत्य और उभरे।

यह मुक्तिबोध का योगदान है। वस्तुतः जेनुइन कवि के विरल उदाहरणों में एक हैं- मुक्तिबोध। ईमान उनका आधार-गुण है। वे 'उदास हाथों में मली जाती हार की प्रतप्त रेत'[59] भी पहचानते हैं और 'बुद्धि की आँखों में स्वार्थों का शीशा'[60] भी। चाँटा उनके रचना-संसार में इतना करारा है कि उससे 'टूटती कनपटी व उखड़ती गाल की पूरी त्वचा'[61] सामने आती है। यह रचना-संसार ज्ञानात्मक संवेदन से पैदा हुआ है। पाठक को समकालीन जीवन के संवेदनात्मक ज्ञान तक पहुँचाने में समर्थ है।

इस रचना-संसार में संकल्प अनुभवात्मक हैं—

''हृदय की थाह में रक्त का तालाब,
रक्त में डूबी हैं द्युतिमान मणियाँ,
रुधिर से फूट रहीं लाल-लाल किरणें,
अनुभव-रक्त में डूबे हैं संकल्प।''[62]

ये अनुभवात्मक संकल्प ऐन्द्रिक प्रयोग के कारण प्रत्यक्ष होते हैं। बताते हैं कि संकल्प अगर आत्मालोचना के विवेक-निष्कर्षों से बने हों तो रस्मी होने की बजाय खरे होते हैं। आत्मालोचना सच्ची और निरन्तर हो तो 'हृदय में करुणा की रिमझिम' महसूस होती रहती है। करुणा आत्मविस्तार से पैदा होकर आत्मविकास करती है। 'अब तक क्या किया/जीवन क्या जिया' जैसी आत्मालोचना की आधार-भूमि भी करुणा ही है। परदुःखकातरता से रहित जीवन इसीलिए निरर्थक लगता है। अशोक वाजपेयी ने लिखा

है कि मुक्तिबोध की 'वेदना एक साथ आत्मवेदना और जगत्वेदना है।'[63] अज्ञेय ने भी पहचाना है कि ''मुक्तिबोध आत्मान्वेषण के कवि थे पर यह आत्मान्वेषण अपनी किसी विशिष्टता की खोज नहीं था, यह अपने उस रूप की खोज था जो कवि को पूरे समाज से, मानव मात्र से, मिला दे।''[64]

मुक्तिबोध का रचना-संसार पूरे समाज से मिलकर विस्तृत हुए अन्त:करण द्वारा चुना गया रचना-संसार है। प्राकृतिक स्थितियों और गतिविधियों के अलावा अपने सुख-दु:खमय संसार के साथ अनेक मनुष्य और पशु-पक्षी भी मुक्तिबोध के रचना-संसार में हैं। गाँधी और तिलक से लेकर डोमा जी उस्ताद तक तथा रक्तालोकस्नात पुरुष से लेकर आत्मग्रस्त कमज़ोर आदमी तक तरह-तरह के व्यक्ति यहाँ हैं। संवेदनात्मक उद्देश्य को सामने लाता वह भीतरी मेहतर भी है, जिसे बाहर आना है—

''पूरी दुनिया साफ़ करने के लिए मेहतर चाहिए
वह मेहतर मैं हो नहीं पाता
पर, रोज़ कोई भीतर चिल्लाता है
कि कोई काम बुरा नहीं।''[65]

यह मेहतर मध्य-वर्ग के एक हिस्से का है। उस हिस्से का जो पूरी दुनिया को साफ़ देखना तो चाहता है पर करना नहीं। उसकी इच्छा और कर्म में अन्तर है। इच्छा प्रबल होती जाती है। उसके प्रबल होने में यह सम्भावना भी शामिल है कि कभी वह कर्म में फलित भी हो सकती है। इच्छा कर्म से एकमेक न हो तो कर्म सच्चे नहीं होते। बनावटी होते हैं। आदमी के दोगलेपन की सूचना देते हैं। यह दोगलापन शहरी मध्यवर्ग में ज़्यादा है। गाँव और शहर के मध्य-वर्ग में अन्तर है। 'इसी बैलगाड़ी को' कविता में गाँव का गाड़ीवान शहर के गाड़ीवान से कहता है-

''सुना है कि तुम भी खूब
शहरों के लुच्चों से करते हो दो-दो हाथ
डाकुओं से हम भी तो लड़ते हैं
ताज़ी कटी फसलों का नाज
बचाने को
किन्तु तुम जड़ और ठस हमें कहते हो
क्योंकि हम सिपाही
क्योंकि हम गाड़ीवान
और तुम शहराती नुक्कड़ के काफ़े में
बताना न चाहते पहचान।''[66]

अपनी पहचान छुपानेवाला यह शहरी मध्य-वर्ग धनतन्त्र का शिकार है। मध्य-वर्ग वस्तुत: समाज का सबसे जटिल वर्ग है। वह अच्छा भी है, बुरा भी। काला भी है,

उजला भी। 'रक्तपायी वर्ग से नाभिनालबद्ध' भी है, 'रक्तालोकस्नात पुरुष' भी। मुक्तिबोध-काव्य की अन्तर्वस्तु दोनों से बनी है। इस अन्तर्वस्तु ने ऐन्द्रिक संवेदनों में रूपाकार लिया है। 'नर-तन में पशु-मन का झींगुर'[67] बोलता है तो 'रक्तपायी वर्ग से नाभिनालबद्ध' लोगों की असलियत सामने आती है। कविता में उस नाटकीयता की सृष्टि भी होती है, जो समकालीन चतुराई के कपड़े उतारने में सिद्धहस्त कला की तरह मुक्तिबोध ने बरती।

मुक्तिबोध के यहाँ आत्मालोचना करनेवाला विवेक जब सक्रिय होता है तो "तीखा-सा रन्दा चलाता है"।[68] कोई हमसफ़र मिलता है तो "अनजाने हाथ मित्रता के/ मेरे हाथों में पहुँच ऊष्मा भरते हैं।"[69] ये दोनों परस्पर विपरीत स्पर्श-संवेदन हैं। रन्दे की छील-छाल से लेकर मित्रता की ऊष्मा तक के संवेदन मुक्तिबोध के रचना-संसार की व्यापकता के सूचक हैं। जीवन जितना व्यापक तो किसी रचनाकार का संसार नहीं हो सकता लेकिन जीवन की व्यापकता के प्रति ज़्यादा से ज़्यादा प्रतिबद्ध ज़रूर हो सकता है। मुक्तिबोध का रचना-संसार जीवन से बहुत गहरे प्रतिबद्ध है। जीवन यदि स्वप्न की दुनिया में भी है तो वे उसे कविता तक ले आते हैं। इसमें जोखिम हो तो हो।

मुक्तिबोध के लिए कविता नहीं, जीवन निर्णायक है। आशय यह कि जीवन कविता के लिए नहीं, कविता जीवन के लिए है। जीवन भी प्रकृति की देन है और मुक्तिबोध का रचना-संसार भी। प्रकृति से एकमेक होकर ही प्राकृतिक होना सम्भव है। प्राकृतिक होने की ज़रूरत मुक्तिबोध किस हद तक महसूस करते हैं, यह उनके इस कथन से भी पता लगता है—"आवश्यकता है, वस्तुतः प्राकृत होने की, क्योंकि हमारे संघर्ष भी प्राकृत हैं, करुणा और क्षोभ भी, और हमारे लक्ष्य भी—वे लक्ष्य और वे क्षोभ, जो हमें समस्त पीड़ित मानवता से एकाकार होने की तरफ़ प्रवृत्त करते हैं और उसके उद्धार का रास्ता ढूँढ़ते हैं। लेकिन जहाँ हम प्राकृत नहीं हो पाते, तो वहाँ हमारे अपने लक्ष्य भी, उनके सही होने के बावजूद, ऊपर से थोपे हुए मालूम होते हैं, और हमारा साहित्य रिक्त या कृत्रिम मालूम होता है।"[70]

ऐन्द्रिकता प्राकृत होने का माध्यम है। प्राकृत होकर रचनाकार प्राकृतिक रचना-संसार जुटा सकता है। उसका सक्षम उपयोग कर सकता है। रचना-संसार प्राकृतिक या ऐन्द्रिक हो तो वह रचना को रिक्त रह जाने से भी बचाता है और बनावटी बन जाने से भी। रचनाकार और रचना की सच्चाई उसके रचना-संसार पर निर्भर होती है। रचना-संसार बनावटी होगा तो रचना भी बनावटी होगी, रचनाकार भी। न रचना का कोई सकारात्मक असर होगा, न रचनाकार का। महत्त्वपूर्ण है—रचना-संसार का स्वभाव, अन्तर्वस्तु के साथ उसका सहज सम्बन्ध और दोनों का संवेदनात्मक उद्देश्य पूरा करनेवाला बरताव।

कुँवरनारायण ने यह ज़रूरी बात कही है कि मुक्तिबोध की 'लम्बी, आदि-अन्त

रहित-सी कविताओं की भाषा की बेसब्र गति परस्पर गुम्फित अनुभव-खंडों की याद दिलाती है। बारीक तराश और पच्चीकारी उनकी कविता की ख़ास पहचान नहीं है, न वे अपनी कविताओं से उस तरह का असर ही पैदा करना चाहते हैं, जैसा छोटी कविताओं से पैदा किया जाता है। शब्द, बिम्ब, अर्थ, ध्वनियाँ आदि भी परस्पर गुम्फित भँवर की तरह चक्कर खा आगे बढ़ते हैं। अकसर एक ही बिम्ब, शब्द या अर्थ एक ही कविता में घूम-फिरकर वापस आता है, मगर टेक की तरह नहीं, चक्राकार घूमते छोटे-छोटे पहियों की गति की तरह।''[71] कविता के ढाँचे को ऊर्जा देनेवाला ऐन्द्रिकता का यह समर्थ प्रयोग सर्जक मुक्तिबोध की शक्ति है। 'भागता मैं दम छोड़, घूम गया कई मोड़', 'गगन में कर्फ़्यू है, धरती पर चुपचाप ज़हरीली छी: थू: है' या 'कहीं आग लग गयी, कहीं गोली चल गयी' जैसे अनेक हिस्से कविताओं में जब रह-रहकर आते हैं तो सचमुच लगता है कि यह टेक नहीं, 'चक्राकार घूमते छोटे-छोटे पहियों की गति' है, जिसके बल पर कविता का अर्थ गतिशील हो रहा है। अभिप्राय आगे बढ़ रहा है।

मुक्तिबोध का रचना-संसार प्राकृतिक है। ऐन्द्रिक है। भरा-पूरा है। सहज है। जीवन्त है। प्रगतिशील हिन्दी कविता पर लगे सपाटबयानी के आरोप का प्रतिकार है। सर्जनात्मक होने के कारण इस प्रतिकार की पहुँच ज़्यादा दूर तक भी है और ज़्यादा गहराई तक भी। प्रगतिशील नेतृत्व का कोपभाजन होने के बावजूद इस प्रतिकार की निरन्तरता वंचितों और दमितों के उद्धार के प्रति मुक्तिबोध की गहरी, अटूट और ईमानदार निष्ठा की सूचक है। 'ईद तुम्हें मुबारक' शीर्षक अपनी एक असंकलित कविता में उन्होंने कहा भी है—

''ओ सूखे होठों की अनबोली अनुभवी भाषाओं
अपनी बात कहने की अपेक्षाओं आशाओं
मुझमें समा जाओ...''[72]

मुक्तिबोध का रचना-संसार वस्तुतः 'सूखे होठों की अनबोली अनुभवी भाषा' होने की कोशिश है। एक सच्ची कोशिश।

## (ख) कुछ कविताओं का ऐन्द्रिक पाठ

मुक्तिबोध की कविताओं में ऐन्द्रिकता का कुशल उपयोग होते हुए देखा जाए तो कविताओं का थोड़ा अलग पाठ सामने आता है। यह पाठ ज्ञानात्मक संवेदनों और संवेदनात्मक ज्ञान के सजग उपयोग को और उभारता प्रतीत होता है। यहाँ उनकी नौ कविताओं का ऐन्द्रिक पाठ प्रस्तुत किया जा रहा है। ये कविताएँ हैं—'एक भूतपूर्व विद्रोही का आत्मकथन', 'एक अन्तर्कथा', 'मुझे क़दम-क़दम पर', 'चकमक की चिनगारियाँ', 'चाँद का मुँह टेढ़ा है', 'कहने दो उन्हें जो यह कहते हैं', 'ब्रह्मराक्षस', 'अँधेरे में' और 'लकड़ी का रावण'।

ऐन्द्रिक पाठ से आशय कोरे बिम्ब-संयोजन का वर्णन नहीं। बिम्ब नि:सन्देह ऐन्द्रिक होते हैं लेकिन जो कुछ भी ऐन्द्रिक हो, वह सब कुछ बिम्ब (अलग से सुन्दर लगने या प्रभावित करनेवाला चित्र) ही नहीं होता। बाहरी या भीतरी यथार्थ का वर्णन भी होता है। संवाद भी होता है। सपाट लगनेवाला भरपूर कथन भी होता है वह। कविता का ऐन्द्रिक संसार अनेक रूपों में सामने आता है। इन रूपों का विवेचन यहाँ इस नीयत से किया जा रहा है कि मुक्तिबोध की कविताएँ और स्पष्ट हों, और ज़्यादा, और आसानी से समझ आएँ, उनकी सम्पन्नता और उजागर हो।

यह ऐन्द्रिक पाठ वस्तुत: अपनी तरफ़ से न्यूनतम हस्तक्षेप करते हुए मुक्तिबोध की कविताओं का गद्य में पुनर्प्रस्तुतिकरण या प्रस्तावित प्रारूप है। इसका मक़सद है—इनको ठीक-ठीक समझना। इस समझ के लिए किए गये अध्ययन का एक रूप-मात्र है यह पाठ। क्या कविताओं को इस तरह पढ़ते हुए इनके अर्थ कुछ और (पूरेपन के साथ) खुलते हैं? क्या इनकी अर्थ-सम्पदा कुछ और उजागर होती है? यह पाठ इन सवालों के जवाब पाने की कोशिश का एक रूप भी है। (कविताओं के इस चयन का मतलब यह न समझा जाए कि मुक्तिबोध की यही कविताएँ उनकी प्रतिनिधि कविताएँ हैं।)

## एक भूतपूर्व विद्रोही का आत्म-कथन

कुछ विद्रोही एक ढहे हुए मकान के नीचे दबे हैं। न चीख सकते हैं, न हिल सकते हैं। पसली की हड्डी टूट गयी है। शरीर पर टीलों का वज़न है। छाती में गड्ढा है। ('अँधेरे में' के रक्तालोकस्नात पुरुष की छाती में बड़ा घाव है। वह भी अपने साहस और विद्रोह की क़ीमत चुका चुका है।) अपने को इस हाल में देखना भयानक अनुभव है। स्पर्श बुनियादी इन्द्रिय-बोध है। विद्रोह की जो कीमत चुकानी पड़ती है, वह भी बुनियादी है। विद्रोही बुरी तरह क़ैद हैं। जीने के नाम पर साँस-भर ले सकते हैं बस।

फिर भी उनको लगता है कि इस मकान का ढह जाना बुरा नहीं था। बुरा था उनका दब जाना। अब वे पृथ्वी की भीतरी ग़रमी से गुज़रेंगे। चट्टान बनेंगे। चट्टानों के भीतर उनके शारीरिक निशान उभरेंगे। वही उनका नामोनिशाँ होगा। जीते जी जो कभी फ़ॉसिल नहीं बने, वे मरने के बाद फ़ॉसिल या जीवाश्म बन जाएँगे। वे आदि विद्रोही थे। अब तो विद्रोह फ़ैशन है और मुक्ति निजी हित साधनेवाली राजनीतिक युक्ति। मुक्तिबोध के शब्दों में—

"अब तो रास्ते ही रास्ते हैं!!
मुक्ति के राजदूत सस्ते हैं।"[73]

वे सच्चे विद्रोही थे। उन्होंने उस समय विरोध किया जब कोई साफ़ रास्ता नहीं था। उन्होंने रास्ते भी बनाए, उनपर चले भी। उनका विद्रोह बहुआयामी था, ज़्यादा

मुश्किल था।

विद्रोह का अर्थ है—बलिदान के लिए तत्परता। महत्त्वपूर्ण यह नहीं कि विद्रोही दब गये, यह है कि पुराना महल ढह गया। इस ढहने की चपेट में चिड़ियों के घोंसले भी आए और चूहे भी। केंचुली उतारकर फिर से तरोताज़ा होता साँप भी मारा गया। यह सब होगा, ऐसा विद्रोही पहले से जानते थे। बताते थे पर विद्रोहियों को गम्भीरता से लेता कौन है! हुआ वही जो उन्होंने कहा था। मकान ढह गया। अच्छा हुआ—पुरानापन बीता तो पुराने अत्याचार भी बीत गये। दुख यही है कि मलबे में विद्रोही दब गये पर महल के गिर जाने का सुख इस दु:ख से ज़्यादा महत्त्वपूर्ण है।

महल में भोग-विलास के केन्द्र ख़ूबसूरत कमरे भी ढह गये। उन कमरों में विद्रोहियों के सामने ही उनके विद्रोह के बावजूद बलात्कार हुए। उन्होंने बलात्कार की शिकार अबलाओं को भाप बनते देखा। 'एक देहहीन पुकार' बनते देखा। आत्म-चैतन्य का प्रकाश जो थीं, उनको भूत बनते देखा। उन कमरों को भूत-बाधा-ग्रस्त कहा तो सज़ा पाई। विद्रोहियों को तहख़ानों या कुओं में फेंक दिया गया। ज्ञान अपराध बना। उनको महल के कमरों का सत्य ज्ञात था। कमरों में छुपाई गयी पिस्तौलों को, गुप्त दराज़ों को, ख़ून-रँगे पत्रों को वे जानते थे। हत्या, बलात्कार, षड्यन्त्र आदि होते थे उस महल में, जिसका इतिहास छायाएँ (अत्याचार-पीड़ितों की स्मृतियाँ) जानती हैं। अत: लिखती हैं।

महल में संयुक्त परिवार के नाम पर दमितों का उत्पीड़न था। औरतों और नौकरों के मन में इसके प्रति बग़ावत के भाव थे। ये भाव उनके जीवन के शत्रु थे। 'विषदन्ती' थे। उनको वे अपने ही वक्ष पर घिसते थे, दबाते थे। वे भाव लहूलुहान होते थे। फिर भी मस्तक पर रेखाओं की तरह उनके जीवन में रहते थे। नतीजा यह कि वधुएँ आत्महत्याएँ किया करती थीं। बुरा नहीं हुआ, जो उनको इसके लिए विवश करनेवाला महल ढह गया। उसके नीचे विद्रोही इसलिए दबे कि वे ज़रूरत से कम बाग़ी थे।

महल के रूप में पुरानापन ढह गया। नये की जगह बनी, ज़रूरत पड़ी। इसका दायित्व दबे हुए विद्रोहियों को अपना दायित्व लगा। अत: उन्होंने चाहा और एक-दूसरे को प्रेरित किया कि बुरे से बुरे हाल में भी जीने की कोशिश की जाए—

> "कोशिश करो,
> कोशिश करो,
> जीने की,
> ज़मीन में गड़कर भी।"[74]

जीने की इस कोशिश में प्रकृति ने उनका साथ दिया। खंडहरों में हज़ारों-हज़ार छेदों से हवा उनतक पहुँची। उन्होंने ऑक्सीज़न पीने की, ख़ूब पीने की कोशिश की।

खंडहर के छेदों से हवा के साथ आवाज़ें भी आईं। खंडहर को फावड़ों व गेतियों

से खोद-खोदकर ढूहों को हटाया जा रहा था। एक आवाज़ ने घोषित किया कि अब यहाँ प्राथमिक शाला के बच्चों के लिए खेलने का मैदान बनाया जाएगा। विद्रोहियों ने महसूस किया कि वह मैदान खुला-खुला होगा। धूप-भरा होगा। साफ़-साफ़ होगा। किसी को पता भी न लगेगा कि कभी यहाँ इन्द्र का महल था। (उसी इन्द्र का, जिसने गौतम ऋषि की धर्मपत्नी अहिल्या के साथ छलपूर्वक शारीरिक सम्बन्ध बनाए।)

ज़मीन के नीचे दबे विद्रोहियों से वाचक विद्रोही ने कहा कि—

"खुश रहो
इसी में कि
वक्षों में तुम्हारे अब
बच्चे ये खेलेंगे।
छाती की मटमैली ज़मीनी सतहों पर
मैदान, धूप व खुली-खुली हवा ख़ूब
हँसेगी व खेलेगी।
किलकारी भरेंगे ये बालगण।"[75]

बच्चों की किलकारियाँ गूँजेंगीं तो जीवन की सहजता होगी, सहजता का जीवन होगा। सम्भावनाएँ विकसित होंगी। स्वतन्त्रता साकार होगी।

साफ़ है कि विद्रोहियों का बलिदान व्यर्थ नहीं गया। उन्होंने अपने को मनुष्यता के काम आते देखा। महसूस किया कि वे मिटकर मिट्टी होंगे और गुलाबी फूलों की शक्ल में खिलेंगे। मशहूर होने के लिए न फूल खिलते हैं, न वे खिलेंगे। उनका सपना है कि फूलों में खिलकर वे 'प्रकृति के गन्ध-कोष' बन सकें। हवा उनको छूकर जहाँ भी जाए, वहीं उनकी ख़ुशबू भी जाकर ख़ुशबू फैलाए। ऐसा हो सका तो ज़मीन में गड़कर भी/मिटकर भी वे भरपूर जीवन जी लेंगे।

स्पर्श से शुरू होकर यह कविता ध्वनि से होते हुए गन्ध तक पहुँचती है। विद्रोही अपने शरीर के पोर-पोर में खंडहर का बोझ सहन करते हैं। यह स्पर्श-संवेदन उस कीमत का ऐन्द्रिक रूप है, जो विद्रोहियों ने चुकाई। महल की औरतों और नौकरों ने अपने विषदन्ती भावों का सर्प-मुख अपने वक्ष पर घिसा। यह अपने ही भावों का दमन करने की प्रक्रिया का इन्द्रियगम्य होना है। खंडहर के करोड़ों छोटे-बड़े छिद्रों से होकर विद्रोहियों तक पहुँचनेवाली हवा ने उनके शरीर को छुआ। उनके लिए जीना कुछ और सम्भव हुआ। खंडहर के ढेरों को हटाने की आवाज़ों के रूप में ध्वनि कविता में आई। फिर ध्वनि ने ही सन्देश दिया कि वहाँ बच्चों के खेल का मैदान बनेगा। जानकर विद्रोही कृतकृत्य हुए। फूलों के रूप में खिलने के द्वारा आनन्दित हुए। उन्होंने चाहा कि वे सुगन्ध के कोष बनकर प्रकृति में जीवित रहें।

ऐसे जीवन के लिए बार-बार मरा जा सकता है।

## एक अन्तर्कथा

मुक्तिबोध की यह एक ऐसी कविता है, जिसकी चर्चा भरपूर होनी चाहिए थी पर न के बराबर हुई है। यह एक श्रमिक माँ और उसके बेटे की कविता है। माँ सभ्यता के जंगल में सूखी टहनियों-रूखे डंठलों की खोज कर रही है। आग जलाने की सामग्री इकट्ठी कर रही है। आग प्रकाश, भोजन और (जठराग्नि के रूप में भोजन पचाने के कारण) जीवन का स्रोत है। माँ के लिए यह इतना महत्त्वपूर्ण है कि उसके लिए जंगलों की ख़ाक छानी जा सकती है। जीवन का महत्त्वपूर्ण हिस्सा समर्पित किया जा सकता है। माँ के मन में इसके प्रति कोई दुविधा नहीं।

दुविधा है बेटे के मन में। उसे आग जलाने की सामग्री इकट्ठी करने में रुचि नहीं। फिर भी वह माँ की आज्ञा से यह सामग्री चुन रहा है। 'समिधा' हवन की सामग्री को कहते हैं। यहाँ यज्ञ या हवन का कोई सन्दर्भ नहीं। फिर भी शब्द उसी सन्दर्भ का है। सम्भवत: इसलिए कि समिधा चुनना जैसे पवित्र काम माना जाता था, वैसे ही आग जलाने की सामग्री चुनना पवित्र काम है। जीवन का आधार है। ग़ौरतलब यह भी कि सामग्री सभ्यता के जंगलों से चुनी जा रही है। यह सभ्यताओं के आधुनिक जीवन को और ज़्यादा मानवीय बनाने में समर्थ, अनुभव चुनने का रूप भी है। माँ की आज्ञा बेटा टाल नहीं सकता। इसलिए अपनी दुविधा छोड़ यह काम कर रहा है पर अपने ढंग से। वह एक-एक टहनी और डंठल में एक-एक स्वप्न देखता है। स्वप्नदर्शी होने के कारण ऐसा करने से इस काम में उसकी रुचि जाग जाती है। वह जतन से टहनियों-डंठलों को टोकरी में जमा-जमाकर रखने लगता है।

टोकरी उठाकर चलना अब फ़ैशन नहीं है। इसलिए बेटा दूसरों की निगाहें बचा-बचाकर चलता है। कहीं कोई देख न ले। देख लेगा तो मज़ाक उड़ाएगा। यह सोच उसका संकोच बनती है। भय बनती है। फिर भी जैसे-तैसे वह चला जा रहा है।

उसके संकोच की वजह बननेवाली टोकरी में ही 'प्राणवान माया' अनुभव होती है। जीवन्त हलचलें घटित होती हैं। टोकरी में रखी गयी डंठल-टहनियाँ साँवली रेखाओं के रूप में दिखलाई देती हैं। वे रेखाएँ परस्पर जुड़कर नवसाक्षर खेतिहर के अक्षरों जैसी आकृतियाँ बनाती हैं। ये अक्षर वाक्य भी बनाते हैं। वाक्य अनगढ़ हैं। सुन्दर नहीं पर जीवन्त हैं। इसलिए चुप नहीं रहते। फुसफुसाते हैं। यह फुसफुसाना साधारण नहीं। टोकरी के भीतर से संगीतमय स्वर बनकर प्रस्फुटित हो रहा है। यह मधुर स्वर ऐसा लगता है जैसे मन को भानेवाले सैकड़ों रंग-बिरंगे परिन्दे गा रहे हों। माँ ने जो टोकरी सर पे रखी थी, बेटे को वह शुरू-शुरू में अखरी पर काम करते-करते उसमें मन लग गया। ऐसा कि उसी काम में उसे प्राकृतिक संगीत सुनने जैसा आनन्द आने लगा और फिर—

"आगे-आगे माँ
पीछे मैं;
उसकी दृढ़ पीठ ज़रा-सी झुक
चुन लेती डंठल, पल-भर रुक
वह जीर्ण-नील-वस्त्रा
है अस्थि-दृढ़ा
गतिमती व्यक्तिमत्ता
कर रहा अध्ययन मैं उसकी मज़बूती का
उसके जीवन से लगे हुए
वर्षा-गरमी-सरदी और क्षुधा-तृषा के वर्षों से
मैं पूछ रहा—
टोकरी-विवर में पक्षी-स्वर
कलरव क्यों है
माँ कहती—
'सूखी टहनी की अग्नि-क्षमता
ही गाती है पक्षी स्वर में
वह बन्द आग है खुलने को।'
मैं पाता हूँ
कोमल कोयल अतिशय प्राचीन
व अति नवीन
स्वर में पुकारती है मुझको
टोकरी-विवर के भीतर से।
पथ पर ही मेरे पैर थिरक उठते
कोमल लय में।
मैं साश्रुनयन, रोमांचित तन; प्रकाशमय मन।"[76]

बेटा माँ का अनुसरण करता है। माँ की पीठ दृढ़ है। संघर्षधर्मी है। टहनियाँ चुनने में इतनी पारंगत है माँ कि इसके लिए उसे ज़रा-सा झुकना भी काफ़ी होता है। पल-भर ही लगता है। वह तेज़ी से काम कर रही है। उसने जो नीला वस्त्र पहना है, वह भले ही पुराना और कमज़ोर हो चुका हो, उसकी हड्डियाँ मज़बूत हैं। वह 'अस्थि-दृढ़ा' है। उसका अपना व्यक्तित्व है, जो कि हर मेहनतकश का होता है। बेटा उसकी मज़बूती को पढ़ रहा है। पढ़ने का अर्थ है—तरह-तरह के मौसमों को उसने कैसे सहा, यह जानना। मेहनती ग़रीब के लिए भूख और प्यास शरीर के मौसम होते हैं, जिनको सहना पड़ता है। इन सभी मौसमों ने उसे कैसे मज़बूत बनाया होगा, यह जानने के लिए बेटा माँ की

संघर्ष-यात्रा से गुज़र रहा है। वह माँ से टोकरी में से आनेवाले परिन्दों के कलरव का कारण पूछता है। माँ बताती है कि परिन्दों के स्वर में सूखी टहनी के भीतर मौजूद आग ही गा रही है। यह वह आग है, जो अभी प्रकट नहीं हुई। केदारनाथ अग्रवाल ने कहा था—

> ''आग लेने गया है
> पेड़ का हाथ आदमी के लिए
> टूटी डाल नहीं टूटी।''[77]

पेड़ अपने तमाम हाथों से मनुष्य की ज़रूरतें पूरी करता है। हाथ उसके शरीर से अलग हो जाए तब भी वह उसके लिए आग लेकर आता है। मुक्तिबोध के यहाँ यह हाथ टोकरी में है। आग लाने की उसकी यात्रा जारी है। आग तो वस्तुतः उसके भीतर ही है। उसे प्रकट होना है। उचित संयोग पाते ही वह प्रकट हो जाएगी। उसका प्रकट होना ही पेड़ के हाथ का आग लाना है। आग सुखद है। सुखद होना आग को अच्छा लगता है। अतः वह परिन्दों के स्वर में गाने लगती है। प्रगतिशील काव्य-सौन्दर्य की परम्परा में है आग का यह राग।

माँ के पास उस संगीत को पहचाननेवाले अन्तर्कर्ण हैं, जो अभी व्यक्त नहीं हुआ। बेटे की भी अनभिव्यक्त क्षमताओं की पहचान उसे है। सम्भवतः बेटे से ज़्यादा। टोकरी के भीतर से आनेवाला संगीत अब कुछ और स्पष्ट होता है। वह कोयल के बहुत पुराने और बहुत नये स्वर का रूप लेता है। पुराने का अनुभव और नये का उत्साह मिल जाएँ तो ख़ास माधुर्य आता है जीवन में। कोयल के इस गीत की मिठास से आनन्दित होकर बेटे के पाँव चलते-चलते थिरकने लगते हैं। उसकी आँखों में (अनपेक्षित आनन्द के पल मिल जाने पर आनेवाले) आँसू हैं। आनन्द भीतर समाता नहीं तो बाहर छलक जाता है। उसका शरीर रोमांचित है। मन उजाले से भरा है। माँ के अनुसरण का यह फ़ल है।

वस्तुतः माँ विपरीत हालात को अपने जीवट और श्रम के बल पर अनुकूल बना लेनेवाली सहज शक्ति है। पुरुषार्थ का स्त्री-पक्ष है। यह अकम्प भरोसा है कि भाग्य का फल होता है या नहीं, पता नहीं, लेकिन मेहनत का (कर्म का) फल हर हाल में मिलता है। ग़रीबी के मौसमों से मज़बूती खींच लेनेवाली माँ की संघर्ष-यात्रा जानने से बेटा प्रफुल्लित है। इतना कि उसे लगता है—उपमाएँ बड़े स्नेह से उसे पलक झपकाए बिना देख रही हैं। उनका मुख स्नेह से बना है। वे 'स्नेहमुखी' हैं। 'उद्घाटित-वक्षा' हैं। माँ जैसे अपने बच्चे को दूध पिलाने के लिए वक्ष खोलती है, ऐसे उपमाओं का वक्ष वाचक के लिए खुला है। वे उसे रचना करने की क्षमता देने को उत्सुक हैं। बड़ी प्यारी उम्मीद-भरी मुसकान के साथ वे बेटे को निहार रही हैं। उनके साथ-साथ प्रतीक और रूपक भी अपने देशकाल की समीक्षा करते हुए भविष्य के सपने उसके सामने प्रस्तुत करते हैं।

सपनों के रूप में संवेदनात्मक उद्देश्य भी हैं और उनको कलात्मक रूपाकार देने वाले उपकरण भी; एक रचनाकार को और क्या चाहिए! इसका असर रचनाकार वाचक पर यह होता है कि—

"दरवाज़े दुनिया के सारे खुल जाते हैं
प्यार के साँवले क़िस्सों की उदास गलियाँ
गम्भीर–करुण मुसकराहट में
अपना उर का सब भेद खोलती हैं।
अनजाने हाथ मित्रता के
मेरे हाथों में पहुँच ऊष्मा भरते हैं
मैं अपनों से घिर उठता हूँ
मैं विचरण करता–सा हूँ एक फैंटेसी में
यह निश्चित है कि फैंटेसी कल वास्तव होगी।"[78]

सृजन अगर व्यक्तिगत महत्त्वाकांक्षा–पूर्ति–भर के लिए न होकर अपने देशकाल के लिए समर्पित हो तो देश और काल भी सर्जक के सामने अपने को खोलकर रख देते हैं। प्यार के क़िस्से यहाँ साँवले हैं। नदी गहरी हो तो तलदर्शी नहीं रहती, साँवली हो जाती है। यह प्यार साधारणजन का है। गहरा और सम्पन्न है। मनोरंजन–मात्र नहीं है। उसकी पेचीदगियाँ सच्ची हैं। जीवन को बेहतर बनाने के निरन्तर और प्रायः असफल संघर्ष से उपजी हैं। वे अपना सारा रहस्य वाचक के सामने उजागर करती हैं और वह भी गम्भीर–करुण मुसकराहट के साथ। सर्जक दूसरों से जुड़ने वाला हो तो दूसरे भी उससे जुड़ते हैं। अनजाने होकर भी उनके हाथ मित्रता के हाथ बन जाते हैं। हाथों से मिलकर शक्ति देते हैं। अपने चारों ओर अपने दिखलाई देते हैं। वाचक इससे कल्पनालोक में पहुँच जाता है। यह कल्पनालोक हवाई नहीं है। इसका आधार है और इसीलिए इसे भविष्य में सच होना ही है। यह अनुभव वाचक के लिए आशातीत है। उसके दिमाग़ में सारे ब्रह्माण्ड का उजाला भर जाता है। आँखों की पुतली में सूरज एक बिन्दु बनकर समा जाता है। ग़ज़ब का आत्मविस्तार है यह।

माँ के शरीर में बच्चे का सृजन होता है और सर्जक के जीवन में कृतियों का। माँ और सर्जक, दोनों को अपना सृजन प्रिय होता है और अगर वह सृजन योग्य भी हो तो...उस प्रियता की सीमा नहीं रहती। वाचक सर्जक है। माँ का अनुसरण करता है। टहनी–डंठल चुनने और टोकरी में लेकर चलने में ही उसकी स्वप्नदर्शिता के लिए जगह निकल आती है। कारण यह कि वह सूखी टहनी की अग्नि–क्षमता पहचान लेता है और इस क्षमता को कोयल के संगीत–रूप में सुनने, महसूस करने लगता है। इससे मेहनत भी उसके लिए संगीत बन जाती है। उसे सृजन की अपेक्षित वस्तुस्थितियाँ मिलने लगती हैं। वह माँ बनने का सुख अनुभव करने लगता है पर यह सब घटित होता है सपने में ही।

हालाँकि सपने के सच होने का भरोसा भी है।

सपने से जगता है वह। पाता है कि सामने आगे-आगे चलने वाली माँ की बरगद के तने जैसी बहुत कठिन और दृढ़ पीठ है। (ऐसी उपमा और किसी कवि के यहाँ नहीं) जीवन के लिए अपेक्षित सामग्री का दायित्व इस पीठ ने लगातार ढोया है। माँ के रूप में 'युग-युग अनुभव का नेतृत्व' है, जो आगे-आगे चल रहा है। सभी चुनौतियों को आगे बढ़कर स्वीकार कर रहा है। अपने पीछे आने वाले नयेपन को रास्ते की मुश्किलों से आगाह करते हुए बचा रहा है। वाचक माँ का अनुसरण करता है। माँ 'एक गिरस्तिन आत्मा' है। जीवन की समस्याओं का बौद्धिक नहीं, प्रत्यक्ष सामना करती है। सामना करने का अनुभव उसके पास प्रचुर है। अत: वाचक उसी से पूछता है कि यह सब क्या हो रहा है और इसे कैसे समझा जाए। माँ मुसकराते हुए जवाब देती है—

> ''आधुनिक सभ्यता के वन में
> व्यक्तित्व-वृक्ष सुविधावादी।
> कोमल-कोमल टहनियाँ मर गयीं अनुभव-मर्मों की
> यह निरुपयोग के फलस्वरूप हो गया।
> अन्तर्जीवन के मूल्यवान जो संवेदन
> उनका विवेकसंगत प्रयोग हो सका नहीं
> कल्याणमयी करुणाएँ फेंकी गयीं
> रास्ते पर कचरे-जैसी,
> मैं चीन्ह रही उनको।
> जो गहन अग्नि के अधिष्ठान
> हैं प्राणवान
> मैं बीन रही उनको
> देख तो
> उन्हें सभ्यताभिरुचिवश छोड़ा जाता है
> उनसे मुँह मोड़ा जाता है
> दम नहीं किसी में
> उनको दुर्दम करे
> अनलोपम स्वर्णिम करे।
> घर के बाहर आँगन में मैं सुलगाऊँगी
> दुनियाभर को उनका प्रकाश दिखलाऊँगी।''[79]

जंगल में वृक्ष सुविधावादी नहीं हुआ करते थे। प्रतिकूल मौसम सहकर फल और छाँव दिया करते थे। व्यक्ति उनसे प्रेरित होते थे लेकिन आधुनिक सभ्यता में व्यक्ति सुविधावादी होने लगे हैं। आधुनिक जीवन का रूपक बड़े संक्षेप में बड़ी सहजता से यहाँ

आ गया है। पहले सुविधावादियों का कोई व्यक्तित्व नहीं होता था। अब उनका भी व्यक्तित्व होता है। उनको स्वार्थी सम्बोधन मिलने की बजाय सम्मान मिलता है। जीवन के तौर-तरीक़े बदल रहे हैं। अनुभवों को महत्त्व नहीं दिया जाता। उनके सार का उपयोग कर जीवन को बेहतर नहीं बनाया जाता। उपेक्षित होकर अनुभवों की टहनियाँ (सूख) मर गयी हैं। मूल्यवान संवेदनों का विवेकसंगत प्रयोग नहीं होता। पूरे जीवन का भला करनेवाली करुणाओं को कचरे की तरह फेंक दिया गया है। माँ टहनियों-डंठलों के रूप में वस्तुतः इन्हीं अनुभव-मर्मों को, मूल्यवान संवेदनों को और कल्याणकारी करुणाओं को बीन रही है। सभ्य कहलाने का फ़ैशन है। इसी के चलते जीवन की इन आधार-सम्पदाओं को उपेक्षित किया जा रहा है। इनको अजेय बना देने की हिम्मत और ताक़त किसी में नहीं। माँ इनका प्रकाश पूरी दुनिया में फैलाना चाहती है। इसलिए वह टहनियाँ-डंठल एकत्र कर रही है। चाहती है कि मनुष्य-जीवन को बेहतर बनानेवाले मूल्य उसका बेटा भी एकत्रित करे। फ़ैशन का शिकार होकर परम्परा, करुणा, सत्य आदि मूल्यों का महत्त्व न भूले।

माँ ने समझाया। बेटा समझा कि वे दोनों क्यों भटका करते हैं। वास्तव में उनके भीतर युग-युग को प्रेरित करने में समर्थ अनुभव-रत्न मौजूद हैं। फ़ैशन के शिकार आधुनिक सुविधावादियों के बीच वे फ़िट नहीं होते। उनके समाज से कट जाते हैं, जिनको अपनी, केवल अपनी तरक़्क़ी से फ़ुर्सत नहीं। माँ-बेटा करुणा-नदी की तरह ऊपर से नीचे की तरफ़ आते हैं। दोनों को नीचे आकर ही अपने मन की संगत मिलती है। सम्बन्धों की ऊष्मा मिलती है। वे अपना रिश्ता 'समाज की तलछट' कहे जानेवाले दीन-हीन-असहायों से जोड़ते हैं। दीन-हीनों को सबसे उज्ज्वल परम्परा की सबसे ज़्यादा ज़रूरत इसलिए है कि वही सबसे ज़्यादा अँधेरे में हैं। माँ के भीतर इसी परम्परा को बनाए रखने की तड़प है। यही कारण है कि वह कचरे में फेंक दिए गये मूल्यों को चुनती है। वे मूल्य ज्ञानात्मक संवेदनों के रूप में हैं। जीवन के आधार हैं। ज्ञान तक पहुँचाने वाले संवेदन न हों तो मनुष्य का अन्तर्जीवन बन ही नहीं सकता। ये संवेदन हों तो अन्तर्जीवन बनता भी है और समृद्ध भी होता है। समृद्ध अन्तर्जीवन सुखद बाह्य जीवन का आधार है। इन संवेदनों के संरक्षण-संवर्द्धन का दायित्व माँ अपने बेटे के सर पर रखती है।

इस दायित्व के सजग निर्वाह से ही सुखद मानवीय भविष्य का जन्म होगा। पहले टोकरी-विवर में से पक्षियों का कलरव आ रहा था। अब उसमें से एक हाल ही में जनमे मानव-शिशु की पुकार आ रही है। इस पुकार का स्वर बहुत कोमल और कर्कश है। कोमल इसलिए कि शिशु का है और कर्कश इसलिए कि वातावरण उसके अनुकूल नहीं। वाचक को उस पर प्यार उमड़ता है पर वह शिशु भविष्य-निर्माण का दायित्व भी है। यह दायित्व इतना भारी है कि वाचक घबरा जाता है। दायित्व प्यारा है पर बहुत भारी

है। उसे स्वीकार करना बहुत कठिन है। यही सोच वाचक उसे वहन करने से कतराता है। करना नहीं चाहता पर वहन करना पड़ता है। इससे भार और बढ़ता है। दायित्व का निर्वाह और कठिन होता है। आखिर यह दायित्व आया कहाँ से?

कौन है यह मानव-शिशु? वाचक पूछता है तो भीतर से उत्तर आता है कि वह मानव-परम्परा है। हिन्दी कविता की परम्परा जैसे कालिदास की रचना है, वैसे ही आधुनिक मनुष्य की परम्परा से मिला दायित्व है वह। यह जानकर वाचक की आँखें नम होती हैं। उनमें गर्व की चमक आती है। अन्तर्जगत में 'हिमालयी चट्टान' पिघलती है। दायित्व वहन करने से बचने की अपनी ही ज़िद परम्परा की विरासत सँभालने योग्य बनने की कोशिश में विलीन हो जाती है। यह कोशिश सब नहीं कर पाते। इसलिए वाचक को गर्व की अनुभूति होती है। वह दायित्व, जो शिशु-रूप था, अपना रूप बदलता है। देव बनता है। वाचक देखता है कि

"मेरे कन्धों पर खड़ा हुआ है देव एक दुर्धर
थामता नभस् दो हाथों से
भारान्वित मेरी पीठ बहुत झुकती जाती
वह कुचल रही है मुझे देव-आकृति।
है दर्द बहुत रीढ़ में
पसलियाँ पिरा रहीं
पाँव में जम रहा ख़ून
द्रोह करता है मन
मैं जनमा जब से इस साले ने कष्ट दिया
उल्लू का पट्ठा कन्धे पर है खड़ा हुआ।
कि इतने में
गम्भीर मुझे आदेश—
कि बिलकुल जमे रहो।
तुम दाँव अड़ाओ, तने रहो।
मैं अपने कन्धे क्रमशः सीधे करता हूँ
तन गयी पीठ
और स्कन्ध नभोगामी होते
इतने ऊँचे हो जाते हैं,
मैं एकाकार हो गया-सा देवाकृति से।
नभ मेरे हाथों पर आता
मैं उल्का-फूल फेंकता मधुर चन्द्रमुख पर
मेरी छाया गिरती है दूर नेब्युला में।

बस, तभी तलब लगती है बीड़ी पीने की।
मैं पूर्वाकृति में आ जाता,
बस, चाय एक कप मुझे गरम कोई दे दे
ऐसी-तैसी उस गौरव की
जो छीन चले मेरी सुविधा
मित्रों से गप करने का मज़ा और ही है।''[80]

संघर्ष, सृजन और करुणा आदि मूल्यों की परम्परा को बदलते युग में संरक्षित-संवर्धित रखना बड़ा भारी दायित्व है। यह दायित्व जब वाचक उठाता है तो उसे अपने पर गर्व होता है। उसे यह ऐतिहासिक दायित्व आसमान को अपने हाथों पर थामनेवाले विराट देव जैसा लगता है। वह देव उसके कन्धों पर खड़ा है। भारी इतना कि वाचक की पीठ झुकती जाती है। लगता है—वह कुचला जाएगा। रीढ़ में दर्द है। पसलियाँ जैसे कोल्हू में पेरी जा रही हैं। पाँव सुन्न होने लगते हैं। मन मूलतः इच्छाओं का पुंज और विलासी मिज़ाज का होने के कारण विद्रोह करता है। दायित्वबोध वाचक के साथ जनम से लगा है। हमेशा तकलीफ़ दी है उसने। वाचक विद्रोह करनेवाला ही होता है कि तकलीफ़ सहकर भी जमे रहने का आदेश उसे दिया जाता है। झुकते हुए कन्धों को सीधा करना इस आदेश का पालन करने की कोशिश है। यह कोशिश करते ही वाचक की पीठ तन जाती है। कन्धे आसमान छूने लगते हैं। देवाकृति से वह एकाकार हो जाता है। (ऐतिहासिक दायित्व ही उसका जीवन, उसका अस्तित्व बन जाता है।) देव की तरह उसके हाथों पर भी आसमान आ जाता है। अन्तरिक्ष में उल्काओं के फूल वह चाँद पर फेंकने में सक्षम हो जाता है। आकाशगंगा बनानेवाले नेब्युला (ज्वलन्त गैस-पिंड) में उसकी छाया गिरती है, इतना विराट वह अपने को पाता है। आत्मोन्नति की आशातीत स्थिति है यह। इस स्थिति में पहुँचते ही उसे बीड़ी पीने की तलब लगती है। कमज़ोरियाँ घेर लेती हैं। गरमागरम चाय की इच्छा जाग उठती है। (चाय, बीड़ी और दोस्तों से गपशप की) सुविधा छीननेवाले आत्म-गौरव को वह व्यर्थ कहता है। (माँ ने तो उसके बारे में पहले ही कहा था—'आधुनिक सभ्यता के वन में/व्यक्तित्व-वृक्ष सुविधावादी'।) चिलचिलाती सड़कों पर वह जीवन-भर जिप्सी की तरह भटकते रहने को तैयार है, अपनी कमज़ोरियाँ छोड़ने को नहीं।

वाचक स्वप्नदर्शी है। ऐतिहासिक दायित्व का निर्वाह वह स्वप्न में करता है। आत्मगौरव को आसमान में व्याप्त होते देखता है। कमज़ोरियाँ उसे स्वप्न के आकाश से यथार्थ की धरती पर ले आती हैं। उसके मन में ऐसा आईना था, जिसमें उसे अपना चेहरा या तो बहुत बड़ा दिखता था या बहुत छोटा। वह आईना वास्तविकता की ठोकर खाकर टूट गया। अब वह जैसा सचमुच था, अपने को वैसा ही दिखने लगा। माँ उसपर मुसकराई। उसे डाँटा—

"तब देव बना अब जिप्सी भी,
केवल जीवन-कर्त्तव्यों का
पालन न हो सके इसीलिए
निज को बहकाया करता है।
चल इधर, बीन रूखी टहनी
सूखी डालें,
भूरे डंठल,
पहचान अग्नि के अधिष्ठान
जा पहुँच स्वयं के मित्रों में
कर ग्रहण अग्नि-भिक्षा
लोगों से पड़ोसियों से मिल।"[81]

देव बनना दिवास्वप्न था। जिप्सी बनना अपनी कमज़ोरियों से चिपके रहना है। दोनों ही स्थितियों में होना अपने-आपको धोखा देना है। माँ पहचानती है कि उसका बेटा कामचोर है। आलसी है। व्यसनी है। बुद्धि-विलासी है। आत्म-छलिया है। यह सब इसलिए करता है कि जीवन-कर्त्तव्यों का पालन न करना पड़े। अग्नि के अधिष्ठान बीनने न पड़ें। उनको टोकरी में ढोना न पड़े। माँ उसे डाँटकर कर्त्तव्य-पथ पर वापस लाती है। सबसे महत्त्वपूर्ण है—आग। वही आग, जो सूखी लकड़ियों में अभिव्यक्त होने की प्रतीक्षा कर रही है। वही, जो सबके लिए सुखद जीवन को सम्भव करनेवाली है। ऐसी आग अकेले में स्वप्न देखने से नहीं मिलेगी। वह मिलेगी मित्रों से, लोगों से, पड़ोसियों से। आग इतनी महत्त्वपूर्ण है कि उसकी भिक्षा तक माँगी जा सकती है। इस तरह माँ अपने बेटे को सामाजिक, अहंकार से रहित, यथार्थप्रिय, मूल्यनिष्ठ और सकर्मक होने के लिए कहती है।

वातावरण गरम है। चेहरे को धूल-धूसरित करनेवाला है। धूल के रूप में बेटे के चेहरे पर भीतर का 'बेशर्म दलिद्दर' जमा है। माँ की डाँट का असर उसपर इतना ही हुआ है कि वह अब स्वप्नलोक में खोया हुआ नहीं है। माँ जो उसे बनाना चाहती है, वह बनने से अभी दूर है वह। फिर भी उसे सेमल का एक पेड़ अच्छा लगता है। उसके फूल लाल हैं। (आग के राग से) सम्पन्न हैं। सुबह की लालिमा फैला रहा है वह। उसके भीतर प्रेम का कोमल-रेशमी कपास है। वह भरे-पूरे जीवन का रूप लगता है उसे। भीतर-बाहर से पहचानकर वह उसपर मुग्ध हो रहा है। मुग्ध होने से उम्मीद जागती है कि वैसा ही जीवन वह जीयेगा भी।

ध्वनि के माध्यम का प्रयोग इस कविता में विशेष रूप से महत्त्वपूर्ण है। टोकरी में डंठल-टहनियों की साँवली रेखाएँ नवसाक्षर खेतिहर के अक्षरों-वाक्यों जैसी लगती हैं और वे वाक्य फुसफुसाने लगते हैं। यह फुसफुसाना धीमा कलरव बन जाता है। ध्वनि

के इस प्रयोग से द्रुत रूपान्तरण सम्भव हुआ है। टहनियाँ-डंठल अनगढ़ वाक्यों में बदलते हैं और वाक्य सैकड़ों परिन्दों के मोहक स्वर में। कारण पूछने पर माँ बताती है कि यह सूखे ईंधन में बसी वह आग है, जिसे प्रकट होना है। यही आग कलरव है। पक्षी-संगीत है। आग की सम्भावना संगीत में रूपान्तरित होती है। यह संगीत कोयल की बोली जैसा है। उसमें पुराने और नये स्वर का संगम है। यह सुन वाचक रास्ते पर थिरकने लगता है। यह सब ध्वनि के सक्षम प्रयोग का फल है। यह प्रयोग माँ-बेटे और वाचक व उसके अन्तर्जगत के संवादों में भी है। माँ की डाँट में भी है।

अग्नि के अधिष्ठान टोकरी में हैं। उनके रूप में जीवन के (चुने हुए) आधार ज्ञानात्मक-संवेदन हैं। माँ इनका भार वाचक के सिर पर रखती है तो मानव-शिशु की आवाज़ टोकरी में से आती है। यह स्वर मृदुल-कर्कश है। दो तरह की ध्वनियों से मिलकर यह ध्वनि बनी है। कविता में पक्षियों के आगामी संगीत का रूप है शिशु के रोने की आवाज़। वह मानव-परम्परा की विरासत है, यह भीतर से आती आवाज़ बताती है।

अग्नि के अधिष्ठान बीनना स्पर्श-प्रक्रिया है। टोकरी उठाना भी स्पर्श-सम्भव है। उसमें से आते पक्षियों के संगीत को सुनकर वाचक के हाथों में अनजाने हाथ पहुँचकर ऊष्मा भरते हैं। छूकर ही जाना जा सकता है कि माँ की पीठ बरगद के तने जैसी कठिन और दृढ़ है। टोकरी में से शिशु की आवाज़ आती है तो शिशु भारी होने लगता है। कन्धों पर देव का खड़ा होना और भार से पीठ का झुकते जाना स्पर्श के माध्यम से अन्तर्वस्तु का रूप लेना है। देव से एकाकार हो जाने पर आसमान वाचक के हाथों पर आता है। कविता के अन्त में जिस सेमल के पेड़ पर वाचक मुग्ध होता है, उसके फूलों में मौजूद कपास 'रेशम-कोमल' है।

सेमल का पेड़ 'सम्पन्न लाल फूलों को लेकर खड़ा हुआ/रक्तिमा प्रकाशित करता-सा' है। यह रूप का सक्षम प्रयोग है। उतना ही सक्षम, जितना 'मस्तक में ब्रह्मांड-दीप्ति' का घिर उठना और 'रवि-किरण-बिन्दु' का आँखों में स्थिर हो जाना है। यह ब्रह्मांड-दीप्ति धरती पर उतरकर सेमल द्वारा प्रकाशित रक्तिमा (रक्त जैसी जीवन्त आभा) बन गयी है। इसे देखने का मतलब जीवन को देखना, उसपर न्यौछावर होना है।

अन्तर्जगत् की प्रक्रियाएँ निपुणता से साकार करनेवाली कविता है यह। इस सत्य का एक और उदाहरण कि मुक्तिबोध अन्तर्जगत के बड़े कवि हैं। बहुत बड़े।

### मुझे क़दम-क़दम पर

यह कवि की रचना-प्रक्रिया को प्रत्यक्ष करनेवाली रचना है। रचना या साहित्य के स्रोत का अनुभूतिमय विवेचन इसमें है। मुक्तिबोध के लिए यह स्रोत सबसे महत्त्वपूर्ण है। उन्होंने लिखा है—"कोई भी दृष्टिकोण, यानी कोई भी साहित्यिक 'वाद', तभी तक

ठीक है जब तक वह जीवन की चेतना से परिपूर्ण है। यथार्थवाद, जिसे आजकल वर्गवादी प्रगतिवाद कहते हैं, तभी तक ठीक है जब तक उसका लेखक अपनी स्फूर्ति वास्तविक स्थिति से पाता है। प्रश्न स्फूर्ति का ही है।''[82] साहित्यकार के लिए वास्तविकता का महत्त्व निर्णायक है। कारण मुक्तिबोध के ही शब्दों में यह कि ''साहित्य आत्मा की संस्कृति है, और आत्म-संस्कृति समाज की अन्तश्चेतना है।''[83] समाज की वास्तविकता से किसी रचनाकार का रिश्ता जितना गहरा होगा, उसका रचना-कर्म उतना ही स्वस्थ और प्रभावक होगा।

समाज विषमताग्रस्त है। निम्न वर्ग इस विषमता को सहता है। करुणाधर्मी कवि का कर्तव्य है कि वह इस वर्ग का पक्षधर हो। जनसाधारण के जीवन से प्रेरणा ले, उनके जीवन-विवेक से आलोक पाए और उसी को अपनी रचनाओं में और सम्पन्न करे। वह सम्पन्न हो जाए तो उसे जनसाधारण को ही लौटा दे। इस तरह अपने अस्तित्व को सामान्य जन के लिए भी सार्थक करे।

सामान्य जन न तो क्षमताओं की दृष्टि से कम होते हैं, न संख्या की दृष्टि से। उनसे प्रकाश लेने के लिए उनके पास जाना होता है। उनसे एकमेक होना होता है। निरन्तर उनकी दुनिया में शामिल रहना होता है। अगर किसी कवि का स्वभाव ऐसा न हो तो यह उसके लिए लगभग असम्भव है। स्वभाव हो तो साधारण जन की दुनिया में वह रम सकता है। उससे प्रकाश ग्रहण कर सकता है। सच्चा रचनाकार हो सकता है।

जीवन व्यापक है। असीम है। रचना के विषयों की उसमें कोई सीमा नहीं। इतने विषयों में से ठीक चुनाव कर पाना कवि के लिए अपरिहार्य चुनौती है। बहुत-से विषय उसके अनुकूल नहीं होते और बहुत-से विषयों के लिए वह अनुकूल नहीं होता। अत: सारे विषय उसके सृजनाधार नहीं हो सकते। कौन-से हो सकते हैं, इसका ज्ञान उसकी आधारभूत सम्पदा है। इसी पर उसका रचना-कर्म अवलम्बित है। मूल समस्या चुनाव की है।

यही इस कविता की अन्तर्वस्तु भी है। इसका वाचक रचनाकार है। उसका जीवन रचना-यात्रा है। इस यात्रा में क़दम-क़दम पर उसे चौराहे मिलते हैं। यों ही नहीं मिलते, 'बाँहें फैलाए' मिलते हैं। ये चौराहे जीवन्त हैं। उत्सुक हैं उससे मिलने को। ऐसे जैसे मित्र उत्सुक होता है मित्र से मिलने को। (क़दमों के बढ़ने से क़दम तो सार्थक होते ही हैं, रास्ते भी खुश होते हैं।) रचनाकार अगर चलता है (सक्रिय होता है) तो उसे चौराहे मिलते ही हैं।

पहला क़दम रखते ही 'सौ राहें फूटतीं' हैं। मुसाफ़िर के सामने रास्ते हों तो सफ़र के लिए वह ललक उठता है। सारे रास्तों को जान लेने की, उनपर से गुज़रने की इच्छा प्रबल हो उठती है। कारण यह कि हर रास्ते के अपने तजुर्बे होते हैं और अपने सपने। ये तजुर्बे भी सच्चे होते हैं और सपने भी। एक-एक को जानने के लिए एक-एक से जुड़ना

होता है। पूरे जीवन की सच्चाई से जुड़ाव तभी सम्भव है। क्या यह किसी एक के लिए सम्भव है? सम्भव हो या न हो, मुश्किल ज़रूर है। यही कारण है कि वाचक के दिल में 'अजीब-सी अकुलाहट' उभरती है। वह ज़्यादा से ज़्यादा रास्तों को ज़्यादा से ज़्यादा जानना और अनुभव करना चाहता है। सब व्यक्तियों, सब अनुभवों के कुछ 'गहरे में उतरना' चाहता है। कहीं भी, कुछ भी मिल सकता है, जो उसे रचनाकार बना दे! (जन-अनुभव रचना की आधार-सम्पदा जो हैं।)

हर जन-अनुभव रचनाकार क़दमों के लिए एक रास्ता है। उसे लगता है कि—

"...प्रत्येक पत्थर में
चमकता हीरा है;
हर एक छाती में आत्मा अधीरा है,
प्रत्येक सुस्मित में विमल सदानीरा है,
मुझे भ्रम होता है कि प्रत्येक वाणी में
महाकाव्य-पीड़ा है,
पलभर मैं सबमें से गुज़रना चाहता हूँ,
प्रत्येक उर में से तिर आना चाहता हूँ,
इस तरह खुद ही को दि○○○○-दिये फिरता हूँ,
अजीब है ज़िन्दगी!!"[84]

भ्रम और सन्देह में अन्तर है। सन्देह में दुविधा होती है- यह ठीक है या वह। भ्रम में कोई दुविधा नहीं होती। निश्चय होता है कि यही ठीक है। हालाँकि वह ठीक होता नहीं। हर छाती में बेचैन आत्मा, हर मुस्कराहट में नदी जैसी पवित्रता और हर वाणी में महाकाव्यात्मक करुणा नहीं हो सकती लेकिन रचनाकार को लगता है कि हो सकती है। वह उस गोताखोर की तरह जीवन-समुद्र में उतरता है, जिसे हर गोता लगाते हुए रत्न मिलने की उम्मीद रहती है। उम्मीद न हो तो गोता लगा ही न सके वह। इसी तरह रचनाकार जन-जन के जीवन की गहराई में उतरता है। इस उम्मीद से कि मूल्यात्मक अनुभव मिलेंगे। उसके लिए हर हृदय एक समुद्र है। उसे जानने के लिए 'उसमें से तिर आने' की ज़रूरत है।

यह 'खुद ही को दिये-दिये फिरना' है। कभी कहीं, कभी कहीं। अपने अस्तित्व (और उसके अहंकार) को अलग (बनाए) रखते हुए किसी जीवनानुभव से एकाकार होना सम्भव नहीं। यह जानते हुए भी कि बहुत-सी जगहों पर अपने को दिये-दिये फिरना व्यर्थ होगा, वह ऐसा करता है। कुछ न मिलने पर बेवक़ूफ़ बनता है और फिर बेवक़ूफ़ बनने के लिए तैयार हो जाता है। बार-बार अपने को ठगे जाते देखकर मज़ा आता है उसे। इसलिए कि यह ठगा जाना रचना-कर्म की बुनियादी शर्त है और इसमें आनन्द लेना स्वभावतः रचनाकार होने का लक्षण। उसके हृदय में 'प्रसन्नचित्त एक मूर्ख

बैठा है', जो इतना हँसता है कि आँसू आ जाएँ और उन्मत्त हो जाए वह। यह उन लोगों को देख-देख हँसना है, जो अपने को स्वायत्त समझते हैं जबकि उनका लगभग पूरा जीवन उनके अपने और समाज के हालात से नियन्त्रित होता है। अगर कोई स्वभावतः सर्जक है तो उसके भीतर यह प्रसन्नचित्त मूर्ख ज़रूर होगा।

जन-अनुभवों के सम्पर्क में जब कोई सर्जक मानस आता है तो बहुत-कुछ पाता है और थोड़ा-बहुत देता भी है। उसके भीतर का सर्जक दूसरों के अनुभव ग्रहण करता है और उसके भीतर का व्यक्ति अपने अनुभव साझे करता है। यह आदान-प्रदान चलता रहता है। आदान-प्रदान करते चौराहे सर्जक के और पास आ जाने पर फैलते हैं। कहीं सर्जक थोड़ी देर खड़ा होता है, थोड़ी-बहुत बात करता है तो उसे उपन्यास मिल जाते हैं। वह रास्तों को कहानियाँ देता है तो उसे उपन्यास मिलते हैं। रचना-यात्रा करते हुए हमेशा फ़ायदे में ही रहता है रचनाकार। बहुत पूँजी मिलती है उसे अपने कारोबार के लिए।

इस पूँजी में तरह-तरह के दुखों की कथाएँ हैं। शिकवे-शिकायतें हैं। अहंकारों के विश्लेषण हैं। उनपर टिप्पणियाँ हैं। तरह-तरह के चरित्रों के आख्यान हैं। कहावतों-क़िस्सों के रूप में मिलनेवाले वे लोक-अनुभव हैं, जो अपने देशकाल के प्राण हुआ करते हैं।

कविताएँ अन्तरंग मित्रों की तरह उससे हँसी-मज़ाक करती हैं, शिकायतें करती हैं, प्यार की बातें करती हैं। मित्र बन जाती हैं वे, जो चौराहों से मिलने से पहले कहीं थी ही नहीं। जीवन और मृत्यु के अनेक रोमांचक अनुभव मिलते हैं। कोई भी जोखिम लेने को तैयार श्रद्धाएँ मिलती हैं। यह सब मिलता है किसी भी रास्ते पर चलने के बाद। रचनाओं की अन्तर्वस्तु का (और रूप का भी) पूरा ख़ज़ाना है जनजीवन।

इस जनजीवन से रचना-सम्पदा लेकर रचनाकार घर (अपने भीतर) लौटता है—

''घबराए प्रतीक और मुसकाते रूप-चित्र
लेकर मैं घर पर जब लौटता...
उपमाएँ, द्वार पर आते ही कहती हैं कि
सौ बरस और तुम्हें
जीना ही चाहिए।

घर पर भी, पग-पग पर चौराहे मिलते हैं,
बाँहें फैलाए रोज़ मिलती हैं सौ राहें,
शाखा-प्रशाखाएँ निकलती रहती हैं,
नव-नवीन रूप-दृश्य वाले सौ-सौ विषय
रोज़-रोज़ मिलते हैं...''[85]

प्रतीक घबराए हुए इसलिए हैं कि वे सबके सब पूरी तरह अभिव्यक्त होना,

रचनाओं में जगह पाना चाहते हैं और उनको लगता है कि पता नहीं यह हो सकेगा या नहीं। रूप-चित्र मुसकाते इसलिए हैं कि उनको रचनाओं में जगह मिलने की उम्मीद (प्रतीकों से) ज़्यादा है। बाहर की दुनिया से अनुभव-सम्पदा लेकर जब रचनाकार घर लौटता है तो घर भी उसे भरा हुआ मिलता है। बाहर के रूप-चित्र भीतर की उपमाओं को जन्म देते, बढ़ाते हैं। इन उपमाओं की संख्या भी कम नहीं। उनको रचनाओं में लाने के लिए बहुत समय चाहिए, रचनाकार को दीर्घायु होना चाहिए। इसलिए वे उसके सौ बरस जीने की कामना करती हैं।

सर्जक अपने बाहर हो या भीतर, मूलतः और अन्ततः सर्जक ही होता है। वह जीवन-अनुभवों को बढ़ाने की ताक में हमेशा रहता है। इसीलिए उसे घर पर भी चौराहे मिलते हैं। मित्रों की तरह राहें मिलती हैं। कौन-सी राह चुनी जाए, यह समस्या पैदा होती है। यह समस्या रचनाकार की है इसलिए वांछनीय है। वास्तविक समस्या तो तब होगी, जब उसकी ऐसी कोई समस्या ही न रहे। यही कारण है कि विषयों का आधिक्य उसके सामने ठीक चुनाव करने की चुनौती खड़ी करने या सताने के बावजूद काम्य है। वह जितने ज़्यादा विषयों में से चुनाव करेगा, चुनाव के सशक्त होने की सम्भावना उतनी ही ज़्यादा होगी।

इस कविता का मूल ऐन्द्रिक संवेदन स्पर्श और उसकी सम्भावना है। चौराहों का बाँहें फैलाए मिलना आलिंगनबद्ध या एकमेक होने से पहले की स्थिति है। यह मिलना एकमेक होने की सम्भावना है। रास्तों से मुसाफ़िर का एकमेक होना सफ़र को आनन्द-यात्रा बना देता है। रचना-प्रक्रिया में रचनाकार आनन्द ले तो रचना के सशक्त होने की सम्भावना बढ़ जाती है। जीवनानुभवों को हासिल करने के लिए रचनाकार हर हृदय में से तिर आना चाहता है। यह तिरना भी स्पर्श के माध्यम का उपयोग है। स्पर्श बुनियादी इन्द्रिय-बोध है। एकेन्द्रिय जीवों में केवल स्पर्श ही होता है। रचना की बुनियाद (जीवनानुभव) कविता की अन्तर्वस्तु है और बुनियादी ऐन्द्रिक संवेदन इसके रूप का नियामक। यही साधनों के स्वभाव को अन्तर्वस्तु के स्वभाव से घुला-मिला देना है और यही रचना के सशक्त होने का रहस्य।

## चकमक की चिनगारियाँ

मुक्तिबोध की अनेक कविताओं में आत्मवंचित मनुष्य का अन्तर्बाह्य संसार है। अमानवीय हालात में मनुष्य अपना जीवन स्वयं निर्धारित नहीं करता। वह जो वस्तुतः है और जैसा होना चाहता है, दोनों से दूर होता है। दूसरे शब्दों में अपनी वर्तमान और वांछनीय सच्चाई को जीने की मोहलत न देनेवाले देशकाल में क़ैद मनुष्य मुक्तिबोध के रचना-संसार का केन्द्र है। यह संसार मुक्ति के लिए उसकी छटपटाहट और उसके अन्तर्बाह्य संघर्ष अर्थात उसकी धड़कती हुई पूरी दुनिया का द्योतक है। इस कविता का रचना-

संसार भी ऐसा ही है। यह कविता आत्म-संकोच से शुरू होकर काव्य-सिद्धि (कविता द्वारा वाचक से लिपट जाने) या आत्म-विस्तार पर पूरी होती है।

## 1

जीवन अधूरा और सतही है। उसके रास्ते गर्म हैं। इस कठिन जीवन में हमारा मन 'निज' में सिकुड़ता जा रहा है। इसकी अनेक उपमाएँ हैं यहाँ। यह ऐसा है जैसे रंगभेद के माहौल में कोई काला हर क़ीमत पर गोरों से बचकर अपने को छिपा लेना चाहता हो। वह काला भी मनुष्य है। व्यर्थ न होकर उसका होना उपयोगी और महत्त्वपूर्ण है। जैसे ग़ैरक़ानूनी किताबों और परचों का क़ीमती मज़मून हो। जैसे दिल का वह बेचैन रहस्य हो, जिसपर पाबन्दी लगी हो। जैसे दिल का वह ख़ून हो, जो दमित विचारों पर टप-टप टपकता हो। अपना वास्तविक और वांछनीय जीवन न जी पाने पर आदमी अपनी ही निगाह से बचना या छिपना चाहता है। अपने में सिमटता जाता है। अपनी 'छाँह की भी छाँह-सा बारीक़' (अनस्तित्व, महत्त्वहीन) होता जाता है। जीने के लिए जो (लगभग हर) समझदार को समझौते करने पड़ते हैं, वे आत्मा में चुभते हैं। इस कारण समझदार साधारण आदमी का रास्ता उनसे अलग होता है, जिन्हें समझौतों की या विषमतामूलक देशकाल से अनुकूलन की आदत पड़ जाने के कारण आत्म-वंचित होने का कोई अहसास नहीं होता। वे आत्म-वंचित तो होते हैं पर इससे उनको वेदना नहीं होती। वेदना उसी को होती है, जिसे आत्म-वंचित होने का गहरा दु:ख हो। ऐसे व्यक्ति के लिए आत्म-वंचित होने पर अपनी आलोचना का स्वर स्पष्ट, तीव्र और जीवन के अधिक से अधिक समय पर फैलनेवाला होता जाता है।

## 2

आत्मालोचना का कारण 'अधूरी और सतही ज़िन्दगी' को जीते चले जाना है। वाचक के तलुओं में वेदना की आग लगी है। इतनी कि वह चलना तो दूर, (चैन से) खड़ा तक नहीं हो सकता। इस आग का स्त्रोत है यह यथार्थ-

"भयानक, हाय, अन्धा दौर
ज़िन्दा छातियों पर और चेहरों पर
क़दम रखकर
चले हैं पैर!
अनगिन अग्निमय तन-मन व आत्माएँ
व उनकी प्रश्न-मुद्राएँ,

हृदय की द्युति-प्रभाएँ,
जन-समस्याएँ
कुचलता चल निकलता हूँ।
इसी से, पैर-तलुओं में
नुकीला एक कीला तेज़
गहरा गड़ गया औ' धँस गया इतना
कि ऊपर प्राण-भीतर तक घुसा आया,
लगी है झनझनाती आग,
लाखों बर्र-काँटों ने अचानक काट खाया है।''[86]

अपनी, केवल अपनी उन्नति के लिए दूसरों को कुचलना इस दौर का रिवाज बन गया है। इस कुचलने के रूप अनेक हैं। बहुत सारे अग्निमय अर्थात साधारण किन्तु ऊर्जस्वी लोगों के मानस, उनके सवाल, उनकी प्रतिभा और समस्याओं को उपेक्षित रखना भी प्रकारान्तर से उनको कुचलना ही है। इससे व्यापक जनजीवन का नुक़सान होता है। इस नुक़सान में कुचलनेवालों की भूमिका है। अपनी यह भूमिका पहचानना तलुओं में बड़े और तीखे काँटे के चुभने जैसा अनुभव है। तलुओं से उठती यह वेदना सारे अस्तित्व में पसर जाती है। लगता है जैसे लाखों बर्रों के ज़हरीले डंक शरीर में उतर गये हों। घायल पैर को पकड़कर वाचक अपने मन की गर्म टीन की छत पर भयंकर पीड़ा से नाचता है। हर पल चीख़ निकलती है पर 'वैसी चीखती कविता बनाने में लजाता' है वह।

अपने को दोषी मानना आसान नहीं होता। कविता वैसी नहीं, जैसा जीवन है। यह कविता की स्वायत्तता नहीं, उसका सुविधाजनक झूठ है। वाचक अमानवीय हालात में अपनी भूमिका से भी परेशान है और झूठी कविताई से भी। आत्मालोचना की वेदना आन्तरिक होती है। यहाँ उस वेदना को देखा, छुआ और महसूस किया जा सकता है। इसी काव्य-शक्ति के बारे में शमशेर ने कहा—''मुक्तिबोध की शक्तिशाली मानवतावादी रोमानियत में अमूर्त का सविस्तार मूर्तिकरण...एक ऐसी प्रखर स्पष्टता धारण कर लेता है, जिसमें भयानक से भयानक, विद्रूप से विद्रूप (और कोमल से कोमल भी) फैंटेसी को हम मानो अपनी साँस में महसूस कर सकते हैं।''[87] आत्मालोचना की वेदना के दृश्य-रूप ने यहाँ इस 'महसूस करने' को पाठक के लिए सम्भव किया है।

## 3

आत्मालोचना की वेदना निरन्तर है। कविता में उसके दृश्य-रूप भी निरन्तर हैं। अँधेरी दूरियों से उभरता एक ताक़तवर साँवला हाथ वाचक की कनपटी पर प्रहार करता है।

आँखों के सामने तारे टूटने लगते हैं। लाल–नीली–बैंगनी–पीली–नारंगी चिनगारियाँ नाचने लगती हैं। प्रहार इतना तेज़ और धारदार है कि वाचक का सिर (वैचारिक व्यक्तित्व) कटकर उड़ चलता है। सूनेपन में यात्रा करते हुए अपने से कहता है—'अरे! कब तक रहोगे आप अपनी ओट!!' अपने अपराधों को अपने से ही छिपाना सम्भव नहीं। इसका अभिनय सम्भव है। अपराध करते हुए अपने को निरपराध ठहराने और अपनी ही नज़रों में न गिरने देने के लिए यह अभिनय ज़रूरी है पर अभिनय तो अभिनय है! उसकी कलई उतरती ही है। इसीलिए सवाल है कि अपनी ओट में ख़ुद कब तक (छिपे/बचे) रहोगे। उड़ता हुआ कटा सिर एक जंगल के एक गड्ढे में गिरता है। वहाँ भी वह सिर अपने से कहता है कि जिन लोगों में जन्म लिया, उनसे दूर तुम निकल तो आए हो पर वैसे लोग अन्यत्र मिलेंगे नहीं। उनसे न मिल पाने की कसक के साथ ही जीना पड़ेगा। सिर गड्ढे में गिरता है तो 'धड्ड' की भयानक (चीख़ जैसी) आवाज़ होती है। सिर फूटता है। उसके तल से दमकते हुए रत्न उछलते हैं। अँधेरे गड्ढे को रोशन करते हुए। ये रत्नों के रूप में अपनी बाबत अपने से ही पूछे गये सवालों के जवाब हैं। ये जवाब पाने की क़ीमत चुकानी पड़ती है। वाचक ने यह क़ीमत भरपूर मार खाकर चुकाई है।

## 4

अँधेरे गड्ढे में अनेक चमकते हुए (भविष्य के) नक्शे खुले पड़े हैं। (परम्परा के) भूगोल–इतिहास खुले पड़े हैं। दर्शन–सिद्धान्तों के अनेक पन्ने खुले पड़े हैं। (परम्परा के अनुभवों से आलोकित होकर वर्तमान का दर्शन भविष्य का रूप गढ़ सकता है। गड्ढे में यह सम्भावना है।) उन पन्नों की पंक्तियों से क्षुब्ध पृथ्वी के क्रुद्ध सागरों के छटपटाते साँवले छींटे (सर्वत्र विभिन्न रूपों में व्याप्त अमानवीयता से बेचैन जीवन के प्रति परिवर्तनकामी ग़ुस्से और परिवर्तन की उम्मीद के छींटे) उमड़ रहे हैं। बरस रहे हैं। अनेक देशों की बेचैन छायाओं को भिगो रहे हैं। छायाएँ भीग रही हैं। गड्ढे कई हैं। बेडौल हैं। दिल के हैं। दुनिया–भर में परिवर्तन की ज़रूरत दिल में एक गहरी बेचैनी बनकर कसकती है। सर्वत्र लगी अमानवीयता की आग पर यह बेचैनी साँवले छींटों में सागर की तरह बरसती है। दुनिया इसे उम्मीद से देखती है।

## 5

आसमान (काल) से गुज़रता चाँद (डाकिया) उस गड्ढे (देश में स्थित वाचक के मन) को देखता है। उसकी तरफ़ एक नीला लिफ़ाफ़ा (डाक–तार विभाग के अन्तर्देशीय

पत्र जैसा) फेंकता है। गड्ढे के 'अँधेरे तंग कोने से' एक तकलीफ़वाला चेहरा उस सन्देश के अक्षर आतुर होकर पढ़ता है। बार-बार पढ़ता है। सन्देश के अर्थ तैरते हुए कोमल धुँधलके में बदलकर मन की खिड़कियों से भीतर घुसते हैं। आसमान पर छा जाते हैं। वे अर्थ वाचक की बीमारी के निदान हैं। उपचार हैं। वाचक के मन का जागरूक और बेचैन हिस्सा पढ़ता है—

"अरे! जन-संग-ऊष्मा के
बिना, व्यक्तित्व के स्तर जुड़ नहीं सकते।
प्रयासी प्रेरणा के स्त्रोत,
सक्रिय वेदना की ज्योति,
सब साहाय्य उनसे लो।
तुम्हारी मुक्ति उनके प्रेम से होगी।
कि तद्‌गत लक्ष्य में से ही
हृदय के नेत्र जागेंगे,
व जीवन-लक्ष्य उनके प्राप्त
करने की क्रिया में से
उभर ऊपर
विकसते जायँगे निज के
तुम्हारे गुण
कि अपनी मुक्ति के रास्ते
अकेले में नहीं मिलते।"[88]

सामूहिकता समय (वर्तमान) की ज़रूरत है। जन-ऊर्जा के साथ वाचक के जुड़ने पर जन-ऊर्जा और वाचक, दोनों ही को ही फ़ायदा होता है। वाचक को विशेष फ़ायदा इसलिए होता है कि उसका व्यक्तित्व ही रूपान्तरित हो जाता है। उसकी दिशा ही बदल जाती है। उसके बिखरे हुए हिस्से एकजुट हो जाते हैं। उसमें 'सक्रिय वेदना की ज्योति' का प्रकाश भर जाता है। निजबद्धता से उसकी मुक्ति हो जाती है। भावनाएँ ज्ञानात्मक हो उठती हैं, जीवन-लक्ष्य स्पष्ट और गुण विकसित। जन-ऊर्जा का सत्संग इतना वांछनीय है उसके लिए कि इससे अपनी मुक्ति (सार्थकता) के रास्ते मिलते हैं उसे।

## 6

यह सन्देश सुनते और गुनते ही वाचक को अभूतपूर्व सुखद अनुभूतियाँ होने लगती हैं। उसके अन्तर्जगत में परिवर्तन होने लगता है। मन की साँवरी लहरों की गहराई में एक सुनहरा केन्द्र काँपने लगता है। ऐसे केन्द्र अनेक हैं। उनमें आग बरसानेवाली तारों की

किरणें चमकती हैं। यह प्रकाश महत्त्वपूर्ण सम्भावनाओं का है। वाचक के अन्धकारग्रस्त अन्तर्जगत् की गहराइयों के किनारों पर अचानक तुलसी खिल उठती है। इसकी गन्ध एक साथ पुरानी भी है, नयी भी। तुलसी सघन है। उसकी छाया भी घनी है। छाया के अन्तरालों से एक साँवला, मासूम, चमकता हुआ और बहुत प्यारा मुखमंडल उभरता है। वाचक महसूस करता है कि वह तुलसी उसी को देखती रहती है। उसी के मन का रूपाकार है वह। सुनेत्रा (अच्छी तरह देखने की शक्ति से सम्पन्न) है और अकेली नहीं खिलती—

"तड़पते तम-विवर के उन कगारों पर
चमेली कुन्द की कलियाँ, सुपरिचित स्मित लिए
तारों-भरे व्यक्तित्व,
मन के श्याम द्वारों पर
अभी भी हैं प्रतीक्षा में!!
पुकारूँ? क्या करूँ!! लेकिन
हृदय काला हुआ जीवन-समीक्षा में।
महकती चाँदनी की यह
प्रकाशित नीलिमा पीली
कि जिसके बीच मेरा गर्त-गह्वर-घर
भयानक स्याह धब्बे-सा।
अतः, मैं कुन्द-कलियों से बिचकता हूँ,
हिचकता हूँ।
कि इतने में घनी आवाज़ आती है—
'तुम्हारे तम-विवर के तट
पुनः अवतार धारण कर,
मनस्वी आत्माएँ और प्रतिभाएँ
पधारीं विविध देशों से
तुम्हारा निज-प्रसारण कर।'"[89]

तुलसी के साथ चमेली भी है। कनेर भी है। जानी-पहचानी मुसकराहट लिए दूसरों को प्रकाश देनेवाले व्यक्तित्व भी हैं। मन के साँवले (साँवला रंग बहुत है मुक्तिबोध के यहाँ) दरवाज़े पर खड़े इन्तज़ार कर रहे हैं। ज़ाहिर है, महापुरुषों के लिए निजता का दरवाज़ा बन्द है। वाचक उनको पुकारने के बारे में सोचता है कि अपने हृदय पर उसका ध्यान जाता है। (कभी हम उनको, कभी अपने घर को देखते हैं।) वह जीवन को समझने की कोशिशों में काला पड़ चुका है। उस काले पड़ चुके घर में कैसे बुलाए उन्हें! चारों ओर चमकती चाँदनी महक रही है। नीली चाँदनी पर पीला प्रकाश पड़ रहा

है। कुछ-कुछ हरी दिखती है वह चाँदनी। एकदम जीवन्त और ख़ूबसूरत। इस ख़ूबसूरती के बीच वाचक का घर, जो कहने को घर और वस्तुतः गड्ढा है, चाँदनी में एक काले धब्बे जैसा लगता है। यही कारण है कि वह कनेर की कलियों से बचने की कोशिश करता है। उनकी सुन्दरता के पास जाने में संकोच करता है। उसी समय एक भारी आवाज़ आती है। बताते हुए कि तुम्हारे अँधेरे गड्ढे (घर या मन) के किनारे अपने मन की स्वामिनी आत्माएँ और प्रतिभाएँ अनेक देशों में (जगह-जगह पर) तुम्हारे व्यक्तित्व को प्रसारित करके वापस आई हैं। स्वयं से सन्तुष्ट न होनेवाले व्यक्ति के व्यक्तित्व-प्रसार का अत्यन्त सुखद अनुभव है यह।

## 7

वाचक आसमान छूती हवाओं में ध्वनि जैसा तरंगित होकर सिविल लाइंस के एक पुराने बरगद के पास स्पन्दित होकर उसी के पत्ते की आहटों में बिखर जाता है। अपने अकेले और साँवले घर में लौटता है। लौटकर देखता है कि उसकी अनुपस्थिति में कोई और वहाँ उपस्थित है। वह एक अकेली 'छाया-मूर्ति' है, जो अँधेरे में 'तड़-तड़-तड़ातड़-तड़' कोई लेख टाइप कर रही है। टाइपिंग से नीले और सुबह की लालिमा जैसे चिनगारियों के समूह उछल रहे हैं। इन समूहों में लुमुम्बा जैसे अफ़्रीकी जन-नेता हैं। अल्जीरिया, लाओस और क्यूबा जैसे अपनी-अपनी आज़ादी के लिए संघर्ष करनेवाले महत्त्वपूर्ण क्रान्तिकारी देश हैं। हृदय के ख़ून के तालाब में सूर्य जैसी मणि के रूप में ज्ञान मौजूद है। भावनाओं से अभिन्न है यह ज्ञान। फड़कती हुई दिमाग़ी रग में दुःख बहता है। यह दुःख सारी दुनिया के आत्म-वंचितों की वेदना का प्रतिरूप है। सार्थक लेखन और क्रान्तिकारी प्रयासों से वाचक के अन्तर्जगत में बसी दुनिया की वेदना कम होने की सम्भावना बनती है।

## 8

समुद्र में डूबी हुई पुण्य-गंगा सागर-तल से प्रस्थान करती, ऊपर आती है। साँवले बादलों की पंक्तियों में बदलती है। दिशाओं में फन उठाती है। उधर वाचक के कमरे में रौशनी फैलाती टाइपिंग जारी है। पहले से तेज़ हो रही है। उसका असर बाहर की दुनिया पर पड़ रहा है। काग़ज़ के साथ-साथ धूल में भी शब्द मानो गड़ रहे हैं। आसमान से तिरछी छींटों की मार भी मानो धरती पर कुछ टाइप कर रही है। घटाएँ गरज रही हैं। बिजलियाँ चमक रही हैं। हवाएँ अपने-आप से संवाद कर रही हैं। उनसे 'चपल रिमझिम/दमकते प्रश्न करती है।' ये प्रश्न बुनियादी महत्त्व के हैं। रिमझिम कहती है कि

वह बीते हुए ज़मानों के धुँधले सागर में डूबी मानव-पुण्य-धारा (परम्परा के अनजाने अनुभवों की सम्पदा) को साथ लाई है। अब अपना पक्ष तय करना होगा। सुनहरा और ऊँचा पीड़क आसन एक पक्ष है तो अँधेरी और निम्न पीड़ित श्रेणी दूसरा। प्रश्न यह है कि हवाएँ (और उनके रूप में विचरण करता वाचक का मन) किसके पक्ष में हैं। साथ ही मूल प्रश्न यह भी है कि

"हृदय में प्राकृतिक जो मूल
मानव-न्याय-संवेदन
बहुत बेचैन व्याकुल हो
तुम्हें क्या ले गया उस तट,
जहाँ उसने तुम्हारे मन व आत्मा को
समझकर श्वेत चकमक के घने टुकड़े
परस्पर यों तड़ातड़ तेज़ दे रगड़ा
कि उससे आग पैदा की
व हर अंगार में से एक
जीवन-स्वप्न चमका और
तड़पा ज्ञान!!"[90]

मनुष्य मूलत: सामाजिक प्राणी है। उसका प्राकृतिक स्वभाव सिकुड़ना नहीं, फैलना है। अन्याय नहीं, न्याय है। अन्याय के पक्ष में वह होता है तो स्वार्थ के कारण। अन्याय के पक्ष में होकर वह व्यक्ति बनता है तो न्याय के पक्ष में होकर मनुष्य। न्याय जिसके हृदय में जितना ज़्यादा धड़कता है, वह उतना ही ज़्यादा मनुष्य होता है। 'मानव-न्याय-संवेदन' थोड़ा-बहुत सबके हृदय में रहता है। यह प्राकृतिक और मूल सत्य है और इसी से जुड़ा है मनुष्यता (और इस कविता का, कवि-कर्म) का मूल सवाल। सवाल यह कि यह मूल मानव-न्याय-संवेदन क्या तुम्हें उस जगह ले गया, जहाँ उसने तुम्हारे मन (भावना-समूह) और तुम्हारी आत्मा (सामाजिक व पूर्ण अस्तित्व) को सफ़ेद चकमक पत्थर के टुकड़े मानकर आपस में तेज़ी से रगड़ा? (टाइपिंग भी 'तड़ातड़' थी और यह रगड़ भी 'तड़ातड़' है। दोनों प्रकाश पैदा करनेवाली ध्वनियाँ हैं।) क्या इस रगड़ से आग पैदा हुई? क्या उस आग के हर अंगार में जीवन को और सुन्दर, और मानवीय बनाने का एक-एक सपना चमका? क्या सभी के भले के लिए तड़पनेवाला ज्ञान दिखलाई दिया?

यह सभ्यता-समीक्षा और उससे प्रकाश पैदा होने की प्रक्रिया है। कवि-कर्म यदि एक व्यक्ति या चन्द व्यक्तियों के लिए न होकर सभी या अधिकांश मनुष्यों के लिए है तो कवि को इस सभ्यता-समीक्षा से गुज़रना होता है। अपना पक्ष तय करना और उससे प्रेम करना, उसका निर्वाह करना होता है। अपने पक्ष को आलोकित करने के लिए प्रकाश की साधना करनी होती है। इस साधना में अपना सब कुछ समर्पित कर देना होता

है। तब कहीं जाकर वह इन बुनियादी सवालों के सकारात्मक जवाब दे पाता है। अपने जीवन को दूसरों के लिए सन्दर्भवान बना पाता है। सार्थक हो पाता है।

## 9

आसमान जैसी दूरियों से 'चतुर संवाददाता चाँद मुसकराता' है। उसकी मुसकराहट से वाचक के साँवले चेहरे पर समुद्र का नीलापन चमकता है। यह मुसकराहट दुनिया बदलने की चाह रखने वाले वाचक का मज़ाक उड़ाती है। यह मज़ाक वाचक के लिए समुद्र जितनी गहरी और बड़ी चुनौती है। दुनिया बदलने के लिए पहले दुनिया को समझना ज़रूरी है। समझने के लिए वाचक समुद्र में मौजूद एक वीरान टावर की भीतरी गोलाइयों में ज़ीने पर चढ़ता-उतरता है। टावर के भीतर अँधेरा है। वाचक के चढ़ने-उतरने से उसके पैरों की आवाज़ 'धपाधप' होती है। यह आवाज़ मानो खुद से ही नाराज़ है। इसलिए कि वाचक जो खोज रहा है, वह उसे मिल नहीं पा रहा। ऐसे में झल्लाहट स्वाभाविक है। पैरों की यह आवाज़ विकृत है, झल्लाई हुई है। कोशिश फिर भी जारी है। तरह-तरह के देशों से सम्बद्ध समुद्री लुटेरों के लिए समुद्र के बीच उठे पुराने रौशनीघर की अँधेरी मीनार में वाचक की आत्मा फिरती है। यह जानने के लिए कि लुटेरों को रास्ता दिखानेवाली शक्तियाँ कौन-सी हैं और उनसे कैसे पार पाया जा सकता है।

मीनार में अनेक मंज़िलें हैं। उनमें अनेक प्रेत पड़े धूल खा रहे हैं। उनकी हड्डियों के हाथ में दबे काग़ज़ पीले पड़ चुके हैं। ये काग़ज़ जासूसी चिट्ठियाँ हैं। इनका जाल भयानक है। कहीं कारतूसों का ढेर है तो कहीं युद्ध के नक्शे पड़े हैं। उस मीनार की मोटी दीवारें समुद्री पक्षियों के पंखों से बनी हैं। उनके घोंसलों की बदबू भयंकर है। उनकी जंगली आँखें ग़ुस्से से भरी हैं। वातावरण में तरह-तरह की सड़ाँध है। कहीं षड्यन्त्रों की तो कहीं हिंसा की। कहीं जासूसी की तो कहीं युद्ध-योजनाओं की। कहीं अमानवीय क्रूरता की तो कहीं भय की। वाचक इन सबसे परिचित होता है।

वह पुराने पत्र और ग्रन्थ पढ़ता है। उस भय को जानता और जीता है, जो रक्त-इतिहास (अमानवीय क्रूरता) ने फैलाया। सहसा सीटियों के बजने और मौत के दरवाज़े खड़कने के रूप में कहीं से चोर आवाजें आने लगती हैं। रेडियो के षड्यन्त्र-भरे गुप्त सन्देशों की हलचल होने लगती है। जासूसी की तहलका मचानेवाली गतिविधियाँ और उनको बीच में ही रोकनेवाले तन्त्र सक्रिय होने लगते हैं। वाचक द्वारा रक्त-इतिहास जान लेने की प्रतिक्रियास्वरूप यह सब होता है। ऐटम बमों का ढेर लिए हुए तहख़ाने भी उस मीनार में दिखाई देते हैं। विध्वंस का केन्द्र है वह मीनार। उसे जानना ज़रूरी है। यह भी जानना ज़रूरी है कि

''कहाँ हो तुम, कहाँ हैं हम?
प्रशोषण-सभ्यता की दुष्टता के भव्य देशों में
ग़रीबिन जो कि जनता है,
उसी में से कई मल्लाह आते हैं यहाँ पर भी
व, चोरी से, उन्हीं से ही
मुझे सब सूचनाएँ, ज्ञान मिलता है,
कि वे तो दे गये हैं, अद्यतन सब शास्त्र
मेरा भी सुविकसित हो गया है मन
व मेरे हाथ में हैं क्षुब्ध सदियों के
विविध-भाषी विविध-देशी
अनेकों ग्रन्थ-पुस्तक-पत्र
सब अख़बार जिनमें मगन होकर मैं
जगत-संवेदनों से आगमिष्यत् के
सही नक्शे बनाता हूँ।
मुझे मालूम,
अनगिन सागरों के क्षुब्ध कूलों पर
पहाड़ों-जंगलों में मुक्तिकामी लोक-सेनाएँ
भयानक वार करतीं शत्रु-मूलों पर
व मेरे स्याह बालों में उलझता और
चेहरे पर लहरता है
उन्हीं का अग्नि-क्षोभी धूम!!''[91]

शोषण की दुष्टताएँ दुनिया-भर में फैली हैं। ऐसे में अपना पक्ष तय करना ज़रूरी है। परिवर्तनशील स्थितियों में यह तय करने की ज़रूरत बार-बार पड़ती है। वाचक का पक्ष जनता का पक्ष है। यही कारण है कि शोषण से पीड़ित ग़रीब जन ही उसे सूचनाएँ और ज्ञान उपलब्ध कराते हैं। यह ज्ञान एकदम आज तक के हालात का है। ऐसा है कि जिससे वाचक का मन विकसित होता है। अमानवीयता के प्रति विद्रोह सदियों से होता आया है। अनेक देशों और भाषाओं में होता आया है। उनका ज्ञान बल देता है। इस बल (जगत-संवेदनों) के आधार पर उज्ज्वल भविष्य की सही योजनाएँ बनाई जा सकती हैं। आततायी सागरों के किनारों पर (न जाने कहाँ-कहाँ) अमानवीयता से सबकी मुक्ति चाहनेवाली सेनाएँ (संगठित और व्यवस्थित कोशिशें) शत्रुओं (अमानवीय व्यवस्थाओं) की बुनियादों पर प्रहार करती हैं। उनकी क्षुब्धता आग जैसी सघन है। उनकी जीवन्तता का असर वाचक पर होता है। अत: उस आग का धुआँ उसके बालों में और चेहरे पर मौजूद है।

विश्वव्यापी अन्याय और उसके विरोध को जान लेने पर वाचक इतना समर्थ हो जाता है कि परिवर्तनशील हालात में विचारों और भावों की भूमिका समझ लेता है। वह अपने को सभी देशों पर अदृश्य उड़ते हुए स्वर के रूप में अनुभव करता है। ऐसे में उसे अपने भारत की याद आती है। वह सोचता है कि भारतीय जनता के दु:ख कैसे कम और ख़त्म होंगे। जनता की हाय में से कैसे अमानवीयता के विरोध की आग प्रकट होगी और उसकी छाती को दबानेवाली भयंकर चट्टानें कैसे 'भक् से' उड़ेंगी? इस प्रक्रिया में से कौन-से मानवीय गुण उभरेंगे और प्रतिष्ठित होंगे?

वाचक पुराने टावर में है। टावर अँधेरे से ग्रस्त है। टूटा-फूटा है। उसके नीचे भव्य चट्टानें हैं। वही चट्टानें, जो जनता की छाती पर लदी हैं। वे सागर की लहरों को चूमती हैं। उनसे खेलती हैं। सागर उनको बार-बार डुबोता है। उनको इसमें मज़ा आता है। यह सागर उनका मित्र है। पक्षधर है। वाचक के हृदय में आततायी सागर गूँजता रहता है। उसकी लहरों में नीले काँच चमकते-टूटते दिखाई देते हैं। अनेक चन्द्रमाओं के बिम्ब छितराते दिखाई देते हैं। लहरों के झाग में एकता का अहसास होता है। उत्पीड़कों की इस एकता की भयंकर आवाज़ें समुद्र-तल के अन्धकारों से निरन्तर आती हैं।

वाचक उसी टावर में है। अनायास उस टावर की एक खिड़की खुलती है। उससे 'नीली तेज़ किरनें' निकलती हैं। वहाँ रौशनी का पक्षधर वाचक खड़ा है। मुसकराते हुए अपनी मौजूदगी के उजले संकेत भेजता है। वे संकेत मीलों दूर तक जाते हैं। वाचक अपनों से दूर है। सूने में है परन्तु उसकी आत्मा संसार से निरन्तर जुड़ी है। संसार को बेहतर बनाने की कोशिशों के साथ 'नाभिनालबद्ध' है वह।

## 10

संसार को बेहतर बनाने की कोशिश वही करते हैं, जो इसमें दुखी हैं। ऐसे दुखियों की संख्या बहुत बड़ी है। उनकी ज़िन्दगी को देखने के लिए प्रतीकों और बिम्बों की भाषा ग़ैरज़रूरी है। उसे सीधे-सीधे देखा जा सकता है। वाचक इसे 'हमारी ज़िन्दगी' कहता है। बताता है कि फैली हुई गरम धूल के रूप में जन-स्वप्न फैले हैं। जगह-जगह पड़े हुए पत्थर ग़रीब और उपेक्षित साँवले चेहरों की याद दिलाते हैं। टूटी गाड़ियों के साँवले पहिये जनता की भयानक दुर्दशा और उसके भटकाव को साकार करते हैं। सूखे हुए बबूलों की काँटों-भरी पंक्तियाँ जनजीवन के कसकते दु:ख हैं। भूखे बच्चों के साँवले चेहरे हर तरफ़ हैं। उन्हीं के साथ वाचक भी रहता है। उनके सूखे जीवन को जीता, महसूस करता है। यह वास्तविक भारत है। इसी को बदलने के स्वप्न ढिबरी की लाल ज्योति के सिर पर हमेशा मँडराया करते हैं। यह ढिबरी जिस घर में है, वहाँ हमेशा रहता है वाचक। वही उसका घर है। उसके जीवन की बुनियाद।

## 11

अधिसंख्यकों का जीवन वैसा नहीं, जैसा होना चाहिए। वह पूरा नहीं है। सुखों की गहराई भी उसमें नहीं है। फिर भी वह शान्त नहीं। तरह-तरह के कई तूफ़ान उसमें आते रहते हैं। ये रेत के तूफ़ान हैं। इनकी ध्वनियाँ कठोर हैं। इनकी लय गद्य की है। आकर्षक नहीं हैं ये तूफ़ान। महत्त्व इनका यह कि दुनिया के अनुभवों और ज्ञान का प्रकाश इनमें मौजूद रहता है। जीवन के भयानक इम्तिहान देनेवाले अनुभवों में जो पले-बढ़े, बुजुर्ग हुए हैं, उनके भीतर दर्द है। ज्ञान है। वे जहाँ होते हैं, पूरी तरह होते हैं; जिनसे मिलते हैं, मन से मिलते हैं। मुक्त भावों के तूफ़ानी सुर में सुर मिलाते हैं वे। संसार की आगामी विकट घटनाओं का पूरा चित्र प्रस्तुत करते हैं। यह चित्र संगीतमय है। (इसमें जन-सुखों की उम्मीद की लय है।) इस चित्र के अर्थ जीवन के ताप से परिपूर्ण हैं। धुँधले इसलिए हैं कि अभी आँखों के सामने नहीं आए। फिर भी वे अर्थ दुःख के अनुभवियों का उल्लसित जीवन हैं। वे उनमें मगन होकर गगनगामी आलाप लेते हैं। सभी के जीवन का संगीत शुरू करते हैं। उनके सहचर उसी तरह साथ हैं जैसे गायक के साथ साज़िन्दे होते हैं। यह संगीत आगे बढ़ता है। उसकी रफ़्तार तेज़ होती है। तबले की तेज़ होती थपाथप और ढपाढप गूँजती है। झंकृत तम्बूरों की नाद-गति आसमान तक जाती है। वेदना के क्षणों से सुख का रस खींचकर दुःखानुभवी अपना सुर हवाओं से मिलाते हैं। अपने समय के संगीत से उनका निजी संगीत कहीं अलग नहीं। इस संगीत के नाद से जीवन का भवन गूँज और काँप उठता है। दीवारें और पत्थर भी गाने लगते हैं। सबके सुखद परिवर्तन की तूफ़ानी हवाएँ धूम मचाती हैं। खिड़कियाँ खड़ाखड़ नाचती हैं। दरवाज़े भड़ाभड़ बजते हैं। पेड़ जमकर नाचते हैं। इससे विशेष संगीत पैदा होता है। गद्य का संगीत। पद्य के संगीत से तो सबका परिचय पुराना है पर गद्य (सच्चाई, यथार्थ) के संगीत से नहीं। यह संगीत नया है। इसका अनुभव इतने उल्लास से भरा है कि लगता है जैसे कहीं किसी देश में कोई अत्याचारी सरकार भीड़ से मुठभेड़ (भयानक संघर्ष) के बाद बर्खास्त हो गयी हो। यह (सरकारी) गोलियों की बारिश पर (जनता के) पत्थरों की बारिश की जीत है।

## 12

वाचक में जनसंघर्ष के प्रति गहरा स्नेह है। जनसंघर्ष का 'बारूदी धुआँ' उसतक पहुँचता है। उसे उल्लसित करता है। उसके हृदय में उनके लिए प्यार उमड़ता है—

"कि जिनका तप्त मुख
सँवला रहा है

धूम लहरों में
कि जो मानव-भविष्यत-युद्ध में रत हैं,
जगत की स्याह सड़कों पर।
कि मैं अपनी अधूरी दीर्घ कविता में
सभी प्रश्नोत्तरी की तुंग प्रतिमाएँ
गिराकर तोड़ देता हूँ हथौड़े से
कि वे सब प्रश्न कृत्रिम और
उत्तर और भी छलमय,
समस्या एक—
मेरे सभ्य नगरों और ग्रामों में
सभी मानव
सुखी, सुन्दर व शोषण-मुक्त
कब होंगे?
कि मैं अपनी अधूरी दीर्घ कविता में
उमगकर
जन्म लेना चाहता फिर से,
कि व्यक्तित्वान्तरित होकर,
नये सिरे से समझना और जीना
चाहता हूँ, सच!!''[92]

धुएँ की लहरों में सँवलाता तपा हुआ चेहरा जनसंघर्ष का चेहरा है। दुनिया की काली (निर्मम) सड़कों पर मानवीय भविष्य के लिए यह संघर्ष होता है। अगर यह संघर्ष वस्तुतः हो तो (कम से कम मुक्तिबोध-कृत) लम्बी-लम्बी कविताओं की, उनमें तरह-तरह के सवाल-जवाब या बहस-मुबाहिसे की, कोई ज़रूरत नहीं। इसीलिए वाचक सवाल-जवाब की ऊँची प्रतिमाएँ हथौड़े से तोड़ डालता है। उसे सारे प्रश्न बनावटी और उत्तर धोखेबाज़ लगते हैं। कारण यह कि समूची कविताई मानव-भविष्य के लिए जनसंघर्ष (हर सम्भव कोशिश) को प्रत्यक्ष करने में ही सार्थक होती है। अगर ऐसा नहीं तो कविताई के सारे प्रश्नोत्तर व्यर्थ हैं। थूक बिलोनेवाले हैं। अतः गद्य में पूछता है वाचक कि सारे नगर और ग्राम सभ्य कब होंगे और सारे-के-सारे मनुष्यों का सुख, सुन्दरता व समानता पर अधिकार कब होगा। बुनियादी सवाल और समस्या यही है। यह सवाल कविता का निषेध करनेवाला प्रतीत होता है पर है नहीं। यह वस्तुतः कविता की सच्चाई पर, जीवन में उसकी सांस्कृतिक (परिवर्तनकारी) भूमिका पर, ज़ोर देनेवाला सवाल है। यही कारण है कि वाचक अपनी अधूरी कविता में फिर से जन्म लेना चाहता है। यथार्थ में तो (जीये जा चुके) अपने जीवन को फिर से जीना सम्भव

नहीं, कविता में सही। कविता की सच्चाई समझ लेने पर उस सच्चाई के अनुसार व्यक्तित्वान्तरित होकर कवि-जीवन को फिर से जीने की चाह स्वाभाविक है।

## 13

कविता का यह आखिरी हिस्सा कविता की सार्थकता को रोशन करता है। जीवन उसके लिए नहीं है। वह जीवन के लिए है। मूलत: और अन्तत: जीवन ही महत्त्वपूर्ण है। कविता उसपर आधारित, उसे बेहतर बनाने की कोशिश है। न जीवन कभी ख़त्म होता है, न यह कोशिश। इसीलिए कहा गया-

> ''नहीं होती, कहीं भी ख़तम कविता नहीं होती
> कि वह आवेग-त्वरित काल यात्री है।
> व मैं उसका नहीं कर्ता,
> पिता-धाता
> कि वह कभी दुहिता नहीं होती,
> परम स्वाधीन है वह विश्व-शास्त्री है।
> गहन गम्भीर छाया आगमिष्यत् की
> लिए, वह जन-चरित्री है।
> नये अनुभव व संवेदन
> नये अध्याय-प्रकरण जुड़
> तुम्हारे कारणों से जगमगाती है
> व मेरे कारणों से सकुच जाती है
> कि मैं अपनी अधूरी बीड़ियाँ सुलगा,
> ख़याली सीढ़ियाँ चढ़कर
> पहुँचता हूँ
> निखरते चाँद के तल पर,
> अचानक विकल होकर तब मुझी से लिपट जाती है।''[93]

कविता में गति भावों के आवेग से आती है। इस गति के बल पर वह समय में यात्रा करती है। कालयात्री का कर्ता कोई नहीं होता। उसके होने का कोई अन्त भी नहीं होता। अन्त यात्री-विशेष का होता है। यात्री बदलते हैं, यात्रा जारी रहती है। कालयात्री व्यक्ति नहीं, मनुष्य होता है। कविता भी व्यक्ति तक सीमित न होकर मनुष्यमात्र तक प्रसारित होती है। अत: उसका कर्ता कोई (एक) नहीं होता। कवि को यह नहीं समझना या मानना चाहिए कि वह कविता का पिता है, पालनहार है। इस अहंकार से मुक्त रहना चाहिए उसे। कविता बेटी नहीं होती। किसी के एकाधिकार की छाया में नहीं रहती।

उसका अपना जीवन होता है।

यह जीवन विश्व को अच्छी तरह जाननेवाला होता है। कविता में भविष्य के आभास झलकते हैं। जनजीवन उसका धर्म होता है। इसका निर्वाह वह किसी एक से ही जुड़कर नहीं करती। नये अनुभव और संवेदन उसकी जगमग हैं। ये अनुभव-संवेदन किसी और के कारण से उसमें आते हैं तो वह उसी के कारण जगमगाती है। वाचक के कारण उसमें नहीं आ पाते तो उसी के कारण संकुचित होती है। मुख्य बात है—ख़याली सीढ़ियाँ चढ़ना। वे सीढ़ियाँ, जो जनहित की धरती पर खड़ी होकर चाँद तक पहुँचने की क्षमता रखती हैं। यह चाँद निखरता हुआ है।

कल्पना यथार्थ पर पाँव जमाकर निखरती है। इस निखार तक पहुँचने का मतलब कविता का कवि से लिपट जाना, सध जाना, है।

## चाँद का मुँह टेढ़ा है

इस कविता में चाँदनी का महत्त्व बहुत है। चाँदनी से शुरू होकर कविता बिजली तक पहुँचती है। चाँदनी चाँद का प्रकाश है। यह प्रकाश उसका अपना नहीं। उसे अपने प्रकाश की तरह दिखाता है वह। प्रकाश का पाखंड है चाँदनी। मुक्तिबोध ने इसी रूप में उसे देखा है।

### 1

आधी रात का समय है। नगर में सर्वत्र चाँदनी की सँवलाई झालरें फैली हैं। प्रकाश का छद्म, वास्तविक प्रकाश से ज़्यादा सुन्दर और व्यवस्थित दिखलाई देता है। कारख़ाने की चिमनियों के बीच चाँद का टेढ़ा मुँह लटका है—

> ''कारख़ाना-अहाते के उस पार
> कलमुँही चिमनियों के मीनार
> उद्‌गार-चिन्हाकार।
> मीनारों के बीचोंबीच चाँद का है टेढ़ा मुँह
> लटका,
> मेरे दिल में खटका—
> कहीं कोई चीख़, कहीं बहुत बुरा हाल रे!!''[94]

कारख़ाने की चिमनियाँ कलमुँही हैं। मज़दूरों से दुर्व्यवहार की कालिख़ उनपर लगी है पर वे बेशर्म हैं। आसमान में मुँह उठाए खड़ी हैं। मुँह का टेढ़ा होना चाँद की विकृति है। चतुराई है। मुँह लटकना उसकी हताशा का रूप है। उसे जो और जितना चाहिए, शायद वो उतना मिला नहीं। चतुराई हताश होकर और ख़तरनाक हो जाती है।

वाचक आशंकित होता है—कहीं न कहीं बहुत बुरा हाल है। आशंका बेचैन करती है—

"अजीब है!!
गगन में कर्फ़्यू,
धरती पर चुपचाप ज़हरीली छीः थूः..."[95]

आसमान में कर्फ़्यू का होना चाँद की शक्ति का फैलना है। आज़ादी पर पहरे लगना है। धरती पर चुपचाप फैलती ज़हरीली घृणा है। परस्पर संशय हैं, आरोप-प्रत्यारोप हैं, दूरियाँ हैं। इनसे चाँद की शक्ति बढ़ती है। घोंसलों में परिन्दों की जगह कारतूस-छर्रे हैं। यह चाँद का आतंक है। इतना कि हवाएँ भी सिहर उठती हैं। चाँदनी चाँद के गुप्तचरों की सक्रियता है। 'गलियों की हाय-हाय' की जासूसी करती है। (कहीं यह 'हाय-हाय' विद्रोह का रूप तो नहीं ले रही!) चाँद गंजा है। (चतुराई का काफ़ी अनुभव है उसे।) कनखियों से नगर छान लेता है। 'अँधेरे को आड़े-तिरछे काटकर पीली-पीली पट्टियाँ' बिछा धरती पर अपनी पैठ बनाता है। समय काला है। अवांछनीय, भयानक और दुःखद है।

ताल पर फैली चाँदनी भी सँवलाई हुई है। सँवलाना प्रकाश के पक्ष में कम, अन्धकार के पक्ष में ज़्यादा होना है।

शहर के बड़े पुलों की मेहराबों के नीचे डरी और सिमटी हुई बस्तियाँ हैं। उनके उदास किनारों से लगकर पथरीले नाले बहते हैं। उनकी काली धार में चाँदनी धराशायी हो जाती है। उसके होंठ काले पड़ जाते हैं। बस्तियों में दुःख का कालापन इतना है कि चाँदनी तक प्रभावित होने से अपने को रोक नहीं पाती। उसका रंग बदल जाता है। कमज़ोर पड़ जाती है वह। बस्ती में जगह-जगह (सूखने के लिए) कपड़े लटके हैं। इनमें 'अँगिया व घाघरे' भी हैं। चाँद की व्यभिचारी टकटकी इनमें अटकती है। (चाँद विकृत है। चालाक है। शक्तिशाली है। षड्यन्त्रकारी है। अत्याचारी है, और अब, व्यभिचारी भी है।)

चाँदनी का उजाला भुसभुसा है। बस, नाम का उजाला है। उजाले का कोई काम नहीं करता वह। अँधेरे का साथ देता है। साजिशें करता है।

रास्ता जितना पुराना है, उसके मोड़ पर खड़ा बरगद उससे भी पुराना है। इतना पुराना कि उसके कई तने हैं। वे खम्भों की तरह दिखते हैं। बीत चुके समय की सड़ी हुई गन्ध फैलाती हैं उसकी गठियल शाखाएँ। उनपर परिन्दे हैं। उनकी बीट टिपटिप गिरती है। बहुत पहले से बरगद जीवन का आश्रय है। जीवन इस समय सहमा हुआ है। भय से भय फैलता है। परिन्दों की बीट समय की बीट इसी तरह बनती है। उनका भय अकारण नहीं। आसमान में ही नहीं, उनपर भी कर्फ़्यू है। धरती पर घृणित निष्क्रियता है।

बरगद की एक डाल मनुष्य के उद्‌भव से पहले के समय में हवा की लहर सूँघती जंगली हाथी की सूँड़ जैसी लटकी है। हवा की यह लहर विपदा के घेरे जैसी है। अपना

सारा अनुभव समेटकर इस विपदा को भाँपने की कोशिश करता है बरगद। उसकी छाँव घनी है। इस छाँव में सूनी गलियाँ हैं। उतनी सूनी जितनी चूड़ियाँ फूट जाने के बाद की कलाइयाँ होती हैं। गलियाँ ग़रीबों की जगह हैं। गलियों से बने चौराहे पर विशालकाय सिन्दूरी भैंरो है। पत्थर से बने भैंरो के चेहरे पर व्यंग्य-भरी मुसकान है। वह चाँद की असलियत देखता है। पहचानता है। दूसरी तरफ़ अनुभवी बरगद (नागार्जुन के बाबा बटेसरनाथ की तरह) ज़िन्दा है। वह गलियों की ताकत पहचानता है। भैंरो की पीठ पर और उसके पैरों-तले बरगद को नीले-नीले अक्षर भभकते दिखाई देते हैं। (नीला सघन आग का रंग है।) गलियों के दु:ख का ताप और उसके कारण विद्रोह की चमक इनमें मौजूद है। भैंरो गलियों की ताक़त का पुंजीभूत रूप है।

अन्धकार से स्याह हुए ताल पर बिखरी चाँदनी सँवलाई हुई है। समय बताने वाला घंटाघर निराकार है। ठीक समय नहीं बताता। जीवन जिनके लिए वेदना है, उनके अनुभव बताते हैं कि रात अभी कितनी बाक़ी है। सुबह अभी कितनी दूर है। उनके अनुभव ठीक-ठीक समय बतानेवाली सच्ची घड़ी का काम करते हैं।

सन्नाटे को चप्पलों की आवाज़ तोड़ती है। फुसफुसाते हुए शब्द तोड़ते हैं। जंगल से आनेवाली हवा गलियों को इशारों के मतलब जैसे बता जाए, ऐसे काम करते हैं फुसफुसाते शब्द। हवा की लहरों से (ब्रह्मराक्षसों के) आकार बनते हैं। बहस छेड़ते हैं। जल्दी ही बहस को निर्णय तक पहुँचा देते हैं। गलियों की आत्मा से निकलते शब्द ऐसे लगते हैं जैसे अँधेरे के पेट से ज्वालाओं की आँत (शृंखला) निकल आए। सुबह के अग्रदूत हैं ये शब्द। टॉर्च की रौशनी बनकर बरगद के तने पर पड़ते हैं। बरगद को कसे हुए और मजबूत दो हाथ छूने लगते हैं। ये हाथ दिल की छुपी हुई बातों के अँधेरे से निकलकर भुजाएँ पसारने जैसे उल्लासजनक हैं। ये बरगद पर पोस्टर चिपका जाते हैं। पोस्टरों में लाल-नीले अक्षर हैं। टेढ़े मुँह चाँद का गलियों द्वारा विरोध है। ये अक्षर वही हैं जो भैंरो की पीठ पर और पैर-तले बरगद ने देखे थे। ये अक्षर हड़ताली हैं। अन्याय का सक्रिय विरोध करनेवाले हैं।

सूनेपन को अपनी हलचलों से भर देते हैं ये अक्षर। बरगद (पुरानेपन) के आसरे रहनेवाले कुछ कौवे इनसे डरकर अजीब आवाज़ें करने लगते हैं। अँधेरे की आत्मा से शिकायत करते हुए अचानक उड़ने लगते हैं ताकि उनको हड़ताली अक्षरों के साथ न समझ लिया जाए। (इस शिकायत और रौशनी फैलानेवाले पोस्टरों से) अँधेरे के मन में (अपने अस्तित्व के खंडित हो जाने की) शंका पैदा होती है।

अँधेरे या रात के निजी जासूसों की प्रतिनिधि एक बिल्ली जासूसी करती है कि हड़ताली पोस्टर कौन चिपकाता है। काली देह, सफ़ेद पंजे और ख़ून टपकाते नाख़ूनों वाली यह बिल्ली मृत्यु की तरह भयंकर है। अपनी कंजी (चतुर) आँखों से चुपचाप सर्वत्र देखती है—

''रजनी के निजी गुप्तचरों की प्रतिनिधि
पूँछ उठाए वह,
जंगली
तेज़
आँख
फैलाए
यमदूत-पुत्री-सी
(सभी देह स्याह, पर
पंजे सिर्फ़ श्वेत और
ख़ून टपकाते हुए नाख़ून)
देखती है मार्जार
मकानों की पीठ पर
अहातों की भीत पर
बरगद की अजगरी डालों के फन्दों पर
अँधेरे के कन्धों पर
चिपकाता कौन है
चिपकाता कौन है
हड़ताली पोस्टर
बाँके-तिरछे वर्ण और
लम्बे-चौड़े घनघोर
लाल-नीले भयंकर
हड़ताली पोस्टर!!''[96]

इस बिल्ली का पूरा शरीर काला है। चाँद या अँधेरे की पक्षधर रौशनी की ग़ुलामी करनेवाले कर्म का रंग स्याह है। काले शरीर में सफ़ेद पंजे दूर से भी साफ़ दिखाई देते हैं। भय पैदा करते हैं। ख़ून टपकाते नाख़ूनों से भय की शक्ति और बढ़ती है। फिर भी जनसाधारण की हिम्मत पोस्टरों की शक्ल में सामने आती है। ये पोस्टर लाल-नीले हैं। अग्निधर्मा हैं। चाँद, चाँदनी और बिल्ली के लिए भयंकर हैं।

टेढ़े मुँह चाँद की रौशनी रूप बदलती, धोखा देती है। गजों वाली जाली लगी खिड़की से होकर कमरे में आती है तो जेल के कपड़े जैसी दिखलाई देती है। ऐसा माहौल रचती है, जिसमें पोस्टर लगानेवाले लोग जेल से भयभीत होकर चुप बैठ जाएँ।

अन्धकारग्रस्त तालाब पर चमगादड़ों का एक दल (ख़ून का) प्यासा भटकता है। वह बुद्धि की आँखों में स्वार्थों के सीसे-सा है। सीसा पड़ी आँख होते हुए भी नहीं होती। कुछ नहीं देख सकती। स्वार्थग्रस्त होने पर बुद्धि का हाल भी यही होता है। वह भी कुछ

(सार्थक) नहीं सोच सकती। उसकी विचार-क्षमता दूसरों के लिए महत्त्वहीन होने (या नकारात्मक महत्त्व रखने) के कारण नपुंसक होती है।

बरगद सब जानता है। जीवित इतिहास है वह। सड़क के एक तरफ़ गाँधी की मूर्ति है, दूसरी तरफ़ तिलक की। दोनों पर एक-एक उल्लू बैठा है। (श्रीकान्त वर्मा ने लिखा है कि पक्षियों में मुक्तिबोध को उल्लू प्रिय था।)[97] उल्लू परस्पर बात और बहस करते हैं। ये उल्लू चमगादड़ों के दोस्त हैं। गाँधी और तिलक की परम्परा का अपनी स्वार्थ-सिद्धि के लिए इस्तेमाल करनेवाली प्रवृत्तियों के प्रतीक हैं। गाँधी का इस्तेमाल करनेवाली प्रवृत्ति बताती है कि उसने मनुष्यों के ख़िलाफ़ जादू-टोने के छल का प्रयोग करते हुए उनको इस तरीक़े से मारा। तिलक पर बैठे उल्लू ने देखा कि सचमुच एक लाल मूँठ (किसी को लक्षित कर मार डालनेवाली तन्त्र की एक विधि) काले आसमान में तैर रही है। वह इससे प्रभावित हुआ पर सारे नकारात्मक वातावरण का दोष गाँधी वाले उल्लू पर मढ़ दिया। उसे कहा कि—

"दिन के उजाले में भी अँधेरे की साख है
इसीलिए संस्कृति के मुख पर
मनुष्यों की अस्थियों की राख है
ज़माने के चेहरे पर
ग़रीबों की छातियों की ख़ाक है!!"[98]

अँधेरा दिन के उजाले में भी हस्तक्षेप करता है, संस्कृति (अपने जन्मदाता) मनुष्यों को मारकर गौरवान्वित होती है और ज़माने के चेहरे पर ग़रीबों की ख़ाक है तो इसकी वजह गाँधी वाला उल्लू ही है। आसमान उल्लुओं को बेनकाब करती सच्चाई को जगह नहीं देता। मनुष्यों को मारने के ये सुरक्षित तरीक़े हत्या करके भी हत्यारे नहीं कहलाते। आसमान (वातावरण) उनके अपराधों की सच्चाई घोंटकर पी जाता है।

ऐसे तरीक़ों और लोगों के कारण ही आसमान में कर्फ़्यू है, धरती पर छीः थूः है। जनता अँधेरे में डूबी है। बेचैन है। बढ़ती वीरानगी बेचैनी को और बढ़ाती है। फिर भी सराफ़े में भीड़ है। सट्टा खेलने वाले बहुत हैं। कर्म की बजाय भाग्य पर भरोसा बढ़ रहा है। यह चिन्ताजनक है। चाँद चाहता है कि यह भरोसा बढ़े। अतः चाँदनी आसमान-स्याही की कड़ाही से धरती पर चाशनी की तरह फैलती है। सट्टे में मुनाफ़े का लालच है यह, जो सड़कों पर फैल रहा है। मीठा, गाढ़ा और चिपचिपा लालच।

चाँदनी धोखेबाज़ है। नालों और झरनों के किनारे चलती हुई, पानी पर झुके पेड़ों के नीचे शिकार की ताक में बैठी रहती है। उसका मिज़ाज आवारा शोहदों जैसा है। व्यभिचार उसका शगल है।

कुछ कवियों को सैक्स का कष्ट रहता है। उनकी कल्पना की तरह चाँदनी रात-भर फैली रहती है। गन्दगी के नाले का झाग उसका ठिकाना है। झाग नाले की गन्दगी

ढँकता है। चाँदनी व्यभिचारी कवियों की गन्दगी छुपाती है।

अँधेरे में डूबे मकानों और गलियों से विपरीत है किंग्सवे में ज़िन्दगी। रात को यहाँ सुगन्धित किरणों में वासनाओं का कामाकुल सुनसान फहराता है। यहाँ पहुँचकर चाँदनी का व्यभिचार पूरी तरह खुलता है। यहाँ वह नंगी नारियों के विभिन्न पोज़ों में लेटी दिखाई देती है। यहाँ कर्फ़्यू नहीं है। सर्वत्र सुगन्ध है। विलास है। जन-वेदना से दूरी है।

चाँदनी जन-वेदना की जासूसी करती है। दूर से देखो तो तिमंज़िले मकान की एक खिड़की में बिल्ली के धब्बे जैसी दिखाई देती है। फिर रास्तों पर उतरती, छतों पर चढ़ती, गैलरियों में घूमती, आँगनों में झाँकती और कमरों में खोजती है। महल, मोहल्ले और गलियाँ खोजती है। खोजती यही है कि ये पोस्टर आखिर लगाता कौन है। लाल-नीले अक्षरों वाले पोस्टर आते कहाँ से हैं। वह रात की निजी गुप्तचर है तो रात के हर विरोध का पता लगाना, उसे ख़त्म करने की कोशिश करना उसका दायित्व है।

गाँधी की मूर्ति पर बैठा उल्लू गला फाड़ गाना शुरू करता है। गाँधी का अपने स्वार्थ में इस्तेमाल करनेवाली सक्रियता के कारण दुनिया मरनी शुरू होती है। (जनता को कोई नहीं मारता। अपने आप मरती रहती है वह। ऐसे गम्भीर व्यंग्य मुक्तिबोध के यहाँ कई जगह हैं।) सट्टेबाज़ सक्रिय होते हैं। आसमान बाबा संकट को पहचानते हैं पर उसका सामना करने के नाम पर राम-राम ही गुनगुना पाते हैं। सच्चाई के अधजले मुर्दों की चिताओं के प्रकाश में पेड़ों पर लटके प्रकाश के चिथड़े जनता के बहुत पुराने दुःख-दर्द हैं। उनको अति-संस्कृत भूत (ब्रह्मराक्षस) सुनते हैं। नम्रता के स्वर में कठोर सत्य बताते हैं। बुद्ध और ईसा का भी इस्तेमाल किया गया। उनको भी दिखावे की वस्तु बना दिया गया। सत्य को वेश्या की तरह इस्तेमाल किया गया। सपनों को नष्ट किया गया। सच यही है।

दूसरी ओर गलियों की क्षमताओं के संगठित रूप भैंरो का ठहाका गूँजता है। इस ठहाके से गलियों की धूल हवाओं में ऐसे लहराती है, जैसे उसे पंख लग गये हों। इसके कारण चाँदनी के चेहरे पर धूल का परदा पड़ जाता है। परदा ढँकता है पर इस मामले में उलटा होता है। परदा चाँदनी को पहले से ज़्यादा नंगा कर देता है। यह देख चाँदनी पगलाने लगती है। पोस्टरों के लाल-नीले अक्षरों का असर होने लगता है। जागृति फैलने लगती है। (कविता में नहीं है पर चाँद का टेढ़ा मुँह इससे और ज़्यादा लटक गया होगा।)

## 2

ताल के दूसरी तरफ़ एक पहाड़ है। लोहे की ऊँची शिला का चबूतरा लोहांगी कहलाता है। उस पर एक खंडहर है। खंडहर में एक बड़ा भारी पेड़ है। उसके तने पर प्रेमिकाओं के नाम लिखे हैं। पत्तों से नगर में होते हुए लोहांगी तक आती हवाएँ जन-वेदना के सत्य

कहती हैं। इस वेदना के संगठित होकर विरोध बनने का वृत्त बताती हैं। संगठित वेदना की बैठकों के 'मर्म-राग' कहती हैं। यहाँ जनता के प्राणों की वह राख है, जिसके भीतर अंगारे दहक रहे हैं। नगर के सपनों का अभयारण्य है लोहांगी।

गलियों से प्रकट होकर दो (सपने देखनेवाली) साँवली आकृतियाँ चल पड़ती हैं। भैंरो यह देख उनकी सुरक्षा के प्रति चिन्तित होता है। ज़िन्दगी की बेचैन और अधपहचानी चिन्ता 'बेकाबू चाँदनी के थरथराते पल्ले-सी' उड़ती है। आम आदमी की बेचैनियों को पूरी तरह पहचाना नहीं गया है। उनकी गुप्त बेचैनी हवा में है। मद्धिम चाँदनी में चलती दो आकृतियों में से एक ज़माने की है और एक नगर की। ज़माना पेंटर है और नगर, कारीगर। ज़माना काल है और नगर, देश। पेंटर के रूप में समय पोस्टर और उनको चिपकाने की सामग्री लिए हुए है। कारीगर के रूप में देश (सारी भौतिक स्थितियों) का कहना है कि सभी जगह पोस्टर लगाने की ज़रूरत है। यहाँ तक कि

"गलियों के अलमस्त
फ़कीरों के लहरदार
गीतों की तानों में "[99]

भी पोस्टर फहराने चाहिएँ। यहाँ पोस्टर काग़ज़ पर छपे अक्षरों की बजाय गीत की लय में रूपान्तरित हो गये हैं। इससे देश के साथ-साथ काल में भी प्रसारित होने की योग्यता उनमें आ गयी है। कला और संस्कृति समय के सवालों से अछूती नहीं रह सकती। उनसे टकराते हुए ही वह अपने देश-काल के साथ, अपने साथ, न्याय कर सकती है। मनुष्यता का संगीत बन सकती है।

पेंटर कहता है कि पोस्टर सही जगह लग गये हैं। सुबह इनको मज़दूर पढ़ेंगे तो 'ज़िंदगी की झल्लाई हुई आग' को पहचानेंगे। पोस्टर पढ़ते मज़दूरों की तसवीर बनाना मज़ेदार होगा। तसवीर इस तरह बनेगी-खपरैलों से उठते धुएँ के रंग में आसमान का नीलापन मिलाया जाएगा। घरों में जलते दीयों की उम्मीदों को सुबह की किरणों में घोला जाएगा। दीपकों या उम्मीदों की यह रौशनी जब (सबकी) सुबह से मिलेगी तो हिम्मतें पैदा होंगी। स्याही (हालात की कालिख) से आँखें बनेंगी और उनकी पुतली में धधकती आग (जागृति, संघर्ष) की लाल-लाल पाँख (उड़ान भरने की क्षमता) बनेगी। आँखें एकाग्र होंगी। उनकी रौशनी पोस्टर पर गिरेगी (पोस्टर चमक उठेंगे)। कारीगर बताता है कि ऐसी तसवीरें उसने धुएँ से काली पड़ी घर की दीवार पर बाँस की तीली से बनाई थीं। उनमें वेदना की 'राम-कथा' थी। वह आज भी सच है पर अब इतना समय नहीं कि तसवीरें बनाई जाएँ। हालात दु:खद (भूरे) ही नहीं, भयंकर (ख़ाकी) भी हैं। इसलिए तसवीरें बनाने की इच्छा पूरी नहीं हो पा रही।

ज़माना (समय) नगर (देश) को मित्र-भाव से बताता है कि तसवीरें बनाने के लिए रंग, ब्रश जैसे साधन ज़रूरी नहीं हैं। नाख़ूनों से या डंडे की नोंक से धूल में रेखाएँ

खींचकर भी तसवीरें बनाई जा सकती हैं लेकिन इसके लिए तसवीर बनाने का उत्साह और जुनून चाहिए—

“पैरों के नखों से या डंडे की नोंक से
धरती की धूल में भी रेखाएँ खींचकर
तसवीरें बनती हैं,
बशर्ते कि ज़िन्दगी के चित्र सौ
बनाने का चाव हो,
श्रद्धा हो, भाव हो।”?[100]

यह सुनकर नगर खुश होते हुए कहता है कि चित्र बनाते हुए स्वार्थ छोड़ देने चाहिएँ। अँधेरे से भरे अवचेतन के ज़ीनों में चढ़ती-उतरती इच्छाएँ विवेकसम्मत न होने के कारण अन्धी होती हैं। वे क्या रास्ता दिखाएँगी! जिन कमरों का रास्ता वे दिखा सकती हैं, वे आम लोगों के लिए नहीं हैं। ज़माना नगर से कहता है कि सामूहिक श्रम से ही हमें अपने अधिकार मिलेंगे। इसके लिए भले अभी हम तसवीरें न बना पाएँ, पोस्टर तो लगा ही देंगे और इस दौर में ‘पोस्टर ही कविता है’। पोस्टरों के लाल-नीले अक्षर ही सृजन के सच्चे रूप हैं। गलियों के उम्मीद-भरे सपने हैं। धड़कते जीवन की ऊर्जा हैं। कारतूस-गोली का मुकाबला करने में समर्थ हैं। ज़माने के पैग़म्बर हैं। अपने क़न्धों पर वे आसमान थाम सकते हैं। इतनी ताक़त और हिम्मत पोस्टरों में कहाँ से आई, यह बताते हुए पोस्टर कहते हैं- आदमी होने का मतलब आदमी के दर्द को जानते ही दौड़ पड़ना है। जीवन के अनुभव सबको मिलते हैं और सभी को उनसे सकर्मक करुणा का सबक़ सीख लेना चाहिए। पोस्टरों की इस बात से ‘हृदय में करुणा की रिमझिम’ होने लगती है। आसमान तक आन्दोलित हो उठता है। रिमझिम की झड़ी लग जाती है। निरन्तर करुणा की इस बारिश में क्षुब्ध विचारों की बिजली कराहती है। वह क्षुब्ध है उन कारणों से, जो आदमी को हाथ फैलाने के लिए विवश करते हैं। उनके विरुद्ध ‘क्रोध की गुहाओं का मुँह खोले शक्ति के पहाड़ दहाड़ते’ हैं। आदमी ‘करुणा के रोंगटों में सनसनाता/दौड़ पड़ता’ है। उसके साथ सारी दुनिया दौड़ पड़ती है। सकर्मक करुणा से सम्पन्न आदमी कभी अकेला नहीं पड़ता। करुणा, करुणा से जुड़कर (सामूहिक होकर) बिजली जैसी ताक़तवर हो जाती है।

भैंरो और बरगद, दोनों पर पोस्टर लगे हैं। दोनों ही पोस्टरों को लगने के लिए मजबूत आधार देते हैं। भैंरो की पीठ कड़ी है तो बरगद की शाखें ढीठ यानी न मुड़ने वाली हैं। भैंरो के रूप में सामूहिक साहस और बरगद के रूप में पीढ़ियों के अनुभव की ऊर्जा पोस्टरों के साथ है। इस बात पर भैंरो और बरगद में ज़ोरदार बहस जारी है कि सुबह होने (अँधेरे और चाँदनी का वर्चस्व ख़त्म होने) में अभी कितना समय और लगने वाला है। सुबह होगी, इसमें किसी को कोई संशय नहीं।

समय का कण-कण बिजली का उजाला बनकर बूँद-बूँद चू रहा है। मानो धरती को सुबह के लिए (इसके लिए कि सुबह हो तो धरती का कण-कण नम होकर उसके उजाले का पूरमपूर फ़ायदा उठा सके) धीरे-धीरे तैयार कर रहा हो!

ध्वनि के माध्यम का प्रयोग इस कविता में सबसे ज़्यादा है। चाँद का टेढ़ा मुँह देखकर आशंका सुनाई देती है—'कहीं कोई चीख़, कहीं बहुत बुरा हाल रे।' टेढ़े मुँह चाँद का असर और जन-पीड़ा का नतीजा है यह चीख़। गलियों के तमाम दुःख-दर्द उनकी 'हाय-हाय' में सुनाई देते हैं। गलियों की हाय-हाय मुक्तिबोध का अपना ध्वनि-बिम्ब है, जो सामूहिक वेदना को रूप देता है। चाँद का भुसभुसा उजाला जो षड्यन्त्र रचता है, उसका रहस्यात्मक आतंक उसकी फुसफुसाहट बन सामने आता है। भुसभुसे उजाले का फुसफुसाता षड्यन्त्र रूप और ध्वनि का संश्लिष्ट प्रयोग है। बरगद की शाखाओं पर बैठे फड़फड़ाते पक्षियों की बीट समय की बीट बनकर टिप्-टिप् गिरती है तो भयजनक सन्नाटा प्रत्यक्ष होता है।

पोस्टर लगने से पहले रास्ते के मुहाने से आती 'चप्पलों की छप-छप' इस सन्नाटे को तोड़ती जीवन्तता की शुरुआत है। पोस्टर लगने के बाद बरगद के पक्षी डरकर 'गन्दी-सी फड़-फड़' पैदा करने लगते हैं। यह उनके डर और पोस्टरों की ताक़त की अभिव्यक्ति है। भैंरो का ठहाका सामूहिकता का अभय स्वर है। कारीगर और पेंटर की बातचीत देश और काल का संवाद है। पोस्टर 'कारतूस गोली के धड़ाकों से टकरा' कर प्रतिरोध करते हैं। ये 'धड़ाके' पोस्टरों के रूप में होनेवाले सृजन के रास्ते में आनेवाली बाधाओं की विकरालता के ध्वनि-रूप हैं। 'आदमी की दर्द-भरी गहरी पुकार' सुन आदमी दौड़ पड़ता है। यह गहरी पुकार मार्मिक असहायता को सुनने योग्य बनाती है।

निरन्तर करुणा के कारण टेढ़े मुँह चाँद का विरोध करनेवाली 'विचारों की विक्षोभी तड़ित कराहती' है और 'क्रोध की गुहाओं का मुँह खोले/शक्ति के पहाड़ दहाड़ते' हैं। अत्याचार के विरोध की ताक़त कम नहीं होती। इस दहाड़ के रूप में उसे सुना जा सकता है। ज़माने और नगर (पेंटर और कारीगर) तथा बरगद और भैंरो में होनेवाली बातचीत में कविता का महत्त्वपूर्ण हिस्सा उजागर होता है।

ध्वनि की तरह रूप के माध्यम का प्रयोग भी यहाँ कम नहीं है। चाँद का टेढ़ा मुँह एक चाक्षुष-बिम्ब है। चाँदनी उसके टेढ़ेपन का धरती पर फैला हुआ नतीजा है। चाँदनी की साँवली किरणें नगर की जासूसी करती हैं। पथरीले नालों की धारा में धराशायी चाँदनी के होंठ काले पड़ते हैं। वह दिल की 'ख़ूबसूरत अमरीकी मैगज़ीन' के पृष्ठों और 'अधनंगी तनिमा' के होठों-सी खुलती है। खिड़की में बिल्ली के सफ़ेद धब्बे-सी चमकती है। उसके चेहरे पर गलियों की भूरी ख़ाक लहराती है।

काव्यार्थ को इन रूपों में देखा जा सकता है। बरगद और भैंरो के आकार

जनजीवन के विविध रूप हैं। ख़ासकर भैंरो गलियों की वास्तविक क्षमताओं का और बरगद पारम्परिक जन-अनुभवों का रूपाकार है। पोस्टरों के अक्षर लाल-नीले हैं। यह उनकी ताक़त का रंग है। स्वार्थों के आकार प्यास से भटकते चमगादड़-दल के रूप में दिखाई देते हैं। संस्कृति के मुख पर मनुष्यों की अस्थियों की राख का होना संस्कृति को एक व्यक्तित्व की तरह सामने लाता है। इसी तरह 'ज़माने के चेहरे पर ग़रीबों की छातियों की ख़ाक' का होना साधनहीनों के मिटते जाने का एक समग्र चित्र है। आसमान को उस बाबा की तरह देखा-दिखाया गया है, जो काला स्याह कनटोप पहने हुए है। ज़माना पेंटर में और नगर कारीगर में रूप लेता है।

इस कविता में रंगों का प्रयोग विशेषत: उल्लेखनीय है। शुरुआत में ही चिमनियों का मुँह काला है। चाँदनी साँवली है। चाँद की किरणें 'अँधेरे को आड़े-तिरछे काटकर पीली-पीली पट्टियाँ' बिछाती हैं। भैंरो का महाकार सिन्दूरी है। उसके पैरों तले की ईंट पर नीले-नीले अक्षर चमकते हैं। पोस्टरों पर हड़ताली अक्षर लाल और नीले हैं। रात के निजी जासूसों की प्रतिनिधि बिल्ली के पंजे सफ़ेद हैं और नाख़ून ख़ून के रंग में सराबोर। गाँधी की मूर्ति पर बैठा उल्लू मनुष्यों पर मूँठ मारने का अभिनय करता है तो आसमान में लाल मूँठ लाल-लाल दीये की तरह काली-काली हवाओं में तैरती है। खपरैलों का रंग कत्थई है। ज़िन्दगी का रंग ख़ाकी है। हृदय में करुणा की रिमझिम काली झड़ी जैसी है। यह काला रंग अँधेरे के कालेपन से अलग है। प्राय: काले रंग ने भय और निराशा को रूप दिया है। नीला, लाल, गेरुआ और भूरा तरह-तरह की वास्तविकताओं के रंग हैं। पीला कमज़ोरी का सूचक है। सफ़ेद (पोश) पाखंड का व्यंजक है तो कत्थई व भूरा यथार्थ के स्वाभाविक रूप का। ख़ाकी यथार्थ की भयानकता को प्रत्यक्ष करता है।

स्पर्श के माध्यम का प्रयोग इस कविता में कम परन्तु महत्त्वपूर्ण है। 'बुद्धि की आँखों में स्वार्थों का सीसा' स्पर्श की सघनता और तीव्रता के माध्यम से बुद्धि को होनेवाली भयंकर पीड़ा का रूप सामने लाता है। यह आँखों की देखने की ताक़त का नष्ट हो जाना है। वीरानगी की साँय-साँय की शक्ति इससे पता लगती है कि वह चाँटा जड़ती है। किंग्सवे की रात की ज़िन्दगी में 'रंगीन चमकती चीज़ों के सुरभित स्पर्शों में' चाँदनी का उत्तेजक स्वरूप छुआ जा सकता है।

बनावटी सच का अहसास उस समय होता है जब आसमान स्याही की कड़ाही से एकाएक सड़कों पर सत्यों की मिठाई की चाशनी फैल जाती है। सट्टे की लोकप्रियता जिस अन्तहीन लालच की लोकप्रियता है, यह चाशनी उसी का चिपचिपाता रूप और रस के माध्यम का एक सक्षम प्रयोग है।

चाँद को मामा या नायिका के मुख का उपमान माननेवाले देश में मुक्तिबोध ने चाँद को बिलकुल नया अर्थ दिया। इससे पहले चाँद ऐतिहासिक वास्तविकता से ऐसे कभी न जुड़ा था। ऐन्द्रिकता ने इस जुड़ाव को जीवन्त बनाया?

## कहने दो उन्हें जो यह कहते हैं

मुक्तिबोध के मानस की बनावट में स्वातन्त्र्योत्तर भारत के वातावरण की भूमिका महत्त्वपूर्ण है। इस वातावरण का एक महत्त्वपूर्ण हिस्सा है वह अवसरवाद, जो शिक्षित मध्यवर्ग के जीवन का नियामक बनने लगा था। इसके बारे में मुक्तिबोध ने लिखा, ''आज शिक्षित मध्यवर्ग में...भयानक अवसरवाद छाया हुआ है, आत्म-स्वातन्त्र्य के नाम पर...स्व-हित, स्वार्थ, स्व-कल्याण की...भाग-दौड़ मची हुई है, 'मारो खाओ, हाथ मत आओ' का...सिद्धान्त सक्रिय हो उठा है।''[101] मुक्तिबोध स्वयं शिक्षित मध्यवर्ग के थे और इस अवसरवाद की समस्त अर्थ-छायाओं के विरुद्ध थे। नैतिकता और ईमानदारी की क़ीमत पर अपने स्वार्थ पूरे करना (और वह भी कवि जैसे समाज-हित के दावे करनेवाले वर्ग का) उनको सह्य नहीं था। यह सफलता उनका काम्य नहीं थी।

मुक्तिबोध के हर तरह विरोध करने के बावजूद समाज में हर क़ीमत पर सफलता को परम मूल्य माननेवालों का समूह बड़ा भी हो रहा था और ताक़तवर भी। दिलचस्प है कि यह समूह नैतिकता और ईमानदारी को ताक पर रखते हुए भी अपने को अनैतिक व अवसरवादी कहलाना नहीं चाहता था। यह कविता इस समूह और इसकी शक्ति के विरुद्ध एक काव्यात्मक प्रतिक्रिया है। सफलता को नंगा और असफलता को सेलिब्रेट करनेवाली प्रतिक्रिया।

सफलता के दीवाने दौर का रिवाज था (है) कि अपनी अन्तरात्मा के अनुसार जीने की बजाय सफलता के लिए ज़रूरी प्रवृत्तियों (चापलूसी, असत्य, समझौतापरस्ती, अवसरवाद आदि) के अनुसार जीया जाए। मुक्तिबोध ने इसे झूठा जीवन माना और गद्य में भी इसका विरोध करते हुए कहा, ''हम अपनी अन्तरात्मा की और अपनी जैसी अन्य अन्तरात्माओं की पक्षधरता और मज़बूत बनाएँगे। इस धारा को दृढ़ करेंगे, विस्तृत करेंगे। और अगर विपक्षी हमारी इस धारा पर हँसते हैं, धिक्कारते हैं, चिड़चिड़ाते हैं, तो उन्हें हँसने दो या खीझने दो, क्योंकि वे वे हैं, हम हम हैं।''[102]

यह उन अन्तरात्माओं की पक्षधरता का ज़िक्र है, जिनके प्रयोजन एक जैसे हैं। मुक्तिबोध के ही शब्दों में, ''ये प्रयोजन मेरे निजत्व के मूल चक्र हैं। वे प्रयोजन क्या हैं? घर में, परिवार में, समाज में, मनुष्य को मानवोचित जीवन प्राप्त हो। आर्थिक तुला के आधार पर घर में, परिवार में, समाज में, मनुष्य के मूल्य को न आँका जाए।...आर्थिक उत्पीड़न और शोषणमूलक यह जो भयानक पूँजीवादी समाज-व्यवस्था है, वह हमेशा के लिए समाप्त हो। और उत्पादन तथा श्रम के समस्त माध्यमों तथा साधनों पर पूरे समाज का अधिकार हो।''[103] ये प्रयोजन जिनकी अन्तरात्मा में शामिल हैं, मुक्तिबोध उनके पक्षधर; और निजी सफलता के लिए जीना-मरना जिनकी अन्तरात्मा में शामिल है, उनके विरोधी हैं। जीवन में भी, कविता में भी।

इस कविता में शुरू से ही यह पक्षधरता और विरोध स्पष्ट हो जाता है। अपनी पक्षधर अन्तरात्माओं से वाचक कहता है कि जो सफलता के प्रति तुम्हारी ज़हरीली उपेक्षा के कारण तुमको सफल होने में असमर्थ कहते हैं, उन्हें कहने दो। उनकी परवाह मत करो। उनके कहने-भर से तुम्हारा होना व्यर्थ नहीं हो जाता। सफलता और सार्थकता में अन्तर है। यह दौर जिस सफलता का है, वह सार्थक नहीं।

यह सफलता पूर्णिमा की चाँदनी जैसी है, जो बियाबान खंडहर में या केवल एक पेड़ पर फैली है। उस चाँदनी में 'धूलि की धुन्ध' है। कुछ साफ़-साफ़ दिखाई नहीं देता। उसमें सुनसानों की अजीब-सी वीरान महक है। किसी जीवन्त मनुष्य की (परिचित) गन्ध नहीं है। इसी तरह तरक़्क़ी या प्रतिष्ठा के क्षेत्र भी जीवन्त मनुष्य की गन्ध से रहित हैं। उनमें

"मानव की छाती की, आत्मा की, प्राणों की
सोंधी गन्ध
कहीं नहीं, कहीं नहीं
पूनों की चाँदनी यह सही नहीं, सही नहीं;
केवल मनुष्यहीन वीरान क्षेत्रों में
निर्जन प्रसारों पर
सिर्फ़ एक आँख से
'सफलता' की आँख से
दुनिया को निहारती फैली है
पूनों की चाँदनी।"[104]

इस चाँदनी में रहने का मतलब है सफलता के अलावा दुनिया में और कुछ न देखना। ऐसी सफलता के आराधक अकेले होते/पड़ते हैं। वे इस चाँदनी में पहुँचते और टिकते तभी हैं, जब वस्तुतः मनुष्य न रह जाएँ। ऐसों का मनुष्यों से कोई वास्ता भी नहीं रहता। वे डरते हैं कि अगर मनुष्यों से वास्ता रखा तो कहीं उनके लिए कुछ करना न पड़ जाए, कहीं सफलता में उनका थोड़ा-बहुत हिस्सा न हो जाए और इस तरह सफलता के सुख कहीं उनके अपने लिए कम न पड़ जाएँ। मनुष्यों से दूर रहकर वे अपनी, केवल अपनी सफलता की सुरक्षा करते हैं। स्पष्ट है कि यह सफलता मनुष्यों के लिए नहीं है। मनुष्यता की क़ीमत पर हासिल की जाने के कारण यह पूनम की चाँदनी जैसी सुन्दर भले ही लगे पर सही नहीं है। मनुष्यों के लिए नहीं तो किसके लिए है यह?

"सूखे हुए कुओं पर झुके हुए झाड़ों में
बैठे हुए घुग्घुओं व चमगादड़ों के हित
जंगल के सियारों और
घनी-घनी छायाओं छिपे हुए

भूतों और प्रेतों तथा
पिशाचों और बेतालों के लिए ही—
मनुष्य के लिए नहीं—फैली यह
सफलता की, भद्रता की,
कीर्ति-यश-रेशम की पूनों की चाँदनी।

मुझको डर लगता है,
मैं भी तो सफलता के चन्द्र की छाया में
घुग्घू या सियार या
भूत नहीं कहीं बन जाऊँ।
उनको डर लगता है,
आशंका होती है
कि हम भी जब हुए भूत
घुग्घू या सियार बने
तो अभी तक यही व्यक्ति
ज़िन्दा क्यों?
उसकी वह विक्षोभी सम्पीड़ित आत्मा फिर
जीवित क्यों रहती है?
मरकर जब भूत बने
उसकी वह आत्मा पिशाच जब बन जाए
तो नाचेंगे साथ-साथ सूखे हुए पथरीले झरनों के तीरों पर
सफलता के चन्द्र की छाया में अधीर हो।''[105]

उल्लुओं, चमगादड़ों, सियारों, भूत-प्रेत-पिशाचों के लिए है यह सफलता। पूनम की चाँदनी जैसी (भ्रामक) सुन्दरता 'कीर्ति-यश-रेशम' जैसी स्पर्श-सुखद भी है पर सिर्फ़ शरीर के लिए। अत: जो केवल शरीर से मनुष्य हैं, उनको अनुकूल पड़ती है। उल्लू अँधेरे में देखते हैं। चमगादड़ चिपक जाएँ तो आदमी का ख़ून पीते हैं। सियार शिकार करते हैं। ये सब विशेषताएँ जिन मनुष्यों में होती हैं, सफलता उनको मिलती है और उन्हीं को माफ़िक भी आती है। ऐसे मनुष्य केवल शरीर से मनुष्य होते हैं। मनुष्य की आत्मा अर्थात मनुष्यता उनमें नहीं रहती। भूत-प्रेत-पिशाच उन आत्माओं को कहा जाता है, जो भटकती रहती हैं या जिनको कोई शरीर नहीं मिलता। सफलता के दीवानों की आत्मा चूँकि सफलता से कंडीशंड हो जाती है इसलिए उसको भी मनुष्य-शरीर नहीं मिलता या यूँ कहें कि जो मिलता है, वह मनुष्यता के काम नहीं करता। मनुष्यता की दृष्टि से उसका मिलना, न मिलना व्यर्थ है।

ऐसे सफल लोग मनुष्य-समाज में भूत-प्रेत-पिशाच जैसे हैं। वे चाहते हैं कि उनके समूह की शक्ति बढ़े, उसका विस्तार हो। उनके चलते कोई मनुष्य या करुणाशील या परोपकारी बना रह जाए, यह उनको अच्छा नहीं लगता। वे कोशिश करते हैं कि उसकी आत्मा भी भूत-प्रेत-पिशाच बन जाए। उनके साथ 'सूखे हुए पथरीले झरनों के तीरों पर/सफलता के चन्द्र की छाया में अधीर हो' नाचे। सफल मनुष्य जैसे मनुष्य नहीं, वैसे ही उनके नृत्य-स्थल यानी झरने वस्तुतः झरने नहीं। उनके किनारे वस्तुतः झरनों के किनारे नहीं। ऐसा नृत्य 'अधीर' होकर अधीरता के लिए किया जाता है। ऐसे लोगों से वाचक का विरोध हमेशा से है। उनकी सफलता के भवन में खिड़की आदि के रास्ते आनेवाली किरणें भी उनको अच्छी नहीं लगतीं। वे रास्ते बन्द कर किरणों को भवन-निकाला देते हैं। ये किरणें उनके अनुसार 'कम्युनिज़्म हैं...गुंडागर्दी हैं...विरोध' हैं।

वाचक इन अशान्ति फैलानेवालों में शामिल है। पुकारकर सुननेवालों को इस सफलता के प्रति सचेत करते हुए बताता है कि पशुओं का एक राज्य है। उस राज्य में एक बियाबान जंगल है। जंगल में एक बरगद है। बरगद घोर स्वार्थ का प्रत्यक्ष रूप है। भयंकर है। उसकी शाखाएँ-पत्ते आदि भी विद्रूप हैं। उसके नीचे घोर अँधेरा है। तने से चिपटकर एक ताक़तवर मरी हुई आत्मा का पिशाच खड़ा है। वह उल्लुओं-चमगादड़ों-सियारों-कुत्तों के स्वार्थों की रक्षा करता है। उस बरगद के विशाल और भयंकर शरीर पर सफलता की चाँदनी खिली हुई खिलखिला रही है। अगर तुम वहाँ पहुँच गये तो तुम भी सियार या उल्लू बन जाओगे। न तो स्वयं मनुष्य रहोगे और न ही मनुष्यों से तुम्हारा कोई मेलजोल रह जाएगा। वह चाँदनी हम-तुम जैसों के लिए नहीं है।

हम सफल अमानुषों से एकदम अलग हैं। हमारे पास वह है, जो उनके पास नहीं—

''तुम्हारे पास, हमारे पास,
सिर्फ़ एक चीज़ है—
ईमान का डंडा है,
बुद्धि का बल्लम है,
अभय की गेती है
हृदय की तगारी है—तसला है
नये-नये बनाने के लिए भवन
आत्मा के,
मनुष्य के,
हृदय की तगारी में ढोते हैं हमीं लोग
जीवन की गीली और
महकती हुई मिट्टी को।''[106]

ईमानदारी, बुद्धि, अभय और सकर्मक भावना; यह नये मनुष्य के निर्माण की सामग्री है, जो सफल अमानुषों के पास नहीं। जीवन एक मैदान है तो उसमें संवेदनात्मक उद्देश्यों के शिखरों पर हम नये किले बनाने में जुटे रहते हैं। जीवन के नये रूप गढ़ना हमारे समाज का मक़सद है, सार-तत्त्व है। हम कमरतोड़ मेहनत करते हैं। उतनी ही, जितनी भारी चट्टानों को चढ़ाई पर चढ़ाने में लगती है। हम हज़ारों भुजाओं से चट्टानें चढ़ाते हैं। ऐसे में फेफड़ों का पूरा दम लगता है। इतना कि उससे हमारे चेहरे बिगड़ जाते हैं। वे चेहरे देख सूरज दिशाओं से कहता है कि ये लोग मंगल और चन्द्रमा के रहस्यों की जानकारी-भर हासिल करके नहीं रह जाएँगे बल्कि नये-नये लोकों में स्वयं जाएँगे। ये 'देश-काल-प्रकृति-सृष्टि-जेता' हैं। भले इनका रंग धूल जैसा मामूली हो पर ये ग़ैरमामूली क्षमताओं के धनी हैं। सफलता के गधे और खच्चर अगर इनको व्यर्थ कहें तो उन्हें कहने दो। परवाह मत करो उनकी।

अमानवीय सफलता मिलती कैसे है? कविता के ही शब्दों में—

"सामाजिक महत्त्व की
गिलौरियाँ खाते हुए,
असत्य की कुर्सी पर
आराम से बैठे हुए,
मनुष्य की त्वचाओं का पहने हुए ओवरकोट,
बन्दरों व रीछों के सामने
नयी-नयी अदाओं से नाचकर
झुठाई की तालियाँ देने से, लेने से
सफलता के ताले ये खुलते हैं,
बशर्ते कि इच्छा हो
सफलता की,
महत्त्वाकांक्षा हो
अपने भी बरामदे
में थोड़ा-सा फ़र्नीचर,
विलायती चमकदार
रखने की इच्छा हो..."[107]

त्वचा मनुष्य की है और आत्मा जिनमें बन्दरों व रीछों की है, वे अपने को समाज में सबसे महत्त्वपूर्ण मानते हैं। असत्य उनका आधार है। उनके सामने तरह-तरह से नाचकर दिखाने से, झूठ को सेलिब्रेट करने से यह सफलता मिलती है। प्रदर्शन की महत्त्वाकांक्षा और सफलता की इच्छा रखनेवाले अगर ऐसा कर सकें तो उनको यह सफलता मिलती है। झूठ को सेलिब्रेट करने का मतलब यह कि दिमाग़ में प्लेग के मरे

हुए चूहों जैसे विचार ही क्यों न हों पर उनको छिपाकर लफ़्फ़ाज़ी और झूठ का बारीक़ सूत काता जाए। ऐसा करनेवालों को सफलता के रास्ते पर कोई रुकावट नहीं मिलती। मनुष्यता को खोकर सफलता पानेवाले चाहते हैं कि जैसे हमारा कोई पूँछ व सिर या पूर्ण व्यक्तित्व व स्वाभिमान नहीं, उसी तरह किसी का भी न हो। वे वाचक से पूछते हैं कि वह भी उनसे अलग रास्ते क्यों जाता है।

वाचक उनको जवाब देता है कि सफलता उन ताले-कुंजियों की तरह है, जिनमें ज़ंग लग चुका है। वे जिस कबाड़ी की दुकान पर मिलती है, वहाँ जाने की फ़ुर्सत हमारे पास नहीं है। इसे कोई हमारा घमंड या श्रेष्ठता-ग्रन्थि समझे तो समझता रहे। हम अपने काम में बहुत व्यस्त हैं। यह जवाब पाकर भी अगर ज़िद की जाती हो तो आजकल सफलता-सने रीति-रिवाजों या तौर-तरीक़ों के प्रति जो ज़हरीली कड़वाहट हमारे जीवन में है, उसका एक हिस्सा दवा की एक ख़ुराक समझकर तुम पी लो तो—

"तुम्हारे दिमाग़ के
रोगाणु मर जाएँगे
व शरीर में, मस्तिष्क में,
ज़बर्दस्त संवेदन-उत्तेजन
इतना कुछ हो लेगा
कि अकुलाते हुए ही, तुम
अँधेरे के ख़ीमे को त्यागकर
उजाले के सुनहले मैदानों में
भागते आओगे..."[108]

मनुष्यतारहित सफलता एक ताक़तवर रोग है। मनुष्यता-सम्पन्न मनुष्यों की अमानवीयता से घृणा इसकी दवा है। यह दवा अगर रोगी पी लें तो वे स्वस्थ हो जाएँगे। स्वस्थ हो जाने पर अँधेरे के खेमे में उनका दम घुटने लगेगा। उनको बेचैनी होने लगेगी। इतनी कि फिर वे उजाले के सुनहरे मैदानों में आकर ही खुलकर साँस ले सकेंगे। उन्हीं मैदानों में जिनमें वाचक और उसके साथी मनुष्योचित जीवन जी रहे हैं।

यह रोगाणु ख़त्म करनेवाली कड़वाहट और उनको पालने-पोसनेवाली (सामाजिक महत्त्व की गिलौरियाँ खाने से पैदा होनेवाली) मिठास के टकराव की कविता है। कड़वाहट की पक्षधर है। सफलता को जिस चाँदनी के रूप में देखा गया है, वह सारी धरती पर नहीं फैली। वीरानों में फैली है। मनुष्यों के लिए नहीं है। किसी उजाले को बर्दाश्त नहीं करती। मौक़ा पाते ही उजाले में रहनेवालों को अपनी तरफ़ खींचकर अमानुष बना देती है। एक तरफ़ सुनसानों की अजीब-सी महक है, दूसरी तरफ़ जीवन की गीली और महकती हुई मिट्टी। एक तरफ़ मनुष्यों की त्वचाओं का ओवरकोट पहने जानवर हैं, दूसरी तरफ़ मनुष्य व आत्मा के नये-नये भवन बनानेवाले मेहनतकश। एक

तरफ़ देश-काल-प्रकृति-सृष्टि को जीतनेवाले हैं, दूसरी तरफ़ इस आशंका से पीड़ित कि ये भी हम जैसे क्यों नहीं हो जाते।

दोनों के टकराव में इस कविता की ऐन्द्रिकता ने रूप लिया है। अविस्मरणीय रूपक और (गद्य-) कथन बनाए हैं। मुक्तिबोध की अडोल प्रतिबद्धता और अकम्प पक्षधरता महसूस करने के लिए यह कविता विशेषतः महत्त्वपूर्ण है।

## ब्रह्मराक्षस

कोश में ब्रह्मराक्षस शब्द का अर्थ प्रेत-योनि प्राप्त करनेवाला एक ब्राह्मण या शिव का एक गण दिया गया है। ब्रह्मराक्षस एक मिथक है, जिसके बारे में कहा गया है कि यह भूतों का एक विशेष वर्ग है, जो सुरभि-वन में रहा करता है। दूसरे की पत्नी को भगा ले जानेवाला या दूसरे के धन का हरण करनेवाला मरणोपरान्त ब्रह्मराक्षस बनता है। विष्णु के पांचजन्य शंख का स्वर इन ब्रह्मराक्षसों से भक्तों की रक्षा करता है। यों तो 'भूत' शब्द के अनेक अर्थ हैं पर इस सन्दर्भ में प्रेत या पिशाच ग्राह्य है। प्रेत का अर्थ वह योनि बताया गया है, जिसमें एक देह छोड़ने के बाद और दूसरी देह मिलने से पहले आत्मा रहती है। ब्रह्मराक्षस होना आत्मा या जीवन का दुर्दशा में होना है।

मुक्तिबोध ब्रह्मराक्षस का मिथकीय अर्थ पूरी तरह नहीं लेते। उनके अनुसार व्यक्ति अपने जीवन-काल में ब्रह्मराक्षस बनता है। वह दूसरे का ज्ञान ले तो लेता है परन्तु अपना ज्ञान किसी को देता नहीं या दे नहीं पाता। नतीजा यह कि ज्ञान उस तक पहुँचकर सीमित हो जाता है। ज्ञान का स्वभाव प्रसारित होना है। उसे उसके स्वभाव से वंचित कर व्यक्ति अपने वास्तविक जीवन से भी वंचित हो जाता है। यह वंचित होना ही वस्तुतः ब्रह्मराक्षस (अपने शरीर से रहित) होना है।

मुक्तिबोध ने ब्रह्मराक्षस के बारे में एक कहानी भी लिखी। शीर्षक है: 'ब्रह्मराक्षस का शिष्य'। इसमें ब्रह्मराक्षस अपने शिष्य से कहता है- "अपने मानव-जीवन में मैंने विश्व की समस्त विद्या को मथ डाला, किन्तु दुर्भाग्य से कोई योग्य शिष्य न मिल पाया, कि जिसे मैं समस्त ज्ञान दे पाता। इसीलिए मेरी आत्मा इस संसार में अटकी रह गयी और मैं ब्रह्मराक्षस के रूप में यहाँ विराजमान रहा।"[109] इसी क्रम में आगे यह भी कहा गया कि "मैंने अज्ञान से तुम्हारी मुक्ति की। तुमने मेरा ज्ञान प्राप्त कर मेरी आत्मा को मुक्ति दिला दी। ज्ञान का लाया हुआ उत्तरदायित्व मैंने पूरा किया। अब मेरा यह उत्तरदायित्व तुम पर आ गया। जब तक मेरा दिया तुम किसी और को न दोगे, तब तक तुम्हारी मुक्ति नहीं।"[110]

समस्या पाए हुए ज्ञान के हस्तान्तरण की है। इस तरह ज्ञान-परम्परा के अखंड रहने की है। ऐसी दुर्घटनाएँ इतिहास में अनेक बार हुई हैं कि गुरु अपना समस्त ज्ञान शिष्य को नहीं दे सका या शिष्य उस समस्त ज्ञान को नहीं ले सका और उस ज्ञान का

एक बड़ा हिस्सा गुरु के साथ ही दुनिया से चला गया। ज्ञान की दुनिया में यह क्षति अपूरणीय होती है। ऐसा न हो, ब्रह्मराक्षस से जुड़ी कहानी भी इसके लिए एक सर्जनात्मक कोशिश है और कविता भी। दोनों का संवेदनात्मक उद्देश्य यही है।

कविता की शुरुआत एक सूनी बावड़ी से होती है। यह बावड़ी शहर के एक तरफ़ है। इसका इस्तेमाल नहीं होता। इसके भीतर ठंडा अँधेरा है। इस अँधेरे में पानी की गहराइयाँ हैं। पानी ठहरा हुआ है। उसमें अनेक सीढ़ियाँ डूबी हैं। यह वातावरण उस गहरी बात जैसा है, जो समझ न आ रही हो। गहरी बात के प्रति जिज्ञासा पैदा होती है। इसके शमन के लिए वातावरण को और देखा जाता है।

गूलर की उलझी हुई शाखाएँ बावड़ी को घेरे हैं। उनपर उल्लुओं के घोंसले लटके हैं। ये घोंसले भी परित्यक्त अर्थात सूने हैं। इनका भी इस्तेमाल नहीं होता। इनका भूरा रंग देख लगता है जैसे ये मिट्टी से ही बने हों।

यहाँ सूनापन ही नहीं, जंगली (प्राकृतिक), हरी (जीवन्त) और कच्ची (ताज़ा) गन्ध भी है। यह गन्ध जीवन्त है। बीते हुए पुण्यों का आभास देती है। सुखद है। हवा में तैरती है तो बीती हुई श्रेष्ठता की ओर संकेत करती है। श्रेष्ठता बीत चुकी है। अतः वर्तमान में उसकी स्मृति है। यह स्मृति दिल में एक खटके-सी है। काश! वह श्रेष्ठता अब भी होती।

बावड़ी के किनारों पर तगर की हरियाली कोहनी टेक कर बैठी है। सफ़ेद फूलों को लिए हुए है वह। ये फूल (धरती पर खिले) तारों जैसे दिखाई देते हैं।

पास ही लाल फूलों का झुरमुट लहक रहा है। कनेर की पौध एक आशंका की ओर संकेत कर रही है। आशंका वहाँ है, जहाँ बावड़ी अपना अन्धकारग्रस्त मुँह खोलकर सूने आसमान को ताक रही है। हो सकता है- इस मुँह के भीतर ही आशंका का स्रोत हो!

बावड़ी की गहराइयों में एक ब्रह्मराक्षस पैठा है। इसका पता लगता है गहराई से आती पागल जैसी बड़बड़ाहट की गूँज-अनुगूँज से। इन ध्वनियों के सहारे अनुमान लगाने पर प्रतीत होता है कि ब्रह्मराक्षस अपने तन की मलिनता और पाप-छाया दूर करने के लिए बावड़ी में अपने शरीर को घिस रहा है। उसका मैल उतार रहा है। मैल साफ़ करने की निरन्तर कोशिशें लगातार छपाछ्छप के रूप में सुनाई दे रही हैं-

> "ब्रह्मराक्षस
> घिस रहा है देह
> हाथ के पंजे, बराबर,
> बाँह-छाती-मुँह छपाछ्छप
> ख़ूब करते साफ़,
> फिर भी मैल
> फिर भी मैल!!"[111]

निरन्तर तीव्र आत्मालोचना की प्रक्रिया यहाँ 'अखंड स्नान के पागल प्रवाह' के रूप में प्रत्यक्ष है। फिर भी प्राण में जो स्याह संवेदना है, उसकी स्याही दूर नहीं होती। लगता है- मैल कुछ ज़्यादा ही है और ज़िद्दी भी। सफ़ाई की ताक़त से उसकी ताक़त ज़्यादा है। दोनों में टकराव जारी है। यह टकराव ब्रह्म और राक्षस में भी है। मैल राक्षस है और सफ़ाई की कोशिश ब्रह्म। ब्रह्म पर राक्षस भारी पड़ रहा है।

यह प्रक्रिया अन्तर्जगत में भी मौजूद है। अन्तर्जगत का मैल बड़ी मुश्किल से छूटता है। पहले बड़बड़ाहट की ध्वनियाँ आ रही थीं। अब स्तोत्र या क्रुद्ध मन्त्रोच्चारण या संस्कृत गालियों की निरन्तरता सुनाई देती है। आशय यह कि वह खूब पढ़ा-लिखा है। विद्वान है। आत्मालोचना करता है। अखंड स्नान या आत्मालोचना के पानी से भीतर का मैल साफ़ होता है। उसकी कोशिशों के बावजूद भीतर कहीं गहरे मौजूद संवेदना मलिन ही रह जाती है।

इस मलिनता का रूप क्या है? रूप है—अहंकार। बावड़ी की भीतरी दीवार पर जब सूरज की तिरछी किरणें पड़ती हैं तो ब्रह्मराक्षस को लगता है कि सूरज उसे झुककर नमस्ते कर रहा है। इसी तरह बावड़ी की दीवार पर जब चाँदनी की किरण टकराती है तो उसे महसूस होता है कि चाँदनी ने उसे ज्ञान-गुरु मानकर नमस्कार किया है। अपने को चाँद-सूरज से ज़्यादा महत्त्वपूर्ण समझनेवाला यह दम्भ आधुनिक मनुष्य का नकारात्मक रूप है। उसकी आत्मग्रस्तता का मूल कारण।

अहंकार उसे प्रफुल्लित करता है। वास्तव में उसका तन-मन इससे कंटकित है। काँटे जिसके व्यक्तित्व में हों, उसके पास कोई टिकना नहीं चाहता। सबसे बड़ा काँटा है यह अज्ञान कि प्रकृति से भी श्रेष्ठ और सशक्त है वह। इसी के चलते वह मानता है कि सब उसके लिए हैं और वह किसी के लिए भी नहीं। अपनी श्रेष्ठता दिखाने के लिए प्रकृति को भी इस्तेमाल करता है वह। साथ ही आदिकाल से लेकर अब तक के ज्ञान-विकास की नयी व्याख्या और ज़ोर से करने लगता है। जनकथाओं और वैदिक ऋचाओं से लेकर आज तक के सूत्रों, सिद्धान्तों आदि की नयी प्रस्तुति करने में समर्थ है वह। उसकी यह सामर्थ्य काली और गहरी बावड़ी की घनी गहराइयों तक सीमित है। वहीं वह नहाता रहता है।

बावड़ी से आती उसकी गतिविधियों की ध्वनियाँ लगातार गरजती और गूँजती हैं। लगता है जैसे एक ध्वनि दूसरी को काट रही हो। ध्वनि अपनी ही प्रतिध्वनि से लड़ रही हो। उनसे पैदा होनेवाले शब्द भ्रमित करते हैं। स्पष्ट नहीं हैं।

बावड़ी की मुंडेर पर अपनी हरी कोहनी टिकाए टगर के सफ़ेद फूल इन ध्वनियों को सुनते हैं। उनके साथ करौंदी के फूल और गूलर भी इनको सुनते हैं। उनके अलावा वाचक इनको सुनता है। ये ध्वनियाँ एक ट्रैजेडी की हैं, जो बावड़ी में पैठ गयी हैं। ब्रह्मराक्षस की क्षमताएँ बावड़ी में गल रही हैं। यह ब्रह्मराक्षस के साथ-साथ उस समाज

की ट्रैजेडी भी है, जो उसकी क्षमताओं से लाभान्वित हो सकता था। अपनी अधिकांश ट्रैजेडी को ब्रह्मराक्षस ने स्वयं निमन्त्रित-नियोजित किया है। अहंकार ने उसकी आत्मालोचना और सांस्कृतिक विद्वता को सबके लिए व्यर्थ कर दिया है। ज्ञान की दुनिया में घटित होती एक बड़ी ट्रैजेडी है यह।

अब व्यक्ति की भीतरी दुनिया का दृश्य सामने आता है। एक ऊँचे और साँवले ज़ीने की अँधेरी सीढ़ियाँ दिखाई देती हैं। ये सीढ़ियाँ भीतर की निराली दुनिया की हैं। इनपर चढ़ना और उतरना या लुढ़कना जारी रहता है। अपने को ऊँचाई पर देखने के लिए चढ़ना और ऊँचाई को साध न पाने पर उतरना या लुढ़कना। इस कोशिश में पैरों में मोच आती है। छाती पर घाव लगते हैं। यह चढ़ना-उतरना अच्छे और बुरे के बीच का संघर्ष नहीं बल्कि अच्छे और उससे (वस्तुतः सबसे) अच्छे के बीच का संघर्ष है। सबसे अच्छा बनना अच्छाई का अतिरेक है। अतिरेक को अपना लेने पर सफलता थोड़ी और असफलता 'अति भव्य' मिलती है। उस असफलता का भी अपना आकर्षण है। यह कि सबसे कठिन रास्ते की चुनौती स्वीकार करने पर असफलता मिली भी तो क्या! महत्त्वपूर्ण यह है कि सबसे कठिन या अतिरेकवादी चुनाव तो किया। इससे अहंकार पैदा होता है। नैतिक मान भव्य हैं और उनका पूरा-पूरा हिसाब-किताब लगाया गया है पर उनका आचरण आसान नहीं। मध्यवर्गीय बुद्धिजीवी के अन्तर्लोक की घटनाएँ हैं ये।

भव्य और सर्वथा उचित नैतिक मानों को अपनाने की ज़िद और न अपना पाने की स्थिति में चोटें लगती हैं। सूरज की लाल रौशनी दीवारों पर चिन्ता की या ख़ून की फैली नदी जैसी दिखती है। चाँद उगता है तो बेचैन मस्तकों पर, घावों पर सफ़ेद पट्टियाँ बाँध देता है। अतिरेकवादियों का उपचार यही होता है। आसमान पर फैले सितारे उनको भव्य नैतिक मानों का एकदम ठीक-ठीक हिसाब लगाने में काम आने वाले दशमलवों की तरह दिखाई देते हैं। आसमान उन दशमलवों के उलझे हुए गणित का मैदान है। इसी मैदान में ब्रह्मराक्षस मारा गया, काम आया है। पसरा पड़ा है वह शोध करनेवाला। निस्संग और अहंकारी शोध की परिणति यही होती है।

इस परिणति के लिए ब्रह्मराक्षस का अहंकार ही ज़िम्मेदार नहीं। वह जन्म से ब्रह्मराक्षस नहीं था। हालात और उनके प्रति उसकी प्रतिक्रियाओं ने उसे ज्ञान के साधक से ब्रह्मराक्षस बनाया। मूलतः वह बहुत कोमल था। पारदर्शी महल जैसा था उसका जीवन। उस महल में ज़ीना था। ज़ीने की सीढ़ियाँ अकेले ही चढ़ने के लिए थीं। उनको चढ़ना मुश्किल था। ये सीढ़ियाँ उन समीकरणों की थीं, जो उसे अतिरेकी पूर्णता प्रदान करतीं। इनको हमें स्वयं अपनाने की बजाय उसी के लिए छोड़ देना चाहिए। वह जब शोध कर रहा था तो गुरु प्राप्त करने के लिए वह कई विद्वानों के पास गया। जगह-जगह

भटका पर हुआ यह कि—

> "...युग बदला व आया कीर्ति-व्यवसायी
> लाभकारी कार्य में से धन
> व धन में से हृदय-मन,
> और, धन-अभिभूत अन्तःकरण में से
> सत्य की झाईं
> निरन्तर चिलचिलाती थी।"[112]

ज़माना बदल गया और प्रसिद्धि को भुनानेवाले का युग आ गया। काम वही मूल्यवान हुए, जिनसे धन मिले। मन की दुनिया धन की दुनिया बन गयी। व्यक्ति का अन्तर्जगत धन से अभिभूत हो गया। उसमें और किसी सपने या उद्देश्य की जगह नहीं रही। यही कारण था कि ब्रह्मराक्षस को विद्वान तो मिले पर उनमें कोई गुरु नहीं मिला। बाह्य संसार जब ऐसा हो गया तो वह उससे कट गया। निस्संग साधना करने लगा।

वह आत्मचेतस् था। धन को सर्वस्व माननेवाले विश्व से उसकी बनी नहीं। ऐसे विश्व में उसने स्वयं को महत्त्वहीन समझा। विश्व ने उसकी उपेक्षा की। उसे मानने को बाध्य किया कि न तो यह विश्व उसके लिए है और न वह इस विश्व के लिए। अतः निस्संग हो गया वह। एकाकी। महत्त्व चाहता था पर मिला नहीं (धनपूजक विश्व ज्ञान के लिए जीनेवाले को क्या महत्त्व देता और क्यों!)। मन दुःख से बेचैन हो गया। वाचक कहता है कि इस बेचैनी के दिनों में अगर वह उससे मिला होता तो उसे महत्त्व देता और उसकी मूल्यवत्ता बताता। यह मूल्यवत्ता सपने देखनेवालों के लिए कितनी उपयोगी है, यह भी बताता। सम्भव था कि फिर वह एकाकी और अहंकारी ब्रह्मराक्षस बनने से बच जाता लेकिन

> "पिस गया वह भीतरी
> औ' बाहरी दो कठिन पाटों बीच,
> ऐसी ट्रैजेडी है नीच!!"[113]

बाहर धनकेन्द्रित विश्व था और भीतर अपने ज्ञान का अहंकार। इन दो पाटों के बीच वह पिस गया। इस तरह एक नीच ट्रैजेडी का उदाहरण बन गया।

अब वही बावड़ी में पैठा हुआ ब्रह्मराक्षस है। पागल प्रतीकों की भाषा में अपनी वेदना-कथा कहता है। बताता है कि वह कैसे पूरी तरह ठीक-ठीक होने का हिसाब लगाते-लगाते मारा गया। पक्षी जैसे सघन कँटीली झाड़ी में फँसकर मर जाता है, ऐसे ही वह बाहर और भीतर के विपरीत हालात के काँटों में फँसकर मर गया। वह जन्मजात अहंकारी और निस्संग नहीं था। जन्मजात ज्योति था वह। दुनिया को अपना प्रकाश दे सकती थी वह ज्योति पर हमेशा के लिए समाप्त हो गयी। सोचना चाहिए कि ऐसा क्यों हुआ। वाचक ब्रह्मराक्षस का शिष्य होना चाहता है परन्तु सजल-उर शिष्य। ऐसा शिष्य,

जिसके हृदय में करुणा हो और करुणा ज्ञान का सम्यक् उपयोग-क्षेत्र है ही। करुणावान को अगर ज्ञान-क्षमता मिल जाए तो करुणा और ज्ञान, दोनों चमक उठते हैं। ज्ञान चरितार्थ हो जाता है और करुणा ऊर्जस्वी हो उठती है। यही ब्रह्मराक्षस के अधूरे काम का पूरा होना है। उसकी वेदना का संगत व पूर्ण नतीजों तक पहुँचना है।

मुख्यत: ध्वनि के माध्यम से होनेवाले ज्ञानात्मक-संवेदनों ने इस कविता को रूप दिया है। बावड़ी में ब्रह्मराक्षस की हलचलों का पता तरह-तरह की ध्वनियों से ही लगता है। ये ध्वनियाँ ही उसके व्यक्तित्व का पूरा ट्रैजिक वृत्त बताने वाली प्रतीक हैं, जिनको कवि ने पागल प्रतीक कहा है। (पागल इसलिए कि ये सिलसिलेवार वृत्त नहीं बतातीं और धनकेन्द्रित विश्व के लिए इनका महत्त्व उतना ही है, जितना एक पागल का होता है।) सारी कविता इन प्रतीकों के कारणों और परिणामों का विवेचन है।

व्यक्ति और समाज, दोनों को आत्मालोचना करने के लिए प्रेरित करता मार्मिक विवेचन।

## 'अँधेरे में' (उजाले की तड़प)

'अँधेरे में' को मुक्तिबोध की प्रतिनिधि कविता माना गया है। डॉ. नामवर सिंह ने इसे उनके 'कवि-कर्म की चरम परिणति' बताते हुए 'नयी कविता की भी चरम उपलब्धि'[114] कहा है। शमशेर ने इसे 'देश के आधुनिक जन-इतिहास का, स्वतन्त्रता-पूर्व और पश्चात का एक दहकता इस्पाती दस्तावेज़' बताते हुए लिखा है—'वह आधुनिक युग की कविताओं में सर्वोपरि ठहरती है। उसके बिम्ब और प्रतीक और संकेत और सन्दर्भ, शब्द और ध्वनिचित्र, बड़ी गहरी और विविध गूँजें हमारी भावनाओं में भर जाते हैं।...हिन्दी की स्वस्थतम आधुनिक काव्य-सृष्टि का यह सर्वोपरि विजय-चिन्ह है।'[115]

अपने समय का मनुष्य यहाँ अपने भीतरी और बाहरी संसार के साथ मौजूद है। उसकी गतिविधियाँ समकालीन समाज और व्यक्ति पर उसके असर को साफ़-साफ़ दिखाती हैं। संवेदनशील सजग मानस विपरीत हालात से जो संघर्ष करता है, वह अपनी प्रक्रियाओं और परिणतियों तथा अपने रूपों के साथ इस कविता में आया है। गद्य का ऊर्जस्वी और काव्यात्मक प्रयोग इसमें हुआ है। कहा जा सकता है कि नयी कविता की सर्वाधिक शक्तियाँ इस कविता के रूप में फलित हुई हैं। इसका ऐन्द्रिक पाठ सर्वाधिक सजगता की माँग करता है। इसे पूरा करने की एक कोशिश-भर है यह।

### 1

ज़िन्दगी के कमरों में अँधेरे हैं (हर कमरे का अँधेरा अलग/विशेष हो जैसे)। उनमें कोई चक्कर लगा रहा है। उसकी पदचाप रह-रहकर सुनाई देती है। बताते हुए कि कोई है,

पर कौन, पता नहीं लगता। लगातार लगता है कि कोई है। कोई महत्त्वपूर्ण है पर है कौन? दीवार से पपड़ी/पलस्तर का उखड़ना ऐसा है कि अपने-आप एक चेहरा बन जाता है। (वह कौन है, इसकी अनुमान-प्रक्रिया आगे बढ़ती है।) उसकी नाक नुकीली, ललाट भव्य और ठुड्डी दृढ़ है। प्रभावशाली है वह पर है अनजाना/अनपहचाना। (जिज्ञासा और प्रबल होती है—आखिर वह है कौन?)

दीवार पर बना चेहरा एक बार फिर बनता है। इस बार तालाब के पानी में से (वह) सफ़ेद (कुहरीला) चेहरा उभरता है। मुसकराते हुए अपने बारे में बताता है, जिसे वाचक या 'मैं' समझ नहीं पाता। एक 'मैं' है, एक 'वह'। 'मैं' वाचक है और 'वह' उसका फ़िलहाल अनुपलब्ध प्रतिरूप। डॉ. नामवर सिंह के अनुसार मुक्तिबोध "डबरे पर सूरज का बिम्ब'—जैसे जीवन्त बिम्ब के द्वारा हर डबरे को या जो अपने-आपको डबरा समझता है उसे उसके खुद के भीतर निहित सूरज के बिम्ब के प्रति आत्मसजग करना चाहते हैं। इसीलिए उनकी रचनाओं में मानव की इस अन्तर्निहित शक्ति के बिम्ब प्राय: मिलते हैं। अन्तस्तल में छिपी हुई 'विक्षोभ-मणियाँ' और 'विवेक-रत्न' ऐसे ही बिम्ब हैं।...'रक्तालोकस्नात पुरुष' भी मनुष्य की इसी अन्त:सम्भावना का मूर्त रूप है।"[116]

'वह' मनुष्य की आन्तरिक सम्भावना है। उसकी अनभिव्यक्त पूर्णता है। 'मैं' वस्तुत: 'वह' को जानने-समझने और पाने की निरन्तर कोशिश है। कविता के साथ आगे बढ़ती हुई।

अँधेरे में बिजलियाँ चमकती हैं। हवा तेज़ है। पेड़ भी जैसे चीख रहे हैं। एक खोह का शिला-द्वार 'धड़ से' खुलता है। मुक्तिबोध के यहाँ ऐन्द्रिक संवेदन अक्सर घुल-मिलकर आते हैं। शिला-द्वार का खुलना रूप और ध्वनि का घुला-मिला संवेदन है। शिला-द्वार खुलने पर होता यह है कि—

"घुसती है लाल-लाल मशाल अजीब-सी,
अन्तराल-विवर के तम में
लाल-लाल कुहरा;
कुहरे में, सामने, रक्तालोकस्नात-पुरुष एक,
रहस्य साक्षात्!!

तेजोप्रभावमय उसका ललाट देख,
मेरे अंग-अंग में अजीब एक थर-थर।
गौरवर्ण, दीप्तदृग, सौम्यमुख
सम्भावित स्नेह-सा प्रिय रूप देखकर
विलक्षण शंका,
भव्य आजानुभुज देखते ही साक्षात्

गहन एक सन्देह।
वह रहस्यमय व्यक्ति
अब तक न पाई गयी मेरी अभिव्यक्ति है,
पूर्ण अवस्था वह
निज-सम्भावनाओं, निहित प्रभाओं, प्रतिभाओं की
मेरे परिपूर्ण का आविर्भाव,
हृदय में रिस रहे ज्ञान का तनाव वह,
आत्मा की प्रतिमा। ''[117]

यहाँ पहली बार स्पष्ट होता है कि 'वह' आखिर है कौन। खोह से प्रकट होते लाल प्रकाश में 'वह' पूरा प्रकट होता है। 'रक्तालोकस्नात पुरुष'। (यह पुरुष मुक्तिबोध की कविता में पहली बार आया है। कविता को मुक्तिबोध का एक विशेष योगदान है यह।) ख़ून की रौशनी में सराबोर योद्धा। उसके रूप में 'रहस्य साक्षात्' है। जिज्ञासा चरम पर है।

रंग गोरा, आँखें बड़ी, चेहरा सौम्य और घुटनों तक पहुँचती भुजाएँ। ज्ञान देनेवाला सन्देह और गहरा होता है- सुन्दर है, समर्थ है लेकिन वह है कौन? उसका रूप 'सम्भावित स्नेह-सा प्रिय' है। 'सम्भावित-स्नेह-सा प्रिय' पद का प्रयोग भी मुक्तिबोध का अपना प्रयोग है। (कविता को विशेष योगदान।) कोई ऐसा प्रिय लगे कि जानने से पहले ही उसका स्नेह महसूस हो तो वह 'सम्भावित-स्नेह-सा प्रिय' होगा।

(अब ऐन्द्रिकता व कविता की भाषा छोड़ कविता गद्य में साफ़ कहती है।) 'वह' आन्तरिक रूप है 'मैं' का। उसे बाहर आने का अवसर नहीं मिला। 'मैं' जो कुछ हो सकता है, 'वह' उसी का रूप है। प्रतिभा, सम्भावना, व्यक्तित्व की आभा; हर मामले में 'मैं' की पूर्णता है वह। ज्ञान-रूप आत्मा है, जिसका प्रकाश निरन्तर भीतर महसूस होता है। उसे पूरी तरह जानना अपनी आन्तरिकता और सम्भावना को जानना है। पूरी तरह जीने के लिए ज़रूरी है।

उत्तर, प्रश्नों को ही मिलते हैं। अत: प्रश्न हैं—

''किन्तु, वह फटे हुए वस्त्र क्यों पहने है?
उसका स्वर्ण-वर्ण मुख मैला क्यों?
वक्ष पर इतना बड़ा घाव कैसे हो गया?
उसने कारावास-दु:ख झेला क्यों?
उसकी इतनी भयानक स्थिति क्यों है?
रोटी उसे कौन पहुँचाता है?
कौन पानी देता है?
फिर भी, उसके मुख पर स्मित क्यों है?

प्रचंड शक्तिमान क्यों दिखाई देता है?''[118]

ये प्रश्न 'वह' के बारे में महत्त्वपूर्ण सूचनाएँ भी हैं। 'मैं' का आन्तरिक रूप सुन्दर और शक्तिशाली होते हुए भी बाहर आने का अवसर नहीं पाता। क़ैद है। इसीलिए उसकी हालत ख़राब है। 'छाती पर घाव' से लगता है कि वह पीठ नहीं दिखाता। साहसी है। मुश्किल हालात में भी खुश रहना और न टूटना उसे आता है। चन्द्रकान्त देवताले के अनुसार, 'रामविलास शर्मा मुक्तिबोध के काव्य में जिसे रहस्यवाद का विराट पुरुष कहते हैं वह वास्तव में हमारे भौतिक जगत की जन-ताकत का पुंजीभूत रूप है।'[119] जनशक्ति का पुंजीभूत रूप प्रचंड शक्तिमान होगा ही। यह रूप व्यक्ति के माध्यम से प्रकट हो सकता है। वह व्यक्ति ही यहाँ वाचक है। सुन्दरता, साहस, धैर्य, शक्ति और सकर्मकता, यह सारी सम्पदा वाचक के भीतर है। इसी से 'वह' का व्यक्तित्व बना है। अन्तर्जगत् की पुंजीभूत क्षमताएँ हैं व्यक्तित्व के रूप में। ये क्षमताएँ विपरीत हालात से प्रभावित नहीं होतीं। धारदार बनी रहती हैं। इनका परिचय इन प्रश्नों की ऊर्जा है।

जंगल की हवा को 'मैं' के प्रश्न रास नहीं आते। वह नहीं चाहती कि मैं अपने को जाने, समझे, पाए और पूरी तरह जी सके। इसलिए फूँक मारकर वह मशाल बुझा देती है, जिसकी रौशनी में रक्तालोकस्नात पुरुष को वाचक ने पहली बार देखा था। यह वाचक के लिए मौत की सज़ा है। अपने से दूर रहने, अपने को न जानने और अपने को न पाने का इन्तज़ाम मौत की सज़ा से कम नहीं। पूरी तरह न जीने देना औपचारिक रूप से ही जीने देना है, वास्तव में जीने देना नहीं। (कोई सवाल न पूछनेवाले, अपने से दूर रहनेवाले और चुपचाप ज़िन्दा-भर रह लेनेवाले लोग अमानवीय सत्ता/व्यवस्था के लिए सुविधाजनक हैं। यह सुविधा बराबर बनी रहे, इसका ध्यान वह रखती है। यह उसके अपने टिके रहने के लिए, निश्चिन्त रहने के लिए ज़रूरी है।)

मौत की सज़ा को भी यहाँ दृश्य-रूप दिया गया है—

''किसी काले 'डैश' की घनी काली पट्टी ही
आँखों पर बँध गयी,
किसी खड़ी पाई की सूली पर मैं टाँग दिया गया,
किसी शून्य बिन्दु के अँधियारे खड्डे में
गिरा दिया गया मैं
अचेतन स्थिति में!''[120]

हिन्दी मुक्तिबोध की अर्जित भाषा थी। अर्जित भाषा के छोटे से छोटे हिस्से पर भी ध्यान जाता है। डैश, खड़ी पाई और शून्य जैसे देवनागरी लिपि के हिस्से यहाँ हिन्दी-कविता में सम्भवत: पहली बार बतौर रूपक प्रयुक्त हुए हैं। इनका प्रयोग जीते जी मौत की उस स्थिति को साकार करने के लिए किया गया है, जो वाचक को सहनी पड़ती है। अपनी परिपूर्णता से वंचित रहना अपने वास्तविक जीवन से वंचित रहना है। अपनी ही

मृत्यु को देखना है। दुस्सह यातना को निरन्तर सहना है।

## 2

सूनापन सिहरता है। (स्पर्श से सूनापन जीवित होता है।) ध्वनियाँ अँधेरे के साम्राज्य में छेद करती हैं। शून्य को देखने योग्य बनाती हैं। उसके मुख पर स्वर की सलवटें हैं। स्वर के रूप में 'शब्दों की लहरें' वाचक के हृदय पर सर धँसा छटपटा रही हैं। यह स्वर मीठा भी है, दुस्सह भी। मीठा इसलिए कि अँधेरे में बोध के माध्यम का काम करता है। दुस्सह इसलिए कि वाचक इस बोध द्वारा अपने को जान सकता है और यह सुरक्षित नहीं। द्वार पर बजती हुई साँकल वाचक के अन्तरतम की पुकार है। द्वार खोलने की प्रेरणा है। वह अपनी ही सच्चाई का सामना करने से डरता है। अँधेरा उसके डर का साक्षात् रूप है।

वाचक से आधी रात 'वह' मिलने आया है। वही जो तिलिस्मी खोह में दिखा था। उसका मुख 'द्युतिमय' है। मानवीय शक्तियों की आभा उसके चेहरे पर है। अपनी वास्तविकता को पहचानता है वाचक। उसकी वह आन्तरिक शक्तियों की आभा मासूम है। प्रेमपूर्ण है। शक्तिशाली है। वाचक के जीवन में अपने होने का अहसास कभी भी कराने लगती है। क्षमताओं के सामने कमज़ोरियाँ आ जाएँ तो कमज़ोरियाँ और ज़्यादा कमज़ोर महसूस होने लगती हैं। यही कारण है कि 'वह'

> ''हृदय को देता है बिजली के झटके!!
> अरे, उसके चेहरे पर खिलती हैं सुबहें,
> गालों पर चट्टानी चमक पठार की
> आँखों में किरणीली शान्ति की लहरें,
> उसे देख, प्यार उमड़ता है अनायास!''[121]

बेहद आकर्षक है वह। चेहरे पर 'खिलती सुबहें' गालों पर 'पठार की चट्टानी चमक' और 'आँखों में किरणीली शान्ति की लहरें', सबके सब उसके सौन्दर्य के सूचक हैं। 'वह' तरह-तरह के उजालों से बना है। उसे देख प्यार इतना उमड़ता है कि उसे 'हृदय में रख लेने' का मन करता है। दूसरी तरफ़ कमज़ोरियाँ ऐसी हैं कि उठने नहीं देतीं। अँधेरा वातावरण का ही नहीं, वाचक की कमज़ोरियों का भी है। (सबसे बड़ी कमज़ोरी यह कि कमज़ोरियों से मोह हो गया है। लगने लगा है कि उनके बिना काम चलेगा कैसे!) 'वह' वाचक को ऊँचे शिखर के ख़तरनाक कगार पर बैठा देता है। उसे रस्सी के पुल पर चलकर गहरी घाटी पार करने को कहता है। चाहता है कि वाचक कमज़ोरियों को छोड़कर व्यक्तित्व की ऊँचाइयों तक पहुँचे लेकिन वाचक के व्यक्तित्व में कमज़ोरियाँ निरन्तर हैं। उसे लगता है कि ऊँचाइयों के सम्पर्क में आकर कमज़ोरियाँ और उभर आएँगी। अत: बजती हुई साँकल की उपेक्षा करता है वह। उसकी चेतना पर

उसका यथार्थ हावी है। इतना कि आदर्श से दूर रहना ही उसे सुरक्षित लगता है।

'वह' उसका आन्तरिक व्यक्तित्व है। आदर्श प्रतिरूप। भरपूर क्षमतावान्। 'जगत-समीक्षा' करने में समर्थ। उसकी यह समीक्षा सूने अँधेरे (के समुद्र) में तैरती है। उसका 'विवेक-विक्षोभ' महान है। खाने और सोनेवाला नहीं, जागने और रोनेवाला दुखिया दास कबीर है वह। भविष्य का नक्शा है। कमज़ोर वाचक के लिए उसे सहना मुश्किल है। एक तरफ़ मिलने की तड़प है, दूसरी तरफ़ कमज़ोरियों से मोह। न उससे मिलते बनता है, न दूर रहते। इतना तय है कि उसे वाचक छोड़ नहीं सकता। यही कारण है कि उससे मिलने की हर क़ीमत चुकाने के लिए वाचक अपने को तैयार करता है।

दरवाज़ा खोलने के लिए उठता है वह। कमज़ोर घुटनों को बार-बार मसलना साहस बटोरने की कोशिश है। चेहरे के शून्य को पोंछना भी यही है। आन्तरिक या निराकार होने पर भी यह प्रक्रिया स्पर्श के कारण साक्षात है। अँधेरे के ओर-छोर टटोलना वातावरण के और अपने अँधेरे को पहचानने की कोशिश है। यह पहचान आसान नहीं। पारम्परिक ऐन्द्रिक संवेदनों से होनेवाली नहीं। अत:

"पैरों से महसूस करता हूँ धरती का फैलाव,
हाथों से महसूस करता हूँ दिशाएँ,
साँसों से अनुभव करता हूँ दुनिया
मस्तक अनुभव करता है आकाश,
दिल में तड़पता है अँधेरे का अन्दाज़,
आँखें ये तथ्य को सूँघती-सी लगतीं,
केवल शक्ति है स्पर्श की गहरी।
आत्मा में, भीषण
सत्-चित्-वेदना जल उठी, दहकी।"[122]

विशेष संकट हो तो ज्ञानेन्द्रियाँ भी विशेषत: सक्रिय होती हैं। मिल-जुलकर, अपनी पूरी शक्ति लगाकर सबकुछ जानने में लीन होती हैं। पैरों का काम चलना है पर वाचक इस हद तक आतंकित है कि उसके पैर (नेत्रहीन के पैरों की तरह) धरती का फैलाव मापने की कोशिश करने लगते हैं। हाथ दिशाओं को टटोलने लगते हैं। साँसें दुनिया की हवा जाँचने लगती हैं। मस्तक आकाश की गतिविधियाँ अनुभव करने लगता है। आँखें देखने की बजाय तथ्य को सूँघने या ताड़ने लगती हैं। सारी ज्ञानेन्द्रियाँ सारा ज़ोर लगाकर वास्तविकता को पूरी तरह जान लेने की कोशिश करने लगती हैं। सुनने, छूने और सूँघने के माध्यम से अँधेरे को जानने की पूरी छटपटाहट सामने आती है। यह जानना वाचक द्वारा 'वह' के सामने जाने को तैयार होना है। इस तैयारी के दौरान ही "आत्मा में, भीषण/सत्-चित्-वेदना जल उठी" है। (मुक्तिबोध का कविता को एक और विशेष योगदान: सत्-चित्-वेदना।) पहले सत्य चित्त से मिलकर आनन्द देता

था। अब वेदना देता है। यह वेदना ठेठ लौकिक है। विषमता से उपजी है। जगह-जगह तरह-तरह फैली ग़रीबी के दु:ख जानने/सहने और अपनी सम्भावनाओं या शक्तियों से दूर रहने के कारण पैदा होती है। ये सम्भावनाएँ या शक्तियाँ बाहरी यथार्थ से नाभिनालबद्ध हैं। इनसे मिलने के लिए अपने को तैयार कर वाचक 'ज़ंग-खाई जमी हुई चिटखनी' खोलता है। यह चिटखनी कभी-कभार ही खोली जाती है। इसलिए मन और शरीर, दोनों का ज़ोर लगता है इसे खोलने में। बाहर देखता है...

राह सूनी है और अँधेरा सर्द। वाचक की तरह उदास तारे दुनिया को ढीली आँखों से देख रहे हैं। आशंका और निष्क्रियता ने आँखों की सहज अवस्था भी छीन ली है। बाहर-भीतर हताशा है। कुत्तों और सियारों की आवाज़ भी अलग-अलग जगहों से आती है। सबके बीच दूरियाँ हैं। एकजुटता का नामो-निशान नहीं। वातावरण वाचक को बताता है कि बाहर कोई नहीं है। कोई आया है, यह उसका भ्रम रहा होगा।

रात का पक्षी चीखता है। आन्तरिक विवेक तड़पते हुए कहता है कि अब 'वह' को गाँव-शहर में खोजना होगा। वह वाचक की 'पूर्णतम परम अभिव्यक्ति' है। उसके बिना वाचक गूँगा है। वह गुरु है। गुरु ही शिष्य को ठीक-ठीक बोलना सिखाता है। वाचक की तरह यह गुरु सबके भीतर है पर सबको बोध नहीं होता इसका। अत: ज़रूरत भी महसूस नहीं होती। वाचक को इसकी ज़रूरत है पर उसकी कमज़ोरी इससे मिलने नहीं देती। वाचक इसका पीछे रहनेवाला शिष्य है। बैक-बैंचर...और ऐसे शिष्यों को गुरु की ज़रूरत और ज़्यादा होती है। शाबाशी के लिए नहीं, जीवित रहने को अपना काम चलाने के लिए।

## 3

स्वप्न और जागृति घुल-मिल गये हैं। वाचक न पूरी तरह सोया है, न जागा हुआ है। न वह पूरी तरह आदर्श को जी रहा है, न यथार्थ को। दीपक की पीली रौशनी काल को गला रही है। बिना सदुपयोग के समय व्यर्थ जा रहा है। दूर-दूर तक जड़ता व्याप्त है। दुनिया की आकृतियाँ छपी हुई चित्रकृतियों की तरह निर्जीव लगती हैं। वाचक को अपना चेहरा सलेट-पट्टी पर खींची गयी भूत की आकृति जैसा लगता है। कुछ भी स्वाभाविक नहीं है। न वाचक, न उसके आसपास की (सिविल लाइंस की कथित कुलीन) दुनिया।

रात के दो बजे हैं। सियारों की आवाज़ें दूर से और रेलगाड़ी के पहियों की आवाज़ पास से आ रही है। सन्देह और आशंकाएँ भयंकर रूप में घुमड़ रही हैं। लगातार लगता है कि कोई अनहोनी होने को है। आसमान सलेट-पट्टी की तरह है और तारे चिन्ता के गणित-अंकों की तरह। पृथ्वी को देखते हुए टॉल्सटॉय दिखाई देते हैं। फिर

लगता है कि यह तॉल्सतॉयनुमा कोई और आदमी है पर है भीतरी धागे का आखिरी छोर या वाचक के अनलिखे उपन्यास का केन्द्रीय-संवेदन। उसे समझना वाचक के अन्तर्जगत को समझना है। उसके अतीत-वर्तमान-भविष्य की गुत्थी सुलझाना है। तॉल्सतॉय का 'वह' से गहरा सम्बन्ध है। दोनों व्यक्तित्व के आदर्श रूप हैं। सम्भावनाओं के बोधगम्य पुंज हैं। उनका पृथ्वी को देखना यथार्थ को देखना है। यह देखना है कि दुनिया को जैसी वे बनाना चाहते थे, वैसी बनी या नहीं। 'दबी हाय-हायनुमा' आकृति बताती है कि दुनिया वैसी नहीं बन सकी।

कैसी बनी, इसकी सूचना आगे की कविता में है। दूर से एक बैंड की आवाज़ आ रही है। वे ध्वनि-तरंगें भी उदास और गम्भीर हैं। रास्ता ऐसा दिखलाई देता है जैसे मरी हुई खिंची हुई काली जीभ हो। बिजली के बल्ब मरे हुए दाँतों के चमकदार नमूने हैं। मृत्यु का साम्राज्य सर्वत्र है।

बैंड का उदास और गम्भीर संगीत पास आ रहा है।

गैसलाइटों की पंक्तियाँ पास आ रही हैं। उनके बीचोंबीच अँधेरे की तरह साँवला जुलूस है।

जुलूस में चेहरे हैं। गैस की नीली लाइट में रँगे हुए। अँधेरे की चमकदार सन्तानें हों जैसे। बैंड-दल के पीछे काले ताक़तवर घोड़ों का जत्था है। लगता है जैसे भयानक अवचेतन जुलूस में चल रहा हो। (अवचेतन में तानाशाही और क्रूरता की तृप्त-अतृप्त इच्छाएँ हों तो वह भयानक ही होगा!) जुलूस का जो हिस्सा देखो, उसी पर मृत्यु का असर है। बैंड-दल किसी मृत्यु-दल की शोभा-यात्रा जैसा है। सोए हुए शहर का अवचेतन जुलूस के रूप में सामने आ रहा है। (यह अवचेतन क्या किसी और रचनाकार की किसी रचना में पहले आया है? नहीं। मुक्तिबोध वस्तुतः व्यक्ति और समूह के आन्तरिक यथार्थ को उजागर करनेवाले बड़े कवि हैं।) इस अवचेतन में लगातार वारदात करते हुए साँप उड़ते हैं। जुलूस के कुछ दृश्य हैं—

"कलाबत्तू वाली काली ज़रीदार ड्रैस पहने
चमकदार बैंड-दल—
अस्थि-रूप, यकृत-स्वरूप, उदर-आकृति
आँतों के जालों-से उलझे हुए, बाजे वे दमकते हैं भयंकर
...बैंड के लोगों के चेहरे
मिलते हैं मेरे देखे हुओं से,
लगता है उनमें कई प्रतिष्ठित पत्रकार
इसी नगर के!!
...उनके पीछे चल रहा
संगीन-नोकों का चमकता जंगल,

...धीरे-धीरे बढ़ रहा जुलूस भयावना
सैनिकों के पथराए चेहरे
...उनके पीछे यह क्या!!
कैवलरी!!
काले-काले घोड़ों पर ख़ाकी मिलिट्री ड्रैस,
चेहरे का आधा भाग सिन्दूरी-गेरुआ
आधा भाग कोलतारी भैरव
भयानक!!
हाथों में चमचमाती सीधी खड़ी तलवार
आबदार!!
...कर्नल, ब्रिगेडियर, जनरल, मार्शल
कई और सेनापति सेनाध्यक्ष
चेहरे वे मेरे जाने-बूझे-से लगते,
उनके चित्र समाचार पत्रों में छपे थे,
उनके लेख देखे थे,
यहाँ तक कि कविताएँ पढ़ी थीं
भई वाह !
उनमें कई प्रकांड आलोचक, विचारक, जगमगाते कविगण
मन्त्री भी, उद्योगपति और विद्वान
यहाँ तक कि शहर का हत्यारा कुख्यात
डोमा जी उस्ताद
बनता है बलबन
हाय, हाय!!
यहाँ ये दीखते हैं भूत-पिशाच-काय।
भीतर का राक्षसी स्वार्थ अब
साफ़ उभर आया है,
छुपे हुए उद्देश्य
यहाँ निखर आए हैं,
यह शोभा-यात्रा है किसी मृत्यु-दल की।''[123]

दिन के समय मानवीय, सभ्य और सुन्दर दिखलाई देने वाले शहर की असलियत रात के समय सामने आती है। आशय यह कि गुप्त रूप से जो कुछ शहर में होता रहता है, उसे सहजता से देखा नहीं जा सकता और उसी को इस जुलूस के रूप में मुक्तिबोध ने दिखाया है। शहरी अवचेतन के सारे भाव नंगे या प्राकृत रूप में सामने आ रहे हैं।

चमकदार भयंकर ड्रैस इस नग्नता को ढँक नहीं पाती। वस्तुतः कविता में अवचेतन का एक्स-रे है यह। अस्थियाँ, यकृत, उदर, आँतें; सब स्पष्ट हैं। भीतरी कुरूपताएँ यहाँ उजागर हैं। उनका घृणित रूप यहाँ प्रत्यक्ष है। काले घोड़ों पर ख़ाकी मिलिट्री की ड्रैस पहने जो बैठे हैं, उनका आधा चेहरा सिन्दूरी (लाल) है और आधा कोलतारी (काला)। ख़ून की प्यासी क्रूरता के चेहरे हैं ये। इनमें नगर के प्रतिष्ठित पत्रकार हैं। कर्नल, ब्रिगेडियर, जनरल, मार्शल, सेनाध्यक्ष हैं। कवि, आलोचक, विचारक हैं। मन्त्री, उद्योगपति हैं। कुख्यात हत्यारा डोमाजी उस्ताद है। ये भीतर के राक्षसी स्वार्थ हैं। उनके बर्बर रूप।

स्वतन्त्रता के बाद शहरी मध्यवर्ग का अवसरवाद यहाँ जुलूस की शक्ल में प्रत्यक्ष है। देश और मनुष्यता को जिनसे उम्मीद है, वही वस्तुतः जुलूस में शामिल हैं। यह जुलूस इस विडम्बना का जुलूस है। 'मारो, खाओ, हाथ मत आओ' इस जुलूस के प्रभावशालियों का जीवन-सिद्धान्त है। कोई साधारण जन अगर यह सब देख लेता है तो तथाकथित सभ्य, सुन्दर और मानवीय लोग उसे सुन्दरता से ख़त्म कर देते हैं। वे सुन्दर के सुन्दर बने रहते हैं। (समय ने सिद्ध किया है कि अपने समय के मर्म से जुड़ी कविता अपने समय का अतिक्रमण भी करती है। इसकी रचना के बाद का, ख़ासकर 1990 के बाद का, समय अपनी भयावहता के साथ इस कविता में मौजूद है। कविता तक को मैनेज करनेवालों को मुक्तिबोध ने पहले ही नंगा देख लिया था।)

यहाँ वाचक इन सभ्यों को देख लेनेवाला साधारण जन है। जुलूस से कुछ आँखें उसकी तरफ़ उठती हैं। लगता है जैसे संगीनों की नोकें हृदय में घुस पड़ी हों। अमानवीयता की असलियत का साक्षी होना अपराधी होना है। वाचक को ख़त्म कर डालने की आवाज़ें उठती हैं। वह पसीने से (भय से) सराबोर भागता है। स्वप्न टूटता है। चित्र बिखर जाते हैं। वाचक पहचानता है कि दिन में सामान्य जगहों पर षड्यन्त्र करती मृतात्माएँ हर रात जुलूस में चलती हैं। उनको नंगा देखना अपराध है। वाचक ने यह अपराध किया तो इसकी उसे सज़ा मिलनेवाली है।

आशुतोष कुमार ने 'अँधेरे में' को 'निजी यातनाओं के राजनीतिक अभिप्राय खोजती हुई कविता' कहते हुए रघुवीर सहाय को 'इस काव्य-प्रवृत्ति की श्रेष्ठ उपलब्धि' बताया है। लिखा है—'उनकी सबसे प्रसिद्ध कविता 'रामदास' मुक्तिबोध की 'अँधेरे में' के एक दृश्य की तरह पढ़ी जा सकती है...मृत्यु दल की शोभायात्रा का एक दर्शक रामदास भी हो सकता है...।'[124] उसे पहले से बताकर सरेआम मारा जा सकता है। ताक़तवर अत्याचारियों का आतंक मृत्यु-दल की इस शोभायात्रा के रूप में साकार है।

## 4

रात के चार बजे हैं। वाचक का मटमैला मन विचलित है। अँधेरे की कालिमा हर तरफ़

है। लगता है कि असंख्य काली-काली हायफ़न-डैशों की लकीरों की हलचलें हैं। जीवन की विविधता इन लकीरों की तरह सपाट हो गयी है। सारे रंग जैसे काले रंग में विलीन हो गये हों। छत के शहतीर भी काले हैं। वाचक के हृदय को दबोचते लगते हैं। आँगन में नल से बहती पानी की धारा खँखारती है पर शरीर में इतनी ताक़त नहीं कि उठकर नल को बन्द कर दे। अँधेरे में दिल गल रहा है। अँधेरा मानो पानी हो और दिल काग़ज़।

माहौल वाचक के अपने जीवन की तरह मृत्यु को बल देनेवाला है। चारों तरफ़ फँसाव, घिराव, तनाव है। सेना ने सड़कों को घेर लिया है। पत्तों के खड़कने तक पर प्रतिबन्ध लग गया है। किसी जनक्रान्ति का दमन करने के लिए मार्शल-लॉ लगा दिया गया है।

वाचक को लगता है कि कोई उसका पीछा कर रहा है। इसलिए वह दम छोड़ भागता है। अँधेरे के स्तूप जैसा एक बरगद दिखाई देता है। उसके नीचे अँधेरे में कई बेघर ग़रीब सो रहे हैं। उसकी डालों में लटके मटमैले चिथड़े भी अँधेरे में डूब गये हैं। ये चिथड़े किसी बहुत ग़रीब पागल के धन हैं। उसके सपने हैं। सपने या उम्मीदें ही ग़रीबों का धन हुआ करती हैं। वातावरण ऐसा है कि बड़े सपने देखने वाले छोटे लोग सिरफिरे या पागल कहलाते हैं। बरगद के पास ऐसा ही एक सिरफिरा रहता है।

आज रात वही सिरफिरा जाग्रत बौद्धिकता की मिसाल बन गया है। पूरी तरह खुलकर अपने को बोध देनेवाला गीत गा रहा है। उसका गायन अँधेरे के साम्राज्य में ग़रीबों की तरफ़ से हस्तक्षेप है। हृदय के करुण स्वरों द्वारा यह हस्तक्षेप सम्भव हो रहा है। सिरफिरा गाता है—

''...ओ मेरे आदर्शवादी मन,
ओ मेरे सिद्धान्तवादी मन,
अब तक क्या किया?
जीवन क्या जिया!!
उदरम्भरि बन अनात्म बन गये,
भूतों की शादी में कनात-से तन गये,
किसी व्यभिचारी के बन गये बिस्तर,
...बहुत-बहुत ज़्यादा लिया,
दिया बहुत-बहुत कम;
मर गया देश, अरे, जीवित रह गये तुम!!

लोकहित-पिता को घर से निकाल दिया,
जन-मन-करुणा-सी माँ को हकाल दिया,

स्वार्थों के टेरियर कुत्तों को पाल लिया,
भावना के कर्त्तव्य...त्याग दिए,
हृदय के मन्तव्य...मार डाले !
बुद्धि का भाल ही फोड़ दिया,
तर्कों के हाथ उखाड़ दिए,
जम हुए, जाम हुए, फँस गये,
अपने ही कीचड़ में धँस गये!!
विवेक बघार डाला स्वार्थों के तेल में
आदर्श खा गये...''[125]

जागा हुआ तथाकथित पागल आदर्शवादी और सिद्धान्तवादी मन को आईना दिखा रहा है। बता रहा है कि उसकी आदर्शवादिता काग़ज़ी रही है। महज़ दिखावा। वास्तव में वह अपने-आप से दूर होकर सिर्फ़ पेट भरता रहा है। भूतों की शादी में कनात की तरह जड़ और सब कुछ चुपचाप देखनेवाला रहा है। बिस्तर की तरह उसने चुपचाप व्यभिचारियों का साथ ही दिया है। दुःख भी उसके लिए दिखावा करते हुए सहानुभूति बटोरने के ज़रिये ही रहे हैं। वस्तुतः आदर्शों और सिद्धान्तों को उसने जीया ही नहीं है। निष्क्रिय रहा है वह। देश के मर जाने पर भी उसी तरह जीवित रहा है, जैसे आत्मा मर गयी हो और शरीर जीवित हो।

देश तो देश, परिवार को भी स्वार्थों के कुत्तों ने भीतर तक तोड़ दिया है। स्वार्थों के तेल में लोगों ने अपना विवेक बघार डाला है। आदर्शों को खा लिया है। लोकहित-रूपी पिता को और जन-मन-करुणा-सी माँ को घर से निकाल दिया है। कर्त्तव्यों को छोड़ दिया है। मन्तव्यों को मार डाला है। बुद्धि और तर्क को प्रताड़ित कर परे धकेल दिया है। अपने, केवल अपने, स्वार्थ के कीचड़ में धँस गये हैं वे। स्वार्थ सबसे बड़ा मूल्य है। समाज और देश, सब उसके ऊपर कुर्बान हैं।

देश को निचोड़ लिया है, उसे दिया कुछ नहीं। यही कारण है कि देश मर गया है और देशवासी जीवित हैं। ऐसे ही जीवन को लोग जीवन समझते आए हैं। सिरफिरे का गीत सवाल उठाता है—क्या यह सचमुच जीवन है?

यह गीत सुनकर वाचक का अस्तित्व भाप जैसा हो गया है। लोग अपने-अपने सुरक्षित दायरों में सीमित हैं। आत्मीयता कहीं नहीं है। कोई किससे कहे अपना दुःख?

गीत गाकर सवाल उठानेवाला सिरफिरा वाचक का ही खोया हुआ व्यक्तित्व है। 'वह' है, जो वाचक को रात के समय मिलता है। रात को कोई देखता नहीं। सुरक्षित रहता है मिलना।

'पागल' के गाने से 'मैं' ख़ुद अपने सामने खड़ा हो गया। बहस होने लगी। परस्पर तमाचे लगने लगे। आत्मालोचना, आत्मसंघर्ष की प्रक्रिया और उसकी तीव्र

पीड़ा साकार करते हैं ये तमाचे। फिर वाचक का दुनियादार मन जाग उठता है और उसे यह आत्मालोचना बेकार लगती है।

भले बेकार लगे पर आत्मालोचना हो चुकी है। अत: वाचक को महसूस होता है कि उसी की वजह से मार्शल लॉ लगा है। उसी के कारण शहर पर संकट आया है। अगर वह अपने वास्तविक व्यक्तित्व को जीता तो यह सब न झेलना पड़ता।

बाहर घटना को जन्म देती घटना है। भीतर चिन्ता को पैदा करती चिन्ता है। पागल के गीत ने वाचक की नींद छीन ली है।

वह उसी बरगद के पास खड़ा है, जिसके तले कई ग़रीब रहते हैं।

उन ग़रीबों के घर या तो हैं नहीं या टूटे हुए हैं। उनमें अभावों का सघन अँधेरा है। इस अँधेरे के साँवले पानी से वाचक का मन धुलता है। केवल अपने लिए जीवित रहने की गन्दगी साफ़ होती है। व्यक्तित्व का उजला पक्ष उभर आता है। यही पक्ष वह गुरु-गम्भीर अस्तित्व है, जो गुलाब-चमेली के उद्यानों की तरह महकता है। उद्यान कहाँ हैं, यह पता नहीं लगता। हर तरफ़ सुगन्ध है। सुगन्ध अच्छी लगती है पर उसमें कोई चिन्ता भी है। कोई वेदना भी है। चिन्तित प्राय: सुगन्ध ही होती है। दुर्गन्ध उसी को पालतू बनाना चाहती है। अपनी 'परिपूर्णता' को जो नहीं जीते, उनमें या तो दुर्गन्ध होती है, या कोई गन्ध नहीं होती।

## 5

सहसा वाचक को लगा कि उसके कन्धे पर किसी ने हाथ रख दिया। सिर तक थरथर रेंग गयी। वह बरगद का एक पत्ता था, जो उसके कन्धे पर बैठ गया। पत्ता अर्थात पत्र। वाचक को लगा कि यह बरगद का सन्देश है। क्या है, स्पष्ट नहीं होता।

भयभीत वाचक दम छोड़ भागता है। बन्दूकें गरजती हैं। मकानों के ऊपर गेरुआ-सा प्रकाश छा जाता है। कमज़ोरी और भय वाचक की बची-खुची शक्ति को सोखने लगते हैं। उसे चक्कर आते हैं। धरती-आकाश घूमने लगते हैं। सिर पकड़कर वह एक घर की सीढ़ी पर बैठ जाता है। चक्कर और बढ़ते हैं। वे भँवरों जैसे लगते हैं। उनके केन्द्र में स्वप्न जैसा कुछ दिखाई देने लगता है। लगता है- एक और आत्मसत्य उजागर होने की तैयारी में है।

ज़मीन के नीचे, बहुत नीचे, एक अँधेरे से भरी गुहा है। उसके तल में कुछ पत्थर चमक रहे हैं। उनमें 'तेजस्क्रिय रेडियो-एक्टिव रत्न' भी हैं। उनपर एक झरना बह रहा है। प्रकाशमान रत्नों के ऊपर से पानी बह रहा है। रत्न धुल रहे हैं। उनका भीगा हुआ (शीतल) प्रकाश गुहा की दीवारों पर पड़ रहा है।

वाचक अपने को गुहा में देखता है। रत्नों को मुग्ध भाव से देखते हुए। छूते हुए।

उसे लगता है कि ये रत्न उसी के 'अनुभव, वेदना, विवेक-निष्कर्ष' हैं। उसी ने इनको गुहावास दे दिया। लोकहित या जनोपयोग से दूर कर दिया। अपने-आप से दूर कर दिया। वे निष्कर्ष जीवन में लागू होते तो ख़तरनाक हो सकते थे। अत: वाचक ने उनको अचेतन में धकेल दिया। वे ख़तरनाक थे। वाचक उनको जीता तो अपने बच्चों के लिए कुछ न कर पाता। वे भीख माँगकर गुज़ारा करते। यह सब सोचने का समय नहीं है। तय है तो यही कि अब जूझना है। विपरीत हालात से भी और अपनी कमज़ोरियों से भी।

## 6

जूझने का निश्चय हो जाने के बाद का दृश्य। चौराहा सुनसान है। बीच में गेरुआ घंटाघर वीरान है, जिसके ऊपर कत्थई (जैसे जमे हुए ख़ून का रंग हो) बूढ़ा गुम्बद है। हवाएँ साँवली हैं। अँधेरे के पक्ष में हैं। सभी कुछ सहमा हुआ-सा है। केवल काल है, जो टहल रहा है। मृत्यु का भय निश्चिन्त घूम रहा है। घंटाघर की चारों घड़ियों के चेहरे पीले हैं। पुराने पड़ गये हैं। ठीक समय नहीं बताते। चारों घड़ियों में चार अलग-अलग समय हैं। यह ऐसा ही है जैसे वाचक के मन में चार तरह की गतियाँ एक साथ हों। खम्भों पर बिजली की गरदनें इसलिए लटकी हैं कि उनका प्रकाश वास्तविक नहीं। बल्ब शर्म से जल रहे हैं। उनके आसपास बेचैन ख़यालों के कीड़े उड़ रहे हैं। ये ख़याल प्रकाश की असलियत जानने को बेचैन हैं। घंटाघर के नीचे पंखों के टुकड़े व तिनके पड़े हैं। कीड़े लगातार मर रहे हैं। (ख़यालों का एक अरसे तक ज़िन्दा रहना ख़तरनाक हो सकता है।) गुम्बद के बूढ़े पक्षियों की नज़रें भयानक इरादों की तरह चमकती हैं। कोई दुष्ट इच्छा गश्त लगाती है। अँधेरे में सिगरेट सुलगाते भयानक सिपाही का ऐंठा हुआ चेहरा ताँबे जैसा है। उसपर 'पथरीली सलवट' है। हृदय की कठोरता चेहरे पर झलकती है। यह सारा वातावरण कहता है कि कुछ ख़तरनाक घटित होनेवाला है। संगीन-नोकों पर टिका साँवला बन्दूक-जत्था भी खड़ा है और टैंक-दस्ता भी। भय फैलाने के सारे हथियार मौजूद हैं।

वाचक 'दम छोड़' (पूरी बेचैनी के साथ) भागता है। भागते हुए चप्पल की आवाज़ 'चाँटों-सी पड़ती' है। (ध्वनि और स्पर्श एकजुट होकर उसके हालात को सामने लाते हैं।) पैरों तले का कीचड़ उछलकर चेहरे व छाती पर पड़ता है। गलियों का अँधेरा (जनसाधारण का अज्ञान और भय) चेहरे और आँखों पर हमला करता है। आतंक सर्वत्र है। यहाँ तक कि घर भी साकार भय जैसे दिखाई देने लगते हैं। वाचक गलियों से चौड़े रास्ते पर आ जाता है। रास्ता (भय की तरह) काला और (मृत्यु की तरह) ठंडा है। आकाश भी काला है। तारों की आँखों से कुछ कह रहा है। वाचक का 'दिल ढिबरी-सा टिमटिमा रहा है।' कब बुझ जाए, कुछ कहा नहीं जा सकता। सहसा

कोई शक्ति वाचक को खींचकर जिस तरफ़ ले जाती है, वहाँ तिलक की मूर्ति है। मूर्ति है तो निस्संग और जड़ीभूत होगी ही लेकिन वह स्तब्ध भी है। (कविता में आकर पत्थर भी धड़कने लगते हैं।) स्तब्ध है ज़माने को देखकर। वाचक के पास पहुँचते ही वह काँपने लगती है। उसके काँपते कणों से नीले इलेक्ट्रॉन झरने लगते हैं। पत्थरी होठों पर (व्यंग्य की) मुसकान है और आँखों में बिजली के फूल सुलगते हैं। ये फूल ग़ुस्से के दृश्य-रूप हैं।

ग़ुस्से की तरह चिन्ता भी बहुत ज़्यादा है। इतनी कि नाक से ख़ून बनकर टपकती है। ख़ून लाल भी है, गरम भी। बहुत पहले से टपक रहा है। 'मस्तक-कोष' चिन्ता से फूट पड़े हैं। तिलक-मूर्ति संघर्षधर्मी परम्परा का पुंजीभूत रूप है। वर्तमान को देख यह परम्परा अत्यन्त चिन्तित है। उसे अपना होना व्यर्थ लगता है। वाचक उसे दिलासा देने की कोशिश करता है पर व्यर्थ। मूर्ति के पैरों को छाती से चिपकाकर वह परम्परा से ऊर्जा लेने का जतन करता है। उसके शरीर में (सकर्मक) करुणा के काँटे तन जाते हैं। उसपर जगह-जगह बिजली की नीली (अग्नि के अतिशय सघन रूप में) चिनगियाँ गिरती हैं। तिलक-मूर्ति की नाक से टपकता रक्त वाचक के हृदय में गिरता है। इतना कि आत्मा में ख़ून का तालाब-सा बन जाता है। तीव्र आत्मालोचना शुरू होती है। इसकी वेदना सिर और छाती में हड्डी के छिलने/कटने से होनेवाली वेदना जैसी है। विवेक वाचक के (कमज़ोरियों से मोह रखनेवाले) निजत्व को बसूले या रन्दे की तरह छील रहा है। उसमें भी (निजत्व को छिलवाने की) ज़िद उठ खड़ी हुई है।

सहसा बन्दूक की आवाज़ से आसमान काँप उठता है। वाचक के पैरों में बिजली दौड़ जाती है। दम-छोड़ भागते रहने के कारण शरीर थका है। पैर अपने में दौड़ती बिजली का साथ नहीं दे पाते। गलियों के अँधेरे में वह बैठ जाता है। दूर से आती रोने की पतली-सी (असहाय) आवाज़ सूने में काँपती है। इस आवाज़ में कराहों की लहरें हैं। थरथराती वेदना है। इसे वह सुनने (समझने) की कोशिश करता है।

यह कोशिश वह कर ही रहा था कि उसे अपने सामने सरदी में बोरा ओढ़े हुए कोई काँपता दिखाई देता है। ध्यान से देखने पर लगता है कि उसे कई बार देखा है। पाना चाहा है परन्तु पाया नहीं है। वाचक की कमज़ोरी इतनी बढ़ गयी है कि सोचने तक का साहस नहीं बचा। पहचानते हुए उसे हैरानी होती है कि पंगु जैसे दिखाई देनेवाले वे गाँधी जी हैं। फिर लगता है कि वे पंगु नहीं हैं बल्कि रूप बदलकर चुपचाप कुछ जाँच-पड़ताल कर रहे हैं। फिर—

> "अँधेरे की स्याही में डूबे हुए देव को सम्मुख पाकर
> मैं अति दीन हो जाता हूँ पास कि
> बिजली का झटका
> कहता है—'भाग जा, हट जा

हम हैं गुज़र गये ज़माने के चेहरे
आगे तू बढ़ जा।'
किन्तु, मैं देखा किया उस मुख को।
गम्भीर दृढ़ता की सलवटें वैसी ही,
शब्दों में गुरुता।
वे कह रहे हैं—
'दुनिया न कचरे का ढेर कि जिस पर
दानों को चुगने चढ़ा हुआ कोई भी कुक्कुट
कोई भी मुर्गा
यदि बाँग दे उठे ज़ोरदार
बन जाए मसीहा'
वे कह रहे हैं—
'मिट्टी के लोंदे में किरणीले कण-कण
गुण हैं,
जनता के गुणों से ही सम्भव
भावी का उद्‌भव'
गम्भीर शब्द वे और आगे बढ़ गये,
जाने क्या कह गये!!
मैं अति उद्विग्न!''[126]

गाँधी भारतीय इतिहास के बड़े जन-संगठनकर्त्ता हैं। भीतरी क्षमताओं के एक बड़े हिस्से के प्रकट रूप हैं। वाचक के प्रतिरूप के साथ उनका भी रिश्ता है। अपने प्रतिरूप के सामने जाने के विचार-मात्र से उसकी हालत ख़राब हो जाती है। गाँधी जी को सामने पाकर भी वह दीन हो जाता है। एकाएक उसे बिजली का झटका लगता है, जो कह रहा है कि गुज़रे ज़माने के चेहरों को छोड़कर वह आगे बढ़ जाए। (ज़माना परम्परा को भूलकर आगे बढ़ने वालों का ही है।) वह गाँधी जी के चेहरे पर गम्भीर दृढ़ता पाता है। उनके शब्द भी हल्के-फुल्के नहीं हैं। कहते हैं कि दुनिया कोई कचरे का ढेर नहीं, जिसपर दाने चुगने के मक़सद से चढ़ा हुआ कोई मुर्गा ज़ोर से बाँग दे तो मसीहा बन जाए। मिट्टी के लोंदे में जनता के गुण चमकते हैं। इन गुणों से ही भविष्य का जन्म होगा।

भविष्य की शिक्षा देने के बाद सहसा बोरे को कन्धे पर रख कंकालनुमा मूर्ति उठ खड़ी होती है। उसकी गोद में बच्चा है। बच्चे को देख वाचक पुनः चकित होता है। तब वह 'द्युति-पुरुष' कहता है कि अब तक यह शिशु उनके पास चुपचाप सोया था। अब वाचक इसकी (भविष्य बनानेवाले दायित्व की) सार-सँभाल करे। सिद्ध करे कि जो

भविष्य बनाने की शिक्षा उसे दी गयी है, उसे आचरण में वह ला सकता है।

वाचक कुछ कहनेवाला होता है कि वहाँ से गाँधी जी ग़ायब हो जाते हैं। अँधेरे में अकेले पड़ गये वाचक की छाती से बच्चा लिपटा है। लगता है जैसे 'नन्हा-सा आकाश' (असीम स्वतन्त्रता का अहसास) चिपका हो। उसका स्पर्श सुकुमार है, जो वास्तव में दायित्व का अनुभव कराता है। सुकुमारता उसके जल्दी आहत हो जाने की आशंका है। यह आशंका और भविष्य का दायित्व लिए हुए वाचक अँधेरे में तारों की रौशनी के साथ चल देता है।

सहसा वाचक के कन्धे पर वह शिशु रो उठता है। वह रुदन वाचक का परिचित है। उसमें क्षोभ है, ग़ुस्सा है, शिकायत है। वाचक डरता है कि कोई सुन न ले। वह उसे चुप कराने की जितनी कोशिश करता है, वह उतनी ज़ोर से रोने लगता है। उसके रुदन से वाचक पर गीले (शीतल अर्थात वांछनीय) अंगार (ऊर्जा के स्रोत) टपकते हैं। वह इस ऊर्जा व प्रकाश को शरीर पर महसूस करता है।

बहुत ख़ुश होता है वह इस रुदन से। यह अपने को बिना किसी भय और संकोच के व्यक्त करना है। वाचक जो नहीं कर सका, वह एक शिशु कर रहा है। अपनी अभिव्यक्ति की इस अनुभूति से उसकी आत्मा भीग जाती है। मन आगे बढ़ने के हौसले से भर उठता है।

तिलक और गाँधी से मिलकर वाचक में जो बदलाव हुए, उनको वह पहचानने की कोशिश करता है। हृदय में ख़ून का तालाब दिखलाई देता है, जिसमें प्रकाशमय रत्न डूबे हैं। उनसे किरणें फूट रही हैं। रक्त में रत्न अर्थात अनुभव में नहाए संकल्प हैं। अँधेरी गलियों में चलते वाचक के साथ-साथ ये संकल्प चलते हैं। अब वह अँधेरे में अपने को अकेला पड़ गया अनुभव नहीं करता। आन्तरिक ऊर्जा से लैस अनुभव करता है।

इस अनुभव के साथ चलना शुरू करते ही परिवर्तन तेज़ी से होने लगते है—

"इतने में पाता हूँ अँधेरे में सहसा
कन्धे पर कुछ नहीं !! वह शिशु
चला गया जाने कहाँ,
और अब उसके ही स्थान पर
मात्र हैं सूरजमुखी फूल-गुच्छे।
उन स्वर्ण-पुष्पों से प्रकाश-विकीरण
कन्धों पर, सिर पर, गालों पर, तन पर,
रास्ते पर, फैले हैं किरणों के कण-कण।
भई वाह, यह ख़ूब!!
इतने में गली एक आ गयी और मैं

दरवाज़ा खुला हुआ देखता।
ज़ीना है अँधेरा।
कहीं कोई ढिबरी-सी टिमटिमा रही है।
मैं बढ़ रहा हूँ
कन्धों पर फूलों के लम्बे वे गुच्छे
क्या हुए, कहाँ गये?
कन्धे क्यों वज़न से दुख रहे सहसा
ओ हो!!
बन्दूक आ गयी
वाह वा!!
वज़नदार रायफल,
भई ख़ूब!!''[127]

शिशु जिन फूलों के गुच्छे में बदल जाता है, वे सूरजमुखी के हैं। प्रकाशमय (ज्ञानमय) हैं। इन फूलों से छिटकती रौशनी वाचक के शरीर और रास्ते पर बिखर जाती है। दायित्व के ज्ञान से जुड़ने पर अँधेरे का वर्चस्व टूटता है। गली में एक दरवाज़ा खुला दिखता है। अँधेरे ज़ीने में टिमटिमाती ढिबरी की मद्धिम रौशनी है। वाचक आगे बढ़ता है तो फूलों के गुच्छे प्रकाश फैलाकर ग़ायब हो जाते हैं और उनकी जगह वज़नदार बन्दूक आ जाती है। बन्दूक के रूप में सकर्मकता को अनुभव कर वाचक ख़ुश होता है। वाह-वाह करता है।

वह एक खुले कमरे में पहुँच जाता है। वहाँ साँवली हवा बर्फीली साँस की तरह फैली है। सामान बिखरा है। खिड़की से अँधेरे में टँके हुए सितारे झाँकते हैं। सर्वत्र सूनापन ठहरा है। कोई धरती पर पसरा पड़ा है। वाचक टॉर्च के सहारे देखता है- माथे पर ख़ून-भरे बाल। भौंहों के बीच गोली का छेद। फूटा हुआ चश्मा। वाचक उसे पहचान लेता है। गलियों के अँधेरे का भार अपने हृदय में ढोनेवाला कलाकार था वह पर था अकर्मक और अकेले रहनेवाला। अतः अपने जीवनानुभव किसी को दे नहीं सका। उसके साथ ही चले गये वे। अमानवीय सत्ता के विरुद्ध उसने कुछ नहीं किया। फिर भी सत्ता ने उसे सन्दिग्ध समझा और मार डाला। उसके अन्तर में (सबकी) मुक्ति की प्यास थी। मुक्ति की कोशिशों के साथ भी था वह। अतः सबका प्यारा था। अन्तश्चेतना से प्रकाशित था। वाचक को लगता है कि उसकी मृत्यु एक युग, एक जीवनादर्श की मृत्यु है। तभी वाचक की अपनी अन्तश्चेतना भी उसे धिक्कारने लगती है उस कलाकार जैसा ही जीवन जीने के लिए। उसे दोस्तों को खोजने की ज़रूरत महसूस होती है। ऐसे दोस्त, जो साथ चलें। सक्रिय हों। सत्-चित्-वेदना से प्रकाशित हों। सचमुच मनुष्य हों।

निस्संग अकर्मक कलाकार की हत्या ऐसे दोस्तों को खोजने का संकल्प वाचक

को देती है। यह संकल्प होने के बाद अमानवीय सत्ता के भयानक रूप उसे घेर लेते हैं। यातनाएँ देने लगते हैं—

"पकड़कर कॉलर गला दबाया गया।
चाँटे से कनपटी टूटी कि यह क्या
त्वचा उखड़ गयी गाल की पूरी।
कान में भर गयी
भयानक अनहद-नाद की भन-भन।
आँखों में तैरीं
रक्तिम तितलियाँ, चिनगियाँ नीली।"[128]

भयंकर यातना का दृश्य है यह। वाचक के चेहरे पर ऐसा चाँटा पड़ता है कि कनपटी टूट जाती है और गाल की त्वचा पूरी उखड़ जाती है। कानों में भयानक अनहद-नाद (अनहद नाद को सुन पाना जैसे भक्त/साधक की उपलब्धि मानी जाती थी, वैसे ही जनता की दुखों से मुक्ति के लिए संघर्ष करनेवालों की उपलब्धि है भयंकर यातना सहते हुए इसकी कीमत चुकाना।) की भनभन है। आँखों में रक्तिम तितलियाँ और नीली चिनगियाँ तैरती हैं। तीव्र पीड़ा के अलावा कुछ दिखलाई नहीं देता। चक्कर आते हैं। पूरी दुनिया घूमती/नष्ट होती मालूम होती है। सहसा कोई रोता है और कोई सहायता देने भागता है। इससे वाचक को यातना सहने का और अधिक बल मिलता है। भीतरी तत्त्वों की नये सिरे से व्यवस्था होने लगती है।

वाचक को एक अँधेरे कमरे के एकदम भीतर ले जाया जाता है। टूटे-से स्टूल पर बैठाकर उसके सर की हड्डी तोड़ी जाती है। शीशे के मोटे अस्थि-कवच को तोड़कर दिमाग़ के विचारों की जाँच-पड़ताल की जाती है। सारी आन्तरिकता की हलचलें देखी जाती हैं। इस आन्तरिकता में जीवन के प्रति प्रतिक्रियाएँ हैं। सपने हैं। परिवर्तन के विचार हैं। इनका प्रचार करनेवाले परचे हैं। उनको छापनेवाली प्रैस है। वे ये सब हलचलें करनेवाली आत्मा खोज रहे हैं। शरीर के कोने-कोने में।

यातना देने का क्रम चल रहा है। पीठ पर चाबुक पड़ते हैं तो चमड़ी उखड़ जाती है। लहू छलछला आता है। वाचक का मन सारी संवेदनाओं को इकट्ठा कर उनकी गठान बाँधता है और उस गठान को पूरा दम लगाकर चकनाचूर कर देता है। इस तरह यातनाओं को सहता है। सहने का अभ्यस्त हो जाने पर मन शरीर की सीमा से निकलकर दूर चला जाता है। वाचक एक साथ अपने को कमरे में क़ैद और बाहर व्याप्त होते महसूस करता है। उसे लगता है कि वह सिर्फ़ जादू या बिजली बन गया है और चुपचाप एक पत्र के रूप में एक फटे हुए मन की जेब में गिरता है। (यह उसका अनुभव बनना और हस्तान्तरित हो जाना है। ऐन्द्रिकता इस प्रक्रिया को मूर्त करती है तो फ़ैंटेसी संक्षेप में व्यक्त।) दूसरों तक पहुँचनेवाले इस अनुभव को न यातना दी जा सकती है, न मारा

जा सकता है। दूसरों के जीने के लिए जीने-मरनेवाले व्यक्तित्व केवल शरीर से मरते हैं। सपनों के रूप में वे दूसरों की आँखों में हमेशा ज़िन्दा रहते हैं।

यातना सहकर वाचक में थोड़े-बहुत आत्मविश्वास का संचार होता है। वह अपने को 'मैं' से 'हम' में रूपान्तरित होता अनुभव करता है। इस रूपान्तरण के बाद उसकी निजता सर्वव्यापी हो जाती है। यह निजता ऊपर से धूल की तरह भूरी है, जिसके भीतर बिजली के जीवित तार गुँथे हैं। बाहर से साधारण है यह, भीतर से असाधारण। भीतर से अग्नि लिए माथा बाहर से ठंडा अर्थात सामान्य है। निश्चल हृदय में तेज़ आँधियाँ हैं। मैली पोशाक में भीषण शक्ति लिए यही वाचक की आत्मा है। इसे अनुभव कर जीवन लक्ष्य की ओर बढ़ता है। वाचक को रिहा कर दिया गया है। बर्बर सत्ता यातना देकर भी उसे अनुकूलित नहीं कर सकी। अब उसके गुप्तचर पीछे लगे रहते हैं। उनके आकार काले हैं। उनकी आँखें रहस्यात्मक छेदों की तरह हैं और नज़र ऐसी जैसे संगीन मारी जाती हो। सत्ता के लिए वाचक अब और ज़्यादा सन्दिग्ध है। सत्ता जहाँ नहीं है, वहाँ उसका भय है।

ऐसे में वाचक और ज़्यादा शिद्दत से सहचरों की ज़रूरत महसूस करता है। सहचरों को यहाँ काले गुलाब और सँवलाए कमल कहा गया है। हैं तो वे गुलाब और कमल पर उनकी सुन्दरता पर हालात का कालापन छाया है। वे ज़मीन के भीतर खिले हुए हैं। (अभी उनकी क्षमताएँ प्रकट नहीं हुई हैं।)

तभी बिजली की लताओं से झरते फूल दिखाई देते हैं। कुछ हाथ उन अग्नि-पुष्पों को समेट रहे हैं। (ये हाथ उन्हीं काले गुलाबों के हैं, जो वाचक के साथी हैं और जिन तक प्रकट में उसे पहुँचना है।) इससे प्रेरित होकर वाचक स्फूर्ति से भर जाता है। चमकते पत्थर उठाकर उनसे बिजली के फूल बनाने की कोशिश करता है। कोशिश रंग लाती है। पत्थरों से किरणें फूटने लगती हैं। वे रत्न बनने लगते हैं। फिर भी वाचक को असन्तोष है। कारण यह कि यह प्रक्रिया उसके भीतर ही घटित होती है। कथनी के अनुपात में करनी का कद बौना है। कविता का चमत्कार रंगीन (आकर्षक) है पर उसमें जीवन का ताप नहीं। बिजली के फूल बन गये पत्थर किरणों से युक्त होते हुए भी ठंडे हैं। वाचक को लगता है कि उसे ऐसे फूल नहीं बनाने। उसे तो बिजली की नीली (आग का अतिरेक उसके रंग को नीला कर देता है।) बाँहों में बाँहें उलझाकर प्रदीप्त लीला करनी है। रौशनी की तरह सक्रिय होना है। आकाश-भर में घूमकर सबकुछ पहचानना है। सर्वत्र अनुभवात्मक ज्ञान का प्रकाश फैलाना है। वस्तुतः वह काला बादल है, जिसमें बिजली है। अतः 'रंगीन पत्थर-फूलों' से उसका काम नहीं चलनेवाला। निरे काव्य-चमत्कार उसे नहीं चाहिएँ। कारण यह कि

''मस्तक-कुंड में जलती
सत्-चित्-वेदना—सचाई व गलती—

मस्तक-शिराओं में तनाव दिन-रात।

अब अभिव्यक्ति के सारे ख़तरे
उठाने ही होंगे।
तोड़ने ही होंगे मठ और गढ़ सब।''[129]

मस्तक जब एक कुंड बन जाता है और उसमें सत्-चित्-वेदना जलने लगती है तो इतिहास व समाज में अपनी भूमिका न निभाने का तनाव निरन्तर रहता है। फिर भी वाचक इस नतीजे पर पहुँच जाता है कि अब ऊर्जा को अपने तक सीमित रखने से काम नहीं चलेगा। अभिव्यक्ति के सारे ख़तरे उठाने के अलावा कोई रास्ता नहीं। इस रास्ते पर चलते हुए महिमामंडित झूठे प्रतिमानों को ध्वस्त करना ही होगा। अभिव्यक्ति के ख़तरे उठाना दुर्गम पहाड़ों को पार करने जितना कठिन है। इस कठिनाई से जूझकर ही उस नीली झील तक पहुँचा जा सकेगा, जिसमें सुबह के रंग जैसा कमल हमेशा रहता है। कमल तक पहुँचने के लिए बर्फ़ीली झील में धँसना ही होगा। मुक्तिबोध की परम्परा में नरेश सक्सेना कहते हैं—

''पुल पार करने से
पुल पार होता है
नदी पार नहीं होती

नदी पार नहीं होती नदी में धँसे बिना।''[130]

नदी में धँसकर ही नदी को पार करना एक तथ्य की बजाय एक अनुभव बनता है। नदी को उसकी लहरों सहित जानने और महसूस करने से उपजा अनुभव। मुक्तिबोध के यहाँ बर्फीली झील में धँसकर ही 'अरुण कमल' तक पहुँचना सम्भव है। जमा देनेवाले माहौल में लक्ष्य की ओर बढ़ते रहना है। यह क़ीमत चुकानी ही है। ज्ञानात्मक संवेदन और संवेदनात्मक ज्ञान ने वाचक को यह क़ीमत चुकाने के लिए तैयार कर दिया है। वह इस लक्ष्य तक पहुँचने के बारे में इतना आश्वस्त है कि कहता है—

''जादुई झील को करनी ही होगी मेरी प्रतीक्षा।''[131]

आशय यह कि जादुई झील का पानी मानवीय हलचलों से आन्दोलित होने का उतना ही इच्छुक है, जितना कमल तक पहुँचने के लिए वाचक। (दोनों तरफ़ है आग बराबर लगी हुई।)

## 7

चाँदनी फैली है। वह नीम के पेड़ पर तिरछी मार कर रही है। पेड़ के नीचे मिट्टी का गोल

चबूतरा है। उस पर दिया जल रहा है। उसकी रौशनी सुनहरी है। लगता है जैसे कोई सपना ही सच हो गया हो। मकानों के खंडहर हैं। उनके सूने हिस्सों में रातरानी खिली है। महक रही है। तारों की टकटकी से वह लज्जित है। यह टकटकी निर्लज्ज है। अच्छी नहीं लगती। चाँदनी और तारे यहाँ साधारण जीवन के विरोधी हैं। नीम, दीया और रातरानी साधारण जीवन की खुशियाँ हैं।

वाचक चाँदनी और तारों की शक्ति को यातना के रूप में सह चुका है। जानता है इस शक्ति को। इसलिए वह फिर से 'दम छोड़' भागता है। टूटी दीवारों के पार गरमागरम बहस चल रही है। बहस के रूप में यह 'सत्य से सत्ता का युद्ध' है। युद्ध में वाचक का पक्ष स्पष्ट है लेकिन कमज़ोरियों ने उसे छोड़ा नहीं है। सहसा वह देखता है कि अँधेरे की गलियों में लोग चुपचाप दृढ़ता के साथ चल रहे हैं। उनमें बच्चे भी हैं, युवा भी। उनके भीतर आग जल रही है, जिसे उनके कदमों की दृढ़ता में देखा जा सकता है।

यह अनुभव असाधारण है। वाचक लोगों की कतारें पारकर आगे बढ़ने की जितनी कोशिश करता है, उतना ही पीछे छूटता जाता है। तभी पीछे से एक रेला आता है और फिर वह जनसमूह के साथ हो जाता है। लोगों की मुट्ठियों से किरणें फूट रही हैं। वाचक देखता है कि उनकी मुट्ठियों में उसके ही 'विवेक-रत्न' हैं। फिर भी वाचक अपने को अपने से बात ('बौद्धिक जुगाली') करते अकेला महसूस करता है।

अकेलेपन में भय फिर घेरता है। वाचक फिर गलियों के अँधेरे में भागता है। तभी कोई उसे एक पर्चा दे जाता है, जिसमें उसी के गुप्त विचार हैं, संवेदनाएँ हैं, अनुभव हैं। उसमें उसी की पीड़ाएँ जगमगा रही हैं। पीड़ाओं का जगमगाना उनका सार्थक होना है। समाधान तक पहुँचना है। वाचक के लिए यह बहुत सुखद है। परचे की लकीरों में उसे आसमान दिखाई देता है। वाक्य आकाश-गंगा की तरह नज़र आते हैं। शब्द नक्षत्रों की तरह चमकते हैं। नक्षत्रों में आँगन खिलता है। आँगन में चम्पा के फूल चमकते हैं। फूलों के अन्तर्जगत में समाधान है। एक परचे का जादू है यह। एक व्यक्ति की चिन्तन-धारा में मौजूद सभ्यता-समीक्षा के निष्कर्षों का जनसाधारण तक पहुँच जाना है वाचक की बहुत बड़ी उपलब्धि।

परचा इस उपलब्धि का रूप है। उसे पढ़ते हुए वाचक उड़ता है। सारे आकाश में, सारी ज़मीन पर एक साथ घूमता है। अपने को सर्वव्यापी महसूस करता है। सर्वत्र सकर्मक पाता है।

अपने देश के नक्शे की पृष्ठभूमि में सपनों की कोमल किरणें हैं। उनका पानी (उनका उजाला) चमकती शिलाओं में बदल रहा है। इन शिलाओं के रूप में वांछनीय कर्म घनीभूत हैं। उन्हीं से सपनों की मूर्ति (भविष्य की सुखद शक्ल) बननेवाली है। वांछनीय कर्म का उजाला जब उनसे फैलेगा तो सारी दुनिया का कोना-कोना चमक

उठेगा। (कर्म ही मनुष्य-जीवन का सूर्य है।) जीवन असीम होगा। मृत्यु का अँधेरा कहीं नहीं बचेगा। इतना सुखद अनुभव करने के बाद वाचक गद्य में (सीधे-सीधे) कहता है कि—

> ''कविता में कहने की आदत नहीं, पर कह दूँ
> वर्तमान समाज चल नहीं सकता।
> पूँजी से जुड़ा हुआ हृदय बदल नहीं सकता,
> स्वातन्त्र्य व्यक्ति का वादी
> छल नहीं सकता मुक्ति के मन को,
> जन को।''[132]

## 8

जन-मुक्ति के लिए होनेवाला परिवर्तन आसान नहीं है। ऐसे परिवर्तन के विरोधी शक्तिशाली हैं। परिवर्तन के संकेत-मात्र पाते ही दमन करने लगते हैं। परिवर्तन को निश्चित मानते हुए भी वाचक इस दमनकारी रूप को जानता है। इससे आशंकित है। इसी कारण उसके हृदय को आघात लगता है। आघात यह कि नगर में आग लगी है। गोली चली है। सड़कें सुनसान हैं पर हवाओं में गरमी है। यह गरमी जन-मन-उद्देश्य के साथ-साथ रहने से पैदा हुई है। ख़ाकी ड्रैस कसे पथरीले चेहरे घूमते हैं।

संस्कृति के 'पहरेदार' ऐसे में चुप हैं—

> ''सब चुप, साहित्यिक चुप और कविजन निर्वाक
> चिन्तक, शिल्पकार, नर्तक चुप हैं;
> उनके ख़याल से यह सब गप है
> मात्र किंवदन्ती।
> रक्तपायी वर्ग से नाभिनालबद्ध ये सब लोग
> नपुंसक भोग-शिरा-जालों में उलझे,
> प्रश्न की उथली-सी पहचान
> राह से अनजान
> वाक् रुदन्ती।''[133]

कला-रूपी अभिव्यक्ति के कारण ही व्यक्ति कलाकार होता है। यहाँ कलाकार कलारहित हैं। वे या तो चुप हैं या वाग्विलास करते हैं। मानते ही नहीं कि नगर में कहीं आग लग गयी, कहीं गोली चल गयी है। यह उनके लिए गप्प है। कारण इसका यह कि वे 'रक्तपायी वर्ग से नाभिनालबद्ध' लोग हैं। (यह बिम्ब भी मुक्तिबोध का योगदान है कविता को।) उनका समूचा जीवन रक्तपायी वर्ग पर ही निर्भर है। रक्तपायी वर्ग को

जुकाम होता है तो उनको बुख़ार चढ़ जाता है। (सुविधालिप्सु अनैतिक मध्य वर्ग साकार है यहाँ।) वे केवल भोग में लीन रहते हैं। नपुंसक हैं। ज्ञान का ढोंग करते हैं लेकिन रास्ते का ज्ञान नहीं। कायर हैं वे।

ऐसे लोग अख़बारों के मालिक हैं। जन-मन के हृदय में काँटे की तरह गड़ने वाली कल्पित ख़बरें और टिप्पणियाँ छापते हैं। 'क्रीतदास' हैं। ख़रीदे जा चुके ग़ुलामों का अपना कोई विचार नहीं होता। फिर भी वे 'बौद्धिक' कहलाते हैं। नगर पर संकट आता है तो बड़े-बड़े चेहरों पर कालिख़ पुत जाती है। (छोटे से छोटा काम करने पर उतर आते हैं बड़े लोग।) उनके भीतर की बेशर्मी बाहर निकल आती है।

वाचक नगर के धुएँ या विनाश का प्रतिकार अपने ढंग से करता है। धुएँ के साथ-साथ उसके चिन्तन-विश्लेषण की गति भी बढ़ती है। बुद्धिजीवियों की रक्तपायी वर्ग से नाभिनालबद्धता पहचान लेने पर धोखों से भरे हुए सपने टूटते हैं। ज्ञान का उजाला ख़ून में बहने लगता है। विश्व-मूर्ति की आत्मा को रूप देने लगता है। नगर में अमानवीय शक्तियों की विनाश-लीला जारी है।

इस विनाश-लीला का मुकाबला करने के लिए साधारण लोगों की साधारण दुनिया सक्रिय होती है—

"राह के पत्थर-ढोकों के अन्दर
पहाड़ों के झरने
तड़पने लग गये।
मिट्टी के लोंदे के भीतर
भक्ति की अग्नि का उद्रेक
भड़कने लग गया।
धूल के कण में
अनहद नाद का कम्पन
ख़तरनाक!!"[134]

राह के पत्थर-ढोकों में पहाड़ों के झरनों का तड़पना, मिट्टी के लोंदे में भक्ति की अग्नि के उद्रेक का भड़कना और धूल के कण में अनहद-नाद का काँपना साधारण दुनिया की असाधारण शक्तियों का सक्रिय हो जाना है। इस संघर्ष में मकानों की छतों के गाडरों की, गली के खम्भों की, दादा के सोंटे की, कक्का की लाठी की और मुन्नी की सलेट-पट्टी की भी अपनी भूमिका है। ये सब दुश्मन पर टूट पड़ते हैं। वाचक ज़ोर देकर कहता है कि इसे कल्पित कथा न समझा जाए। सत्ता जब दमन करती है और जनता उसका प्रतिकार तो घर-गली-मोहल्ले सब मिलकर लड़ते हैं। साधारण चीज़ें परम अस्त्र सिद्ध होती हैं और साधारण व्यक्ति असाधारण योद्धा। ऐसा ही एक योद्धा है एक अँधेरे की तरह ताक़तवर साँवला लुहार। उसने बनाया है—

"कंडों का वर्तुल ज्वलन्त मंडल।
स्वर्णिम कमलों की पाँखुरी जैसी ही
ज्वालाएँ उठती हैं उससे,
और उस गोल-गोल ज्वलन्त रेखा में रक्खा
लोहे का चक्का
चिनगियाँ स्वर्णिम नीली व लाल-लाल
फूलों-सी खिलतीं।
कुछ बलवान जन साँवले मुख के
चढ़ा रहे लकड़ी के चक्के पर जबरन
लाल-लाल लोहे की गोल-गोल पट्टी
घन मार घन मार,
उसी प्रकार अब
आत्मा के चक्के पर चढ़ाया जा रहा
संकल्प-शक्ति के लोहे का मज़बूत
ज्वलन्त टायर!!
अब युग बदला है वाक़ई..."[135]

यहाँ आत्मा को चक्का कहा गया है। (मुक्तिबोध से पहले और किसने आत्मा को एक चक्का कहा होगा? किसके यहाँ उसे जनसाधारण ने इस तरह संकल्पशक्ति से लैस किया होगा? निश्चित ही मुक्तिबोध पुराने रूप को नयी अन्तर्वस्तु का वाहक बना सकने वाले एक समर्थ कवि हैं।) अग्नि का कितना सुन्दर रूप है यह कि उपलों के गोलाकार मंडल की ज्वालाएँ सुनहरी कमल की पँखुड़ियों जैसी दिखलाई देती हैं! उस मंडल में लकड़ी के चक्के पर लाल हो गये लोहे की गोल पट्टी हथौड़े मार-मारकर चढ़ाई जा रही है। चढ़ा रहे हैं कुछ ताक़तवर साँवले लोग। ये वही काले गुलाब हैं, जो कविता में पहले भी आ चुके हैं। इसी तरह आत्मा के चक्के पर मज़बूत संकल्प-शक्ति को चढ़ाया जाता है। आत्मा के इस शक्ति से सम्पन्न होने की निहायत सूक्ष्म प्रक्रिया यहाँ साकार है। यह प्रक्रिया युग बदलने की शक्ति रखती है।

जीवन के जंगल जलते हैं। अंगार उड़ते हैं। उन जंगलों के ओर-छोर से होकर (सत्-चित्-) वेदना-नदियाँ बहती हैं। सैंकड़ों नदियाँ उनमें मिलकर उनकी ताक़त बढ़ाती हैं। उनमें युगों से पिताओं की चिन्ताएँ, श्रमिक का सन्ताप और माँओं के आँसू डूबे हैं। वेदना-नदियों का यह गरमागरम पानी पीकर युवकों का व्यक्तित्व बदलता है और वे जीवन के विविध क्षेत्रों में संघर्ष करते हैं। वे 'अग्नि-कमल के केन्द्र में बैठे' दिखलाई देते हैं। (जनता की) शक्तियाँ तेज़ी से बहने लगती हैं। संघर्ष तीव्र होने लगता है।

सहसा फिर स्वप्न भंग होता है। चित्र बिखर जाते हैं। वाचक फिर अकेला हो जाता है। यह अकेलापन पहले से अलग है। उसके अन्तर्जगत में अनेक बारीक़ और गहरे छेद हैं, जिनमें 'प्रदीप्त ज्योति का रस' भर गया है। अकेलापन है पर पहले जितना कमज़ोर और बेबस करनेवाला नहीं। सपनों के उजाले और उनके (पूरी तरह) सच न हो पाने की वेदना से यह अकेलापन सम्पन्न है। उसकी 'आत्मा में चमकीली प्यास भर गयी' है। यह प्यास व्यक्तिगत नहीं, अतः चमकीली है। इसी के चलते उसे सारी दुनिया में 'सुनहली तसवीरें' दिखलाई देती हैं। यह उतना ही तरोताज़ा करनेवाला अनुभव है, जितना अनायास किसी प्रेमिका से प्रेम मिल जाने का अनुभव होता है।

कविता की ज़्यादातर यात्रा अँधेरे में होती है। इस अन्तिम हिस्से में उजाले का ज़िक्र भरपूर है। धूप सूरज की नदी है तो उसका एक छोर वाचक के कमरे में, गैलरी में फैला है। यह मस्तिष्क-रंध्रों में बसे प्रदीप्त ज्योति के रस की बाह्य अभिव्यक्ति है। अनुभूति यह है कि तरोताज़ा करनेवाले प्रेम जैसा अनुभव क्या सचमुच घटित होगा! यह उम्मीद सुखद विस्मय-सी है।

उजाला सर्वत्र है। हर चीज़ का अपना प्रकाश है। यह प्रकाश अलग-अलग फूलों के मिले-जुले रंगीन माहौल जैसा है। असीम और बहुरंगी प्रकाश है यह। वाचक के मानस में व्याप्त इस प्रकाश को उसके डेस्क पर रखे हुए महान ग्रन्थों के लेखक देखते हैं। मानो उनके लेखन का प्रतिफल हो यह। वाचक के कमरे में आसमान उतर आना और आसमान की हवाओं में मन का सिहर उठना उसके उत्साह के चेहरे हैं। वह उठकर गैलरी में जाता है। देखता है—गली में वही व्यक्ति जनसमूह का हिस्सा बन जा रहा है, जिसे उसने गुहा में देखा था। वाचक उसे पुकारने को ही होता है कि वह जनसमूह में खो जाता है। उठी हुई बाँह उठी ही रह जाती है। आन्तरिक ऊर्जा और व्यक्तित्व की सम्पूर्ण सम्भावना अब जनता में है।

वाचक की परम अभिव्यक्ति है वह। उसकी गुरु है। सदा सही रास्ता दिखाने और मुश्किलों से बचानेवाली गुरु।

वाचक को याद आता है कि अपने ही आदर्श से हमेशा दूर-दूर रहा वह। जादुई खोह में बस एक बार देखा था उसे। वह गलियों में फटेहाल घूमता है। जीवन की बिजली जैसी गति की लहरों से सम्पन्न है। ज्ञान का तनाव है। सकर्मक प्रेम की अतिशयता है। वह वस्तुतः ज्ञान, प्रेम और कर्म की त्रिवेणी है। सार्थक मनुष्य-जीवन का प्रतिरूप है परन्तु है फटेहाल। इसलिए कि उसका महत्त्व समझता कौन है! अधिकांश समझदार ज़माने की हवाओं के साथ बहते रहने को ही आदर्श जीवन समझते हैं। बहरहाल! मुक्तिबोध को कोई सन्देह नहीं कि जीवन की आदर्श सम्भावना जनसाधारण

में व्याप्त है। उसका कोई एक ठिकाना नहीं। इसीलिए पता नहीं कि वह है कहाँ। वाचक हर गली, हर सड़क पर हर चेहरे को देखता है। हर गतिविधि, हर चरित्र, हर आत्मा, हर देश और हर स्थिति को देखता है। 'वह' कहीं भी और कभी भी मिल सकता है। किसी भी विवेक-प्रक्रिया और क्रियागत परिणति में हो सकता है। आत्म-सम्भवा है वह। तलाश जारी है।

यह तलाश मनुष्य द्वारा अपनी पूर्ण सम्भावना की है। जीवन गतिशील है। अनन्त है। परिवर्तनशील है। अतः मनुष्य की पूर्ण सम्भावना भी स्थिर नहीं, परिवर्तन-सापेक्ष है। उसके बारे में स्थिर सत्य हैं तो बस यही कि वह न तो बाह्य जीवन से कटे अन्तर्लोक में हैं और न ही आन्तरिक शक्तियों से निरपेक्ष बाह्य जगत् में। दोनों के अन्तर्ग्रथित सम्बन्धों में है वह। ये सम्बन्ध बदलते रहते हैं। अतः 'वह' की तलाश भी जारी रहती है। एक बार उसे पा लेना अन्तिम रूप से पा लेना नहीं हो सकता। बदलते हालात में उसे बार-बार पाने के लिए संघर्ष करना होता है। अशोक वाजपेयी लिखते हैं, "असल में मुक्तिबोध परिणति के नहीं, प्रक्रिया के कवि हैं: चूँकि प्रक्रिया अनवरत है, कविताएँ किसी निश्चित अन्त तक पहुँचकर परिणत नहीं होतीं- वे अधूरी और किसी हद तक खुली रहने को अभिशप्त हैं।"[136] मुक्तिबोध ने प्रारम्भ, मध्य और अन्त में रूप लेनेवाले रूढ़ कविता-ढाँचे को भी तोड़ा है। उनकी 'अँधेरे में' कविता कहीं ख़त्म नहीं होती। अपने आदर्श को एक बार पा लेना काफ़ी नहीं। बदलते हालात में उसका रूप बदलता रहता है। अतः उसे बार-बार पाना होता है। यह एक प्रक्रिया है और प्रक्रिया जारी रहने के कारण ही प्रक्रिया होती है।

'अँधेरे में' वस्तुतः अँधेरे और उजाले के बहुआयामी टकराव की कविता है। यहाँ अँधेरा भी अनेकार्थी है, उजाला भी। सन्दर्भ के साथ दोनों के अर्थ बदलते हैं। शुरुआत में अँधेरा रहस्य का अर्थ देता है। वाचक के अज्ञान का अर्थ देता है। साथ ही 'रक्तालोकस्नात पुरुष' के लिए कविता में पृष्ठभूमि भी बनाता है। अँधेरे के साम्राज्य में तरह-तरह का उजाला हस्तक्षेप करता है तो वाचक के जीवन में रक्तालोकस्नात पुरुष। यह पुरुष उजाले का पुंजीभूत रूप है। वाचक की आन्तरिक सम्भावनाओं और आदर्शों से बना उसी का हिस्सा, जिसे वह जी नहीं पाता।

जंगल से आती हवा फूँक मारकर मशाल बुझाती है तो इससे उपजा अँधेरा अमानवीय सत्ता के षड्यन्त्र का एक रूप है। वाचक जिस 'भयानक खड्डे के अँधेरे में' पड़ा हुआ है, वह उसके चेतन-अवचेतन में व्याप्त कमज़ोरियों का कालापन प्रत्यक्ष करता है। वह जब अँधेरे के ओर-छोर टटोल-टटोलकर देखता है तो अँधेरे को पूरी तरह जान लेने की बेचैनी सामने आती है। दरवाज़ा खोलकर बाहर देखने पर उसे 'सर्द अँधेरा' दिखलाई देता है। यहाँ अँधेरे का ठंडापन जगत की ऊष्माहीन नीरवता या जड़ता है। अँधियारा पीपल उसे दर्द का पहरा देता प्रतीत होता है। पहरा देने का अहंकार पीपल

में है और अँधेरा उसकी सम्पन्न रहस्यात्मकता के साथ उसके अहंकार का आभास भी देता है।

अँधियारे सूने में रात के पक्षी का चीखना जड़ता के वातावरण में विवेक का हस्तक्षेप करना है। प्रोसेशन आधी रात के सुनसान अँधेरे की पृष्ठभूमि में ही प्रकट होता है। इस अँधेरे का अर्थ अमानवीय वातावरण है। अपने कमरे में लेटे वाचक का दिल जिस अँधेरे में गल रहा है, वह उसकी भौतिक और मानसिक स्थितियों का अँधेरा है। भयंकर बरगद अन्धकार के स्तूप की तरह दीखता है। यह अँधेरा शक्ति का आतंक है। बरगद के तल-खोह अँधेरे में कई ग़रीब सो रहे हैं। यह अँधेरा शक्ति द्वारा अपने को उपकारी दिखानेवाले पाखंड का है। बरगद की डालों पर लटके मटमैले चिथड़े किसी अति दीन पागल के धन हैं और वे जिस अँधेरे में डूबे हैं, वह उस धन को भुला दिए जाने से उपजी विस्मृति का है।

मार्शल लॉ लग जाने के बाद का आतंक से भरा माहौल गलियों के भयावह अँधेरे की शक्ल में सामने आता है। वाचक का मन जिस बेहद गहरे अँधेरे से धुलता है, वह आत्मालोचना के द्वारा आत्म-परिष्कार को सम्भव करनेवाला है। धरती की सतहों के नीचे एक प्राकृत गुहा में जो अँधेरा है, वह अवचेतन है। 'गलियों का गोल-गोल खोह अँधेरा' अवचेतन की ग्रन्थियों का सूचक भी है और हालात की अमानवीयता का भी। अँधेरे में डूबे मकान निराशा में डूबे वर्तमान के अंश हैं। गाँधी जी जिस अँधेरे में डूबकर प्रकट होते हैं, वह परम्परा को भूलनेवाला माहौल है। गाँधी जी से शिशु को प्राप्त कर लेने के बाद अँधेरे का फैलाव और ज़्यादा गहरा भी है, और ज़्यादा अकेला भी। यह ज़िम्मेदारी निभाने में अक्षमता का अँधेरा है। वाचक को जिस 'अँधियारे कमरे के सियाह सिफर में' यातनाएँ दी जाती हैं, वहाँ बर्बरता का कालापन मौजूद है।

कविता के सातवें हिस्से में लोग दृढ़ता व गम्भीरता के साथ 'अँधेरे की सुरंग-गलियों में चुपचाप' आगे बढ़ते हैं। यह अँधेरा लोगों के दुख-दर्दों और उनकी मजबूरियों का है, जिसके बावजूद वे सक्रिय हैं। वाचक का गलियों के अँधेरे में भागना वस्तुतः आतंक के साये में जीने की कोशिश करना है। आठवें या अन्तिम हिस्से में जो लुहार उपलों का गोलाकार ज्वलन्त मंडल बनाता है, वह 'तम-श्याम' है। यह कालापन लुहार के संघर्ष का फल है।

उजाले के भी विविध रूप इस कविता में हैं। प्रत्यक्षतः किए गये ज़िक्र को देखा जाए तो अँधेरे का ज़िक्र इस कविता में सैंतालीस बार हुआ है तो उजाले का चौंसठ बार। अँधेरा भी प्रकाश का अभाव ही है। इस दृष्टि से 'अँधेरे में' वस्तुतः उजाले के लिए छटपटाहट की कविता है। उजाले का पहला ज़िक्र पेड़ों के सिर पर नाच-नाच उठती बिजलियों के रूप में है। इससे अँधेरे की सघनता टूटती है। फिर भीतरी विवर के अँधेरे में घुसती लाल-लाल मशाल है। अवचेतन में व्याप्त अज्ञान के अँधेरे में हस्तक्षेप है यह।

मशाल की रौशनी में ही रक्तालोकस्नात पुरुष प्रकट होता है। इसके व्यक्तित्व में भरपूर उजाला है। चेहरे पर सुबहें खिलती हैं। आँखों में किरणीली शान्ति की लहरें हैं।

यह वाचक को भविष्य का नक्शा द्युति-आकृति के रूप में देता है। वाचक की आत्मा में इसी कारण सत्-चित्-वेदना जल उठती है। ये सब व्यक्तित्व की वास्तविक सम्पन्नता के रूप हैं। ढीली आँखों से दुनिया को देखते हुए उदास तारे (जड़ता), काल को गलाती हुई दीपक की पीली रौशनी (निष्क्रियता), आसमानी सलेट-पट्टी पर चिन्ता के गणित-अंकों की तरह चमकते तारे (चिन्ताएँ), मरे हुए दाँतों की तरह चमकते बिजली के चमकते दीए (आतंक), बैंड-दल के जुलूस का 'नील तेज उद्भास' (रहस्यपूर्ण आतंक और भीतर के राक्षसी स्वार्थ) आदि उजाले के नकारात्मक रूप हैं। बन्दूकों की धाँय-धाँय के साथ मकानों के ऊपर छाता गेरुआ-सा प्रकाश अमानवीय स्थितियों की सक्रियता और मानवीय स्थितियों की निष्क्रियता से जन्मे सहमे हुए जीवन का चेहरा है। खम्भों पर लटकी बिजली की गर्दनें (विवेकशून्यता) और शर्म से जलते हुए बल्ब (दायित्वहीनता) भी नकारात्मक रौशनी के रूप हैं।

इसके विपरीत प्राकृत गुहा के अँधेरे में चमकते पत्थर हैं, तेजस्क्रिय रेडियो एक्टिव रत्न हैं। उनपर से बहता पानी और लहरों के तल में से फूटती किरणें हैं। ये अनुभवजन्य विवेक और विवेकजन्य अनुभव हैं। कवि ने इनको 'अनुभव, वेदना, विवेक निष्कर्ष' कहा है। वाचक का दिल 'ढिबरी की तरह टिमटिमाता' है। यह उसकी कमज़ोरी और उससे पैदा होती निराशा है। तिलक की मूर्ति से झरते अंगारे और नीले इलेक्ट्रॉन सकर्मक परम्परा के प्रकाश हैं। आँखों में सुलगते बिजली के फूल वर्तमान को देख पैदा होनेवाला सकर्मक परम्परा का क्रोध है। वर्तमान को हर कीमत पर बेहतर बनाने की ज़रूरत पर दिया गया ज़ोर है। ढिबरी की तरह टिमटिमाते दिल को बिजली की तरह बनाने की गहरी चाह है।

गाँधी जी भी 'द्युति-पुरुष' हैं। वे जो शिशु वाचक को देते हैं, उसके रोने से वाचक पर गीले-गीले अंगारे टपकते हैं। प्रकाश के स्पृश्य रूप ये अंगारे जलाते नहीं, रौशनी के निमन्त्रण देते हैं। सकर्मक होने को प्रेरित करते हैं। वाचक के हृदय में रक्त का तालाब है, जिसमें द्युतिमान मणियाँ हैं। अनुभव के रक्त में जब संकल्प डूबते हैं तो वेदनाएँ सार्थक होती हैं। वाचक के कन्धे पर शिशु सूरजमुखी फूलों के गुच्छे में बदल जाता है। ये फूल सोने के हैं, जो वाचक के शरीर और रास्तों पर रौशनी फैलाते हैं। मार डाले गये निष्क्रिय और एकाकी कलाकार का चेहरा टॉर्च की रौशनी (सजगता के प्रकाश) में दिखाई देता है। रौशनी इस कलाकार की भी थी (वह 'अपने में द्युतिमान' था) पर आत्मसीमित।

वाचक को जब टॉर्चर किया जाता है तो उसकी आँखों में रक्तिम तितलियाँ और नीली चिनगियाँ तैरती हैं। रौशनी यहाँ यातना की अतिशय भयंकरता प्रत्यक्ष करती है।

यातना से गुज़रने के बाद वाचक बिजली के रूप में तब्दील होकर किसी फटे मन की जेब में, मीलों दूर जाकर, गिरता है। बिजली (संकल्प-शक्ति) हुए बिना पल-भर में मीलों दूर पहुँचना (अपने अनुभव-निष्कर्ष हस्तान्तरित करना) असम्भव था। उसे 'बेचैन बिजली की नीली ज्वलन्त बाँहों में बाँहों को उलझा' (बड़े से बड़ा जोखिम लेकर) आकाश-भर में घूमना (तमाम हालात को उनकी सम्पूर्णता के साथ पहचानना) है। बिजली के काव्यार्थ से एकदम विपरीत अर्थ में प्रयुक्त है गलियों में तिरछी मार करने वाले चाँद का प्रकाश। यह सत्ता की चतुराई है।

जलता हुआ सुनहला दीया उम्मीदों का प्रकाश है। अँधेरे में दृढ़ता से आगे बढ़ते लोगों की बँधी मुट्ठियों से लाल-लाल किरणें फूटती हैं। यह उजाला विवेक-निष्कर्षों का है। गलियों के अँधेरे में भागते वाचक को कोई एक परचा दे जाता है। परचे में उसकी अनुभव पीड़ाएँ जगमगाती हैं। परचा तारक-दलों में खिलते आँगन और उसमें चमकते चम्पा के फूलों जैसा प्रकाशयुक्त है। आशाजनक उत्साह का प्रकाश है यह। सपनों की कोमल किरणों का पानी चमकदार शिलाओं के रूप में बदलता है। ये शिलाएँ सकर्मकता की हैं। मिट्टी के लोंदे में भक्ति की अग्नि का उद्रेक है। साधारण जीवन में ही असाधारण उपलब्धियाँ मौजूद हैं। एक लुहार उपलों का गोलाकार ज्वलन्त मंडल बनाता है, जिससे सुनहरी कमल की पंखुरियों जैसी ज्वालाएँ उठती हैं। यह विविध संघर्षों से गुज़रते हुए संकल्प-शक्ति में बदलते विचारों का दृश्य रूप है। वाचक के संघर्षकारी सहचर युवक 'अग्नि-कमल के केन्द्र में बैठे' हैं। वे सबसे सुन्दर और समर्थ सपने हैं।

वाचक के मस्तिष्क में गहरे व बारीक़ छेद हैं, जिनमें प्रदीप्त ज्योति का रस भर गया है। यह रस अमृत से कम नहीं। इसमें सकर्मक परम्परा की ऊर्जा है। अनुभव, वेदना, विवेक निष्कर्ष हैं। पिताओं के सपने और माँओं के आँसू हैं। व्यक्तित्वांतरित युवक हैं। निर्द्वन्द्व उत्साह यहाँ साकार है। वाचक के कमरे में आती सुबह की धूप आतंक की रात के बीत जाने की सूचना है। कविता के अन्तिम हिस्से में वाचक रक्तालोकस्नात पुरुष को 'विद्युल्लहरिल गतिमयता' के रूप में पुनः पहचानता है। गतिशील प्रकाश का यह बिम्ब उद्विग्न ज्ञान के तनाव और सकर्मक प्रेम की अतिशयता का उल्लसित रूप है। यही है प्रकाश की वास्तविकता और वास्तविकता का प्रकाश।

अँधेरे में ध्वनि का माध्यम विशेषतः सक्रिय होता है। शुरुआत में ही 'वह' के पैरों की आवाज़ सुनाई देती है। उसके होने का पता इस आवाज़ से ही लगता है। वाचक के हृदय की धक-धक उससे रक्तालोकस्नात पुरुष के बारे में पूछकर उसके प्रति जिज्ञासा को और बल देती है। अँधेरे में चमकते वन-वृक्षों की शाखाएँ और डालियाँ एक-दूसरी पर चीख-चीखकर सिर पटकती हैं। यह चीख वातावरण की क्रूरता का नतीजा है। तिलिस्मी खोह का शिला-द्वार धड़ से खुलता है। उसके खुलने की आवाज़

यथास्थिति के टूटने की सूचक है। अन्तर और बाह्य जगत् में जब अँधेरा छाया हो तो शून्य का स्वरूप उसके मुख पर उभरती स्वर की सलवटों के कारण ही बोधगम्य होता है।

वाचक के द्वार पर रह-रहकर बजती साँकल में उसके आदर्श रूप की पुकार गूँजती है। अँधेरे में कुत्तों की दूर-दूर अलग-अलग आवाज़ सियारों की ध्वनि से टकराती है। यह वातावरण का आतंक है। रात के पक्षी की चीख वाचक के लिए पुनः अपनी सम्भावनाओं के साकार रूप को पाने की प्रेरणा है। रात को गूँजती किसी रेलगाड़ी के पहियों की आवाज़ वाचक की आशंका का ध्वनि-रूप है। आँगन का नल ज़ोर मारकर पानी की धारा को खखारने पर बाध्य करता है। यह वाचक की शारीरिक और मानसिक कमज़ोरियों की ध्वनि है। पत्तों को न खड़कने की हिदायत ध्वनि के अभाव से आतंक की चरम सीमा का अंकन है। एक पागल का गीत आत्मालोचना का श्रव्य रूप है।

यह गीत वाचक के व्यक्तित्व के दो हिस्से सामने लाता है, जिनमें परस्पर बहस शुरू होती है और तमाचे लगने लगते हैं। ये तमाचे तीव्र अन्तर्द्वन्द्व के साकार रूप हैं। मार्शल लॉ लग जाने के बाद बन्दूकों की धाँय-धाँय के रूप में ख़तरनाक़ स्थितियाँ बोलने लगती हैं। चाँटों की तरह पड़ती भागती चप्पल की चटपट आवाज़ आतंक की प्रतिक्रिया है। असुरक्षा को और बढ़ानेवाली भयभीत मनःस्थिति है। वाचक की छाती के भीतर ठक-ठक और सिर में धड़-धड़ हड्डी के तोड़े और काटे जाने की ध्वनियाँ हैं, जो यातना-प्रक्रिया को व्यक्त करती हैं। सूने में काँपती रोने की पतली-सी आवाज़ आतंक की भयंकरता से उपजी है। प्राकृत वेदना को इसमें सुना जा सकता है। वाचक के कन्धे पर बैठे शिशु का रोना सहज साहस है। उसे चुप कराने की जितनी कोशिश होती है, उसका उतना ही ज़्यादा चीखना भयभीत न होते हुए अपनी शिकायत, अपना क्रोध प्रकट करना है। पागल के गीत और रात के पक्षी की चीख से बच्चे की चीख का पर्याप्त साम्य है।

वाचक को दी जानेवाली यातना कितनी भयंकर है, इसका अनुमान इसी से लगाया जा सकता है कि एक ही चाँटे से कान में भयानक अनहद-नाद की भनभन भर जाती है। अनहद-नाद को सुनने के लिए जितनी साधना करनी पड़ती है, इस यातना को सहने में उससे कम साधना नहीं करनी पड़ती। वाचक को जब कोई एक परचा दे जाता है तो उसके हृदय में कोई गुप्त शक्ति चुपचाप चर्चा करने लगती है। धूल के कण में अनहद-नाद का कम्पन साधारण में असाधारण की मौजूदगी है।

ध्वनि के साथ-साथ स्पर्श की भी महत्त्वपूर्ण भूमिका इस कविता में है। अँधेरा ध्वनि की तरह स्पर्श को भी खुलकर जगह देता है। वाचक अँधेरे के ओर-छोर टटोलता है। यह भय और जिज्ञासा के मिले-जुले भाव की सक्रियता है। 'वह' वाचक के हृदय

को बिजली के झटके देता है। स्पर्श का यह प्रयोग 'वह' की क्षमता और वाचक की संवेदनशीलता, दोनों को महसूस कराता है। वाचक द्वारा अपने कमज़ोर घुटनों को बार-बार मसलना साहस बटोरने की कोशिश है। स्पर्श की शक्ति का बहुमुखी प्रयोग वहाँ है, जहाँ पैरों से धरती का फैलाव, हाथों से दिशाएँ, साँसों से दुनिया और मस्तक से आकाश को अनुभव किया जाता है। पैर, हाथ, साँसें और मस्तक; सब ज्ञानेन्द्रिय बन जाते हैं अँधेरे को पहचानने के लिए।

दरवाज़ा खोलकर वाचक सर्द अँधेरे को देखता है। यह ठंडापन जड़ता है। प्रोसेशन में से वाचक की ओर उठती हुई नज़रें ऐसी लगती हैं जैसे हृदय में बर्बर संगीन नोंकें घुस गई हों। अपने ही दो हिस्सों में परस्पर लगनेवाले तमाचे आत्मालोचना की प्रखरता के रूप हैं। बरगद का एक पत्ता वाचक के कन्धे पर गिरता है तो उसके सिर तक भयानक थर-थर रेंग जाती है। यह उसके हृदय का सन्देह और भय है। तिलक के पैरों को छाती से चिपका वाचक ऊष्मा ग्रहण करने की कोशिश करता है। गाँधी द्वारा दिया गया शिशु वाचक के कन्धे से नन्हे-से आकाश की तरह चिपका है। यह आकाश या आज़ादी को छूकर महसूस करना है। मानव-भविष्य के लिए सच्ची आज़ादी पाने की ओर प्रेरित होना है।

पहले शिशु, फिर सूरजमुखी के फूल और फिर वज़नदार राइफल का कन्धों पर स्पर्श स्वप्न के ज्ञान में और ज्ञान के कर्म में विकसित होने की प्रक्रिया है। चाँटे से कनपटी का टूटना और गाल की त्वचा का उखड़ना यातना की भयंकरता का बोध है। यही बोध पीठ पर पड़ते चाबुक से उखड़े हुए चर्म की कत्थई रक्तिम रेखाओं का उभरना भी है। वाचक द्वारा शरीर में रेंगती संवेदना के तार इकट्ठे करके उनकी गठान बाँधना और मन की हथेलियों से उसे चूर-चूर कर देना भयंकर यातना को सहने की प्रक्रिया है।

गन्ध के माध्यम का प्रयोग कविता में कम परन्तु महत्त्वपूर्ण है। वाचक की आँखें तथ्यों को सूँघने (ताड़ने या भाँपने) लगती हैं। रक्तालोकस्नात पुरुष हर पल महकते रहनेवाले गुलाब चमेली के उद्यानों की तरह खंडहर-प्रसारों में लगातार महकता है। इससे विपरीत गलियों के रुँधे उच्छ्वास से पैदा होती अजीब उमस-बास है। शिशु को कन्धे पर लिए हुए वाचक 'भावी की गन्ध' सूँघता है। खंडहरों के मटियाले हिस्सों में फूल-भरी जवानी में लज्जित रातरानी महकती है। डॉ. नामवर सिंह का अनुभव है कि "सम्पूर्ण कविता में अन्धकार के ऊपर अस्तित्व की एक अलौकिक सुगन्ध परिव्याप्त है।...अस्तित्व की यह सुगन्ध वस्तुत: मानवीयता है...।"[137]

यह मानवीयता रक्तालोकस्नात पुरुष, तिलक, गाँधी, तॉलस्तॉय, लुहार, शिशु, सुबह की धूप, जन-यूथ आदि रूपों में प्रकट होती है। ऐन्द्रिकता का संवेदनशील और सजग प्रयोग न होता तो यह प्रकटीकरण सम्भव न था।

## लकड़ी का रावण

मुक्तिबोध की फ़ैंटेसी का सर्वाधिक सक्षम उपयोग करने वाली कविताओं में से है यह। राजेश जोशी ने कहा है कि ''नेहरू युग में जो नेहरू के आभा-मंडल के प्रति मोहित थे उनको फ़ैंटेसी में जाने की आवश्यकता नहीं थी। लेकिन जो नेहरू युग का एक आलोचनात्मक पाठ अपनी रचना में तैयार करना चाहते थे उनके लिए फ़ैंटेसी एक बाध्यता भी रही होगी और एक अनिवार्यता भी।''[138] कान्ति कुमार जैन के अनुसार ''मुक्तिबोध अपनी कविताओं में फ़ैंटेसी का प्रयोग इसलिए भी करते हैं कि खुफिया पुलिस की पकड़ से बाहर रह सकें।''[139] हो सकता है कि नेहरू-युग की आलोचना करने में असुरक्षा रही हो और फ़ैंटेसी का प्रयोग अपेक्षाकृत सुरक्षित लगा हो। यह फ़ैंटेसी के उपयोग का एक कारण रहा हो पर एकमात्र कारण यह नहीं हो सकता। वस्तुत: फ़ैंटेसी उनके लिए ऐसा साधन था, जिसका मिज़ाज उनकी अन्तर्वस्तु को सम्भवत: सबसे वांछनीय रूप दे सकता था। वह उनकी अन्तर्वस्तु की स्वाभाविक माँग पूरी न करता तो उसका असर इतना असरकारी नहीं हो सकता था, जितना हुआ।

ध्यान दिया जाना चाहिए कि इस बारे में स्वयं मुक्तिबोध की राय क्या है। उन्होंने बताया है कि फ़ैंटेसी में वास्तविकता प्रतीकात्मक और संक्षिप्त रूप में ही सामने आती है। अत: इसे बरतनेवाला वास्तविकता के प्रदीर्घ चित्रण से बच जाता है।[140] वास्तविकता के प्रदीर्घ चित्रण से बचाव कैसे होता है, यह जानने के लिए 'लकड़ी का रावण' उनकी आदर्श कविताओं में है। यह कविता एक और कारण से भी महत्त्वपूर्ण है, जो कुमारेन्द्र पारसनाथ सिंह की इस बात में मौजूद है- ''मध्यवर्गीय मन के अनुभव की प्रक्रिया वे (मुक्तिबोध) चुनते हैं लेकिन उसकी ताक़त इस बात में है कि अनुभव की ऊँचाई पर पहुँचकर वे जिस यथार्थ को पकड़ते हैं, वह मध्यवर्गीय अनुभव और चेतना तक सीमित नहीं रहता वरन् उन सीमाओं को तोड़ते हुए उनसे बड़े चेतना-संसार में प्रवेश करता है। उनकी यही उपलब्धि है।''[141] मध्यवर्गीय अन्तर्वस्तु की सीमाओं का अतिक्रमण कर बड़े चेतना-संसार में प्रवेश करते हुए मुक्तिबोध को जिस कविता में देखा जा सकता है, वह है—'लकड़ी का रावण'।

'अँधेरे में' कविता में अँधेरे और 'चाँद का मुँह टेढ़ा है' में चाँदनी का जो महत्त्व है, उससे कम महत्त्व इस कविता में कोहरे का नहीं है। कोहरा ही यहाँ अर्थ के ढाँचे को रूप देता है। यह कोहरा कविता के आगे बढ़ने के साथ-साथ अपना रूप बदलता है। विभिन्न वस्तुस्थितियों को धुँधला करने की बजाय और स्पष्ट करते हुए और ज़्यादा उभारता है। कोहरे का धुँधलापन यथार्थ के उसी हिस्से को विशेषत: उभारने के लिए प्रयोग किया गया है, जिस पर रचनाकार मुख्य रूप से बल देना चाहता है। इस तरह कोहरा इस कविता की एक तकनीक भी है। फ़ैंटेसी के सक्षम प्रयोग को सम्भव करनेवाली तकनीक।

कविता की शुरुआत पहाड़ की चोटी पर से दिखलाई देते जिस कोहरे से होती है, वह 'अनाम, अरूप, अनाकार और असीम' है। कोहरे के साथ-साथ पहाड़ी के कटे-पिटे प्रसारों पर भस्मीला (राख जैसे रंग का) अन्धकार भी फैला है। मैदानों पर कोहरे की मटमैली ऊँची-ऊँची लहरें लटकी हैं। सारा वातावरण कोहरे से ढँका है। कैसा है यह कोहरा? कविता में क्यों लाया गया है इसे? इस तरह की अनेक जिज्ञासाएँ जागती हैं। कोहरा अपने को जानने-पहचानने का निमन्त्रण भी है।

कोहरे की पहुँच से दूर एक पहाड़ की ऊँची चोटी इससे अलग है। लगता है जैसे उसपर कोहरे का कोई असर ही न हो। अपनी ऊँचाई के साथ अकेली है वह। उसके ऊपर—

> ''खड़ा हुआ दीखता है एक द्यौः पिता भव्य
> निस्संग
> ध्यान-मग्न ब्रह्म...
> मैं ही वह विराट पुरुष हूँ
> सर्व-तन्त्र, स्वतन्त्र, सत्-चित् !
> मेरे इन अनाकार कन्धों पर विराजमान
> खड़ा है सुनील
> शून्य
> रवि-चन्द्र-तारा-द्युति-मंडलों के परे तक।''[142]

पहाड़ की चोटी पर खड़ा व्यक्ति भव्य है। निस्संग है। जैसे दुनिया से अलग अपने ध्यान में लीन ब्रह्म हो। वह स्वयं को विराट पुरुष कहता है। पूरी तरह मुक्त बताता है। प्रकृति, परिस्थितियाँ, समय; सब उसके अधीन हैं। अपने में पूर्ण मानता है वह स्वयं को। उसके कन्धे अनाकार (अमूर्त, ऐन्द्रिक बोध से परे और अपार्थिव) हैं। उन पर नीला शून्य अवलम्बित है। सूरज, चाँद, तारे, नक्षत्र; सब इस शून्य में स्थित हैं। पूरे ब्रह्मांड का आधार है वह। साकार अहंकार।

अहंकार इतना प्रबल है कि वातावरण में केवल अपनी और शून्य की उपस्थिति ही स्वीकार करता है। वह और शून्य, दोनों ही दूर-दूर तक फैले मटमैले जड़ीभूत लहरीले कम्बल को देखते हैं। यह कम्बल घाटियों, गुफ़ाओं, तालाबों और पेड़ों से भरे मैदानों को ढँके हुए है। हवाओं से लहराता हुआ यह कम्बल कोहरे की कई परतों से झलक-झलक जाती पृथ्वी की नाना रूप-छवियों का समवेत आकार है। कोहरे के मटमैले होने का यही कारण है। वातावरण दूर-दूर तक नीरव है। कहीं कोई हलचल नहीं।

सहसा वह विराट पुरुष और शून्य कम्बल की कुहरीली लहरों में हलचल देखते हैं। लगता है जैसे कोई कम्बल के भीतर करवटें बदल रहा हो। क्या यह पृथ्वी पर किसी आन्दोलन का संकेत है? इसे देखते हुए भी वह मानना नहीं चाहता। इसे नज़र का धोखा

कहता है। फिर भी सच तो सच है! कोहरे में विचित्र असंयम है। पहले कोहरे को ऐसे आन्दोलित होते कभी नहीं देखा गया। यह सच अन्ततः विराट पुरुष को स्वीकार करना पड़ता है। स्वीकार करते ही उसके भीतर से 'हाय-हाय' निकलती है। लगता है जैसे उसे कोई चुनौती दे रहा हो। उसका अहंकार खंडित होने जा रहा हो। उसकी सत्ता ख़तरे में पड़ने जा रही हो। उसकी आशंका कोहरे की वह शक्ति है, जिसे उसने कभी स्वीकार नहीं किया।

अपनी गहरी उसाँस में उसे एक अभूतपूर्व भाव की मौजूदगी महसूस होती है। कोहरे की हलचलें बढ़ती हैं। उसकी सलवटें परस्पर जुड़ती हैं, गुँथती हैं, एकजुट होती हैं। यह उसे मज़ाक जैसा लगता है। (इस पर भरोसा नहीं होता।) उसके लिए यह सब आकस्मिक है। अनपेक्षित। सहसा कोहरे की लहरें कई आकृति-रूप धारण करती हुई दिखाई देती हैं। ये आकृतियाँ कोहरे की भाप से भरे चेहरों की हैं। ये चेहरे शंकारहित हैं। निर्द्वन्द्व हैं। अभय हैं।

"अचानक
भीतर के अपने से गिरा कुछ,
खसा कुछ;
नसें ढीली पड़ रहीं
कमज़ोरी बढ़ रही; सहसा
आतंकित हम सब
अभी तक
समुत्तुंग शिखरों पर रहकर
सुरक्षित हम थे
जीवन की प्रकाशित कीर्ति के क्रम थे,
अहं-हुंकृति के ही...यम-नियम थे,
अब क्या हुआ यह
दुःसह!!
सामने हमारे
घनीभूत कुहरे के लक्ष-मुख
लक्ष-वक्ष, शत-लक्ष-बाहु ये रूप, अरे
लगते हैं घोरतर।
जी नहीं,
वे सिर्फ़ कुहरा ही नहीं हैं,
काले-काले पत्थर
व काले-काले लोहे के लगते हैं वे लोग।"[143]

कोहरा सैकड़ों-लाखों लोगों में बदल जाता है। कोहरा तो उसके सामने हमेशा दीन-हीन लगा करता था पर लोगों में रूपान्तरित हो जाने पर उसकी शक्ति सहसा बढ़ गयी है। इतनी बढ़ गयी है कि उसके सामने विराट पुरुष को अपने भीतर कुछ गिरता महसूस होता है। उसकी नसें ढीली पड़ती हैं। (अहंकार कमज़ोर पड़ता है।) शक्ति क्षरित होती है। वह और शून्य, दोनों डरे हुए हैं। यहाँ 'मैं' का 'हम' में रूपान्तरण ध्यान देने योग्य है। विराट पुरुष इससे पहले 'मैं' की भाषा में ही बात किया करता था। अब उसे 'हम' सूझ रहा है। सुख के समय जो अकेलापन वांछनीय लगता है, संकट के समय वही अखरता है। संकट बड़ा है। ज़रूरत महसूस होती है कि 'हम' में ज़्यादा से ज़्यादा साथी शामिल हों पर साथियों से तो वह अपने को काट चुका है। साथ के नाम पर उसे केवल शून्य का साथ उपलब्ध है और शून्य कुछ कर नहीं सकता। ऊँचे शिखरों पर उन दोनों के अलावा कोई नहीं था तो वे सुरक्षित थे। सुख उनका था। यश उनका था। संसार के सारे नियम उनके अहंकार से पैदा होते या उसे मान्यता देते थे। सब कुछ बहुत अच्छा-अच्छा था लेकिन अब इस बदलाव ने सब तहस-नहस कर दिया। इसे सहना कठिन है। (घने कोहरे की इतनी हिम्मत कि) हमारी आँखों के सामने ही उसके लाखों मुँह, लाखों सीने, लाखों भुजदंड बन रहे हैं। भयंकर से और भयंकर होते जा रहे हैं। कोहरा सक्रिय है। उनकी सुरक्षा, कीर्ति, ऊँचाई, विशिष्टता, साम्राज्य; सबकुछ ख़तरे में है।

ख़तरा और प्रबल होता है। कोहरे की आकृतियाँ और निकट आती हैं, और स्पष्ट होती हैं। पता लगता है कि वे कोहरे की तरह खोखली नहीं, ठोस हैं। वे काले पत्थर और काले लोहे की तरह ताक़तवर लोग हैं। उनके ताक़तवर हाथ ख़तरनाक दिखाई देते हैं। चेहरे जाने-पहचाने लगते हैं। (लगता है कि विराट पुरुष उन्हीं साधारण लोगों में से एक था, जो अवसर पाते ही उनसे अलग हो गया। वी. आई. पी. बन गया। निस्संगता की ऊँचाई पर जा पहुँचा। बाक़ी सबको बौना और अपने को विराट या भगवान समझने लगा।)

विराट पुरुष, जो 'सर्वतन्त्र, स्वतन्त्र, सत्-चित्' था, जो अपने कन्धों पर आसमान थामता था, अब डरता है कि वे लोग ऊँचे शिखर की सबसे ऊँची जगह पर न पहुँच जाएँ। (उसके बराबर होकर उसके लिए चुनौती न बन जाएँ। उसकी सत्ता न छीन लें। उसे मार न डालें।) पत्थर और लोहे का रंग उनकी उजागर शक्ति है। इस शक्ति के चलते वे

> ''बढ़ न जायँ
> छा न जायँ
> मेरी इस अद्वितीय
> सत्ता के शिखरों पर स्वर्णाभ.
> हमला न कर बैठें ख़तरनाक

कुहरे के जनतन्त्री
वानर ये, नर ये!!
समुदाय, भीड़
डार्क मासेज़ ये मॉब हैं
श्यामवर्ण मूढ़ों के दिमाग़ ख़राब हैं...''[144]

स्वयम्भू विराट पुरुष की सत्ता जिनके कारण ख़तरे में है, उनकी शक्ति को वह अब भी स्वीकार नहीं करता। अब भी उसे वे लोग मूर्ख भीड़ या 'डार्क मासेज़' लगते हैं। ज़िक्र संकट से मुकाबला करने का था तो वह 'हम' की भाषा में बोलने लगा था। यहाँ अपनी सत्ता का ज़िक्र है तो फिर से वह 'मैं' की भाषा बोलने लगता है। उसे लगता है कि सत्ता केवल उसकी है। सोने की चमक वाली है। दुनिया-भर में विशिष्ट है। उसपर ये हमला न कर दें। ये जनतन्त्र को जीनेवाले मनुष्य बन्दरों की तरह समूह में बढ़े चले आ रहे हैं। जब तक ये दूर थे, सब ठीक था। उस समय तक ये कोहरे के साँवले प्रसार थे। मुझसे नीचे रहते थे। कुछ कर नहीं सकते थे। अब यही लंगूरों की तरह उछल-उछलकर चढ़ते चले आ रहे हैं। मैं शिखर पर हूँ। इन्होंने छू लिया तो कहीं का नहीं रहूँगा।

जनतन्त्र की बढ़ती शक्तियों के इस भय से तानाशाही काँपने लगती है। विराट पुरुष विराट शक्तियों का आह्वान करता है। बिजलियाँ आसमान की तलवारें हैं। उनका आह्वान करता है वह कि वे उसकी भुजाओं में ब्रह्म की ताक़त बनकर समा जाएँ। पुच्छल तारों का आह्वान करता है कि वे बढ़ते-चढ़ते लोगों पर टूट पड़ें। उनको नेस्तनाबूद कर दें। वे सब 'विकृत, असभ्य और भ्रष्ट' हैं। उनको नष्ट होना ही चाहिए। सब नष्ट हो जाएँ, तभी वह बचेगा।

शिखर बहुत ऊँचे थे। नभचुम्बी थे। फिर भी लोग बढ़ते और चढ़ते चले आए। वह हर तरफ़ से घिर गया। उसकी सारी विशिष्टता को साधारणता ने घेर लिया।

संकट और बढ़ गया है। अतः अब उसे अकेलापन और ज़्यादा अखरता है—

''सब तरफ़ अकेला
शिखर पर खड़ा हूँ
लक्ष-मुख दानव-सा, लक्ष-हस्त देव-सा।
परन्तु, यह क्या
आत्म-प्रतीति भी धोखा ही दे रही!!
स्वयं को ही लगता हूँ
बाँस के व काग़ज़ के पुट्ठे के बने हुए
महाकाय रावण-सा हास्यास्पद
भयंकर!!''[145]

विचित्र है कि अपने वह लाखों मुँह देखता है। लाखों हाथ देखता है। अपने को देव या दानव की तरह अलौकिक देखता है। यह सब सोचकर ताक़त और हिम्मत बटोरने की कोशिश करता है पर व्यर्थ। अपनी शक्ति का अहसास भी उसे धोखा ही देता है। पहले कोहरे को निर्बल मानकर वह धोखे में रहा और अब अपने को ताक़तवर मानकर। देव या दानव की तरह दिखाई देने पर भी अपने को वह बाँस और काग़ज़ के बने रावण जैसा विशाल किन्तु कमज़ोर, देखने में भयंकर किन्तु भीतर से खोखला अनुभव करता है।

असंख्य चेहरे उग्र, और उग्र होते जा रहे हैं। भागना तो दूर, वह हिल तक नहीं पाता। जैसे उसे मन्त्रशक्ति से कीलित (कील ठोंककर जड़) कर दिया गया हो, जैसे उसे ज़मीन में गाड़ दिया गया हो। बस! अब वह मरने ही वाला है। किसी भी पल। अहंकार, निस्संगता और तानाशाही का हश्र यही होता है। रामकथा का रावण वास्तविक था, ताक़तवर था। इस कविता का रावण लकड़ी का है। वैसा ही जैसा विजयादशमी को भारत में जगह-जगह जलाया जाता है। यहाँ उसे जलानेवाले राम बहुत सारे साधारण जन हैं। उसका अन्त निश्चित है।

इस कविता में चाक्षुष संवेदनों का उपयोग सबसे ज़्यादा हुआ है। पहाड़ का शिखर, विराट पुरुष, शून्य और बढ़ते-चढ़ते जनसाधारण के समूह में बदलता कोहरा; ये सब आँखों देखे सच की तरह प्रत्यक्ष और विश्वसनीय लगते हैं। कोहरा ज़मीन पर ऊपर से बरसता है। इस कविता में जनसाधारण में रूपान्तरित होने से पहले उसका रंग मटमैला होता है। यह ज़मीन के रंग का कोहरे में बस जाना है। मटमैला होकर कोहरा शिखर की ओर बढ़ता है। यह नीचे से ऊपर जानेवाली जनसाधारण की क्षमताओं का संगठित प्रतिरूप है। उसकी उन्नति का प्रतिबिम्ब है। कोहरे ने फ़ैंटेसी को घटित होने के लिए पूरी जगह दी है। मूल कथ्य पर पूरी कविता को केन्द्रित किया है।

मुक्तिबोध की कविताएँ अक्सर बाह्य जगत में भी सार्थक होती हैं और अन्तर्जगत में भी। 'लकड़ी का रावण' बाह्य जगत में तानाशाही है तो अन्तर्जगत में दम्भ। कोहरा बाह्य जगत में जनसाधारण की क्षमताओं व हलचलों का सामूहिक रूप है तो अन्तर्जगत में सच्चाइयों के सिलसिलेवार साक्षात्कार की पुंजीभूत ऊर्जा। एक ओर तानाशाही का पतन है तो दूसरी ओर अहंकार का समापन। कल्पना के सक्षम उपयोग का जीवन्त उदाहरण है यह। फ़ैंटेसी का आदर्श प्रयोग, जो कवि मुक्तिबोध की काव्य-साधना का एक प्रमुख साध्य रहा।

# ऐन्द्रिकता और मुक्तिबोध का गद्य

पद्य हो या गद्य, मुक्तिबोध के रचना-कर्म में किसी तरह का सुविधालिप्सु अन्तर्विरोध कहीं नहीं है। वह खंडित करनेवाले हालात से जूझते हुए बने एक अखंड व्यक्तित्व का सृजन है। अपने जीवन और लेखन में सुदृढ़ मूल्यनिष्ठा से यह व्यक्तित्व बना है। यही कारण है कि मुक्तिबोध की तमाम रचनाएँ कहीं-न-कहीं एक-दूसरे को पूरा करने वाली रचनाएँ हैं। सभी को पढ़ना और समझना मुक्तिबोध को पूरी तरह पढ़ना और समझना है। प्रकारान्तर से इस समझने का अर्थ यह जानना भी है कि क्यों मुक्तिबोध की प्रासंगिकता बढ़ती गयी है। उनके लेखन का रूप चाहे जितना जटिल हो पर उनमें न कहीं कोई नैतिक छल है न बौद्धिक। यह छल जीवन में जितना बढ़ता है, मुक्तिबोध साहित्य में उतने ही प्रासंगिक होते हैं। एक ईमानदार, सजग और साहसी अर्थात सच्चे रचनाकार के उदाहरण।

मुक्तिबोध के यहाँ पद्य और गद्य उसी तरह परस्पर अन्तर्प्रवेशी/अन्तर्समाहित हैं, जिस तरह कला के क्षेत्र में भावना और ज्ञान। उनकी मान्यता है कि "भावनानुभूत ज्ञान ही कला का विषय है।"[146] ज्ञान को भावनानुभूत कहकर मुक्तिबोध वस्तुतः कहते हैं कि भावना भी एक ज्ञानेन्द्रिय है। पाँचों ज्ञानेन्द्रियों के संवेदन-ज्ञान पर आधारित और उसी से विकसित आन्तरिक ज्ञानेन्द्रिय। इसके द्वारा अनुभूत ज्ञान कोरी जानकारी न होकर भरपूर लगाव या अलगाव अनुभव करनेवाले, प्रेम या घृणा करनेवाले, जीवन का सार होता है। कला या साहित्य का विषय यही है।

भावनानुभूत ज्ञान मूलतः अपने देश और काल का होता है। मुक्तिबोध के शब्दों में, "कला सब समय के लिए और विश्वात्मक होते हुए भी वह अपने समय और जन्मस्थान (यानी देश) से विच्छिन्न नहीं हो सकती। उसका विश्वात्मक रूप उसके एकदेशीय रूप का ही विकास है।"[147] अपने समय और स्थान से कला का आवयविक सम्बन्ध है। उसी तरह जैसे व्यक्ति और समाज का होता है। मुक्तिबोध के अनुसार, "साहित्य आत्मा की संस्कृति है, और आत्म-संस्कृति समाज की अन्तश्चेतना है।"[148] किसी दौर या समाज की अन्तश्चेतना को जानना है तो उसके साहित्य को जानना होगा।

स्वातन्त्र्योत्तर भारत की अन्तश्चेतना मुक्तिबोध के सृजन में उजागर होती है। इस सृजन के दो रूप हैं- कविताएँ और गद्य। दोनों परस्पर सम्बद्ध हैं पर पर्याय नहीं।

मुक्तिबोध का गद्य मुख्यत: दो रूपों में है– कथा–साहित्य और कथा–साहित्येतर। कथा–साहित्य में उनकी कहानियाँ और अधूरा उपन्यास है। कथा से इतर साहित्य में उनकी आलोचना, टिप्पणियाँ, लेख और पत्र हैं। मुक्तिबोध के गद्य साहित्य की ऐन्द्रिकता के अध्ययन को यहाँ उनकी कहानियों और आलोचना पर केन्द्रित किया गया है। इस दृष्टि से कि कहानी और आलोचना (विशेषत: एक साहित्यिक की डायरी) इस गद्य के सबसे प्रमुख सर्जनात्मक रूप हैं। सम्भव है इन रूपों का अध्ययन सर्जक मुक्तिबोध को और अधिक (पूरी तरह) समझने में सहायक हो।

## (क) मुक्तिबोध का कथा-संसार

पारम्परिक तत्त्वों की निगाह से देखा जाए तो मुक्तिबोध न कथाकार लगते हैं, न कवि। कविताओं की तरह उनकी कहानियाँ भी लीक से हटकर अपना रास्ता खोजने/बनाने वाले रचनाकार की रचनाएँ हैं। उनमें घटनाओं और स्थितियों का उपयोग तो है लेकिन उनपर निर्भरता नहीं। घटनात्मक कुशलता के नमूनों की तरह न उनको पढ़ा जा सकता है, न याद किया जा सकता है। फिर इन्हें कहानी ही क्यों कहा जाए? इसलिए कि इनमें कथा–स्थितियाँ हैं। ऐसी कथा–स्थितियाँ जिनका मिज़ाज वैचारिक है। इनमें सीधे–सीधे आनेवाले विचार भी, आम तौर से, कथा–स्थितियों के सन्दर्भ में ही पूरी शिद्दत के साथ उभरते हैं। स्थितियों के बिना वे सन्दर्भरहित होते हैं। उनके बिना स्थितियाँ लगभग निरर्थक होती हैं। मुक्तिबोध की कहानी–कला का शिखर दोनों का अविभाज्य हो जाना है और अक्सर वे अविभाज्य होते हैं।

वास्तव में मुक्तिबोध की प्रतिबद्धता सबके लिए मानवीय जीवन के सपने से है। इस सपने के प्रति पाठकीय मानस को उनकी कहानियाँ अपने ढंग से अनुकूलित करती हैं। इस तरह कहानी होने का दायित्व पूरा करती हैं। इनको कहानी, केवल कहानी की तरह भी पढ़ा जा सकता है और मुक्तिबोध की कविताओं को खोलनेवाली तरक़ीब की तरह भी। शमशेर ने कहा कि "मुक्तिबोध की कई कहानियाँ कविताओं से कुछ ज़्यादह ही हमारे सोचने के लिए सामग्री उपस्थित करती हैं। साथ ही कविताओं को समझने के लिए ऐसा बेक–ग्राउण्ड वे हमें देती हैं कि उस संसार से गहराई से परिचित हो लेने के बाद उनकी कविताएँ हम अधिक आसानी व सही ढंग से ग्रहण कर सकेंगे।"[149] इसके बावजूद वे हैं कहानियाँ ही। मध्यवर्गीय व्यक्ति और उसके परिवेश को (उसकी वैचारिकता सहित) खोलती कहानियाँ।

मुक्तिबोध महत्त्वपूर्ण कथाकार हैं। विजय मोहन सिंह की मान्यता है कि "हिन्दी के अधिकांश लेखक मध्यवर्ग के हैं, मध्यवर्गीयता के हैं—लेकिन जिस अर्थ में—अपने

सम्पूर्ण अर्थ में मुक्तिबोध मध्यवर्ग के लेखक हैं—मध्यवर्गीय मानसिकता ही नहीं मध्यवर्गीय मनोग्रन्थियों, दीनता, दासता तथा अवसादपूर्ण विडम्बनाओं के, उस तरह हिन्दी का (कम-से-कम) कोई कथाकार नहीं है।''[150] मध्यवर्गीय आन्तरिकता कथाकार मुक्तिबोध की ही नहीं, कवि मुक्तिबोध की भी, और वस्तुतः सर्जक मुक्तिबोध की, विशेषता है। कहानियों की अपनी विशेषता क्या है?

विजय मोहन सिंह के शब्दों में, ''उनकी लगभग हर कहानी अपने-आप में एक तरह की 'फ़ैंटेसी' है जो केवल अपनी घटनात्मकता के कारण सच नहीं है—वे उसके माध्यम से चीज़ों के आर-पार देखते हैं और इस रूप में कहानी की घटनात्मक तुच्छता अचानक अन्तर्दृष्टि बन जाती है।...मुक्तिबोध की सारी कहानियाँ अधूरी लगती हैं—उन्हें कहीं भी पहुँचाकर छोड़ दिया जाता है अचानक और कभी-कभी अटपटे ढंग से, लेकिन मुक्तिबोध इसे सिर्फ़ जानते ही नहीं, ऐसा जान-बूझकर करते हैं।...इस रूप में ये कहानियाँ, कहानियाँ न होकर 'आत्मालाप' हैं—व्यक्ति, समाज और मानवीय सम्बन्धों के बारे में सुचिन्तित आत्मालाप ... ।''[151]

ये कहानियाँ मनोरंजन नहीं, वैचारिक उद्वेलन पैदा करती हैं। पाठक को झकझोरते हुए उसके मानस को और अधिक यथार्थ-चेतस् तथा सकर्मक रूप देना इनका संवेदनात्मक उद्देश्य है। निर्मल शर्मा के अनुसार, ''अपनी कहानियों के दौरान बहुत आयरनिक और सचेत तरीके से मुक्तिबोध मध्यवर्गीय भ्रमों, भटकावों का चित्रण करते, पूँजीवादी शोषण तन्त्र के बहुआयामी पक्षों को खोलते हुए पाठक को निरन्तर विपक्ष में करते जाते हैं।''[152] इसके लिए वे मध्यवर्ग के औसत आदमी को, उसके विविधानेक रूपों सहित, कहानियों में लाते हैं।

यह औसत आदमी किसी भी तरह 'हीरो' नहीं है। पारम्परिक अर्थ में इसे चरित्र भी नहीं कहा जा सकता। यह कहानी में इस तरह आता, सोचता, बात करता है कि इसका सबकुछ मामूली लगता है। जैसे गलियों में घूमते-घूमते कोई कहानी में चला आया हो। किसी को अगर ऐसे वैचारिक क्षमता के धनी मामूली आदमी को जानने का अवसर कभी न मिला हो तो उसके लिए कहानी में उसका होना या तो औपचारिक होगा या बनावटी। यही कारण है कि मुक्तिबोध सही समीक्षा के लिए जीवन-अनुभवों का ज्ञान किताबी ज्ञान से कम ज़रूरी नहीं मानते। मुक्तिबोध की कहानी को मुक्तिबोध की कहानी की तरह पढ़ने के लिए यह ज्ञान ज़रूरी है।

मध्यवर्ग का मामूली आदमी और उसका मामूली परिवेश यहाँ कहानियों का रूप लेता है। विजय मोहन सिंह के शब्दों में, ''मुक्तिबोध की कहानियों में क़स्बाई जीवन तथा मध्यवर्गीय परिवेश एकाकार हो गये हैं।...प्रेमचन्द और रेणु में हम भारतीय गाँवों का 'माइक्रोस्कोपिक' तथा 'मैक्रोस्कोपिक'—दोनों प्रकार के चित्र देखते हैं। लेकिन मुक्तिबोध की कहानियों के क़स्बे और छोटे शहर? वे कौन-सा भारत दिखाते हैं? वह

भारत जो सबसे दयनीय और सबसे 'जानकार' है। वह उन 'बीच के लोगों' का भारत है जो गाँव और शहर दोनों के हैं और दोनों के नहीं हैं। मध्यवर्गीय दरिद्रता का यह खाँसता, थूकता, घिसटता भारत—जिसे मुक्तिबोध एक साथ शिद्दत के साथ प्यार और घृणा करते हैं।''[153] घृणा इसलिए कि वह अक्सर ढुलमुल रहता है। प्यार इसलिए कि उसमें उम्मीद बची है—'उसी को देखकर जीते हैं जिस काफ़िर पे दम निकले।'

मुक्तिबोध की कहानी 'ज़िन्दगी की कतरन' का एक वाक्य है—''मध्यवर्गीय समाज की साँवली गहराइयों की रुँधी हवा की गन्ध से मैं इस तरह वाक़िफ़ हूँ जैसे मल्लाह समुन्दर की नमकीन हवा से।''[154] हवा समुद्र की है, इसे यहाँ जीभ से पहचाना और बताया गया है। यह मुक्तिबोध द्वारा कहानियों में ऐन्द्रिकता के सक्षम उपयोग की मिसाल तो है ही, एक सर्जक के रूप में उनकी स्वाभाविक क्षमता की सूचना भी है। कहा जा सकता है कि मुक्तिबोध वो मल्लाह हैं, जो मध्यवर्ग-रूपी समुद्र की अन्तर्बाह्य सच्चाइयों-रूपी नमकीन हवा के स्वाभाविक जानकार हैं।

संजीव कुमार को लगता है कि ''मुक्तिबोध 'स्वभावतः' कहानीकार नहीं हैं। असल में, वे बुनियादी तौर पर विचारक हैं, और हालाँकि विचारक होने का अर्थ अनिवार्यतः कथाकार न होना नहीं है, पर मुक्तिबोध के यहाँ उनका विचारक उनके कथाकार के साथ रचनात्मक सहअस्तित्व बना पाने में प्रायः विफल रहा है। उनकी बहुत कम कहानियाँ ऐसी हैं जिन्हें पढ़कर लगता है कि इन्हें कहानी ही होना था।''[155] वे कम कहानियाँ कौन-सी हैं, लेख यह नहीं बताता। बताता यह है कि मुक्तिबोध ने कहानी के रूप का इस्तेमाल अपने विचार प्रकट करने-भर के लिए किया है।

दूसरे शब्दों में ये कहानियाँ बनावटी हैं। इस तरह से देखा जाए तो विचार मुक्तिबोध की कविताओं में भी कम नहीं हैं। बहुत सम्भव है कि शुद्ध कविता की कसौटी पर वे कविताएँ भी खरी न उतरें। क्या इस आधार पर उन्हें बनावटी कविताएँ कहा जा सकता है? केवल निर्दोष छन्द या मनमोहक बिम्ब की शक्ल में प्रस्तुत कविताओं को ही वास्तविक कविताएँ माननेवाले रूढ़िग्रस्त मानस को मुक्तिबोध की कविताएँ बनावटी लगेंगी ही। कहानियों के मामले में भी यह सच है।

मुक्तिबोध कुशल घटना-विन्यास के कहानीकार नहीं हैं। उनकी कहानियाँ सरसता की अपेक्षा पूरी करनेवाली कहानियाँ नहीं हैं। विजय मोहन सिंह का पद प्रयोग किया जाए तो वे 'घटनात्मक तुच्छता' की कहानियाँ हैं। यह 'घटनात्मक तुच्छता' उनकी कहानियों में 'अन्तर्दृष्टि' बनती है। यह 'अन्तर्दृष्टि' कथा-स्थितियों के आर-पार देखती है। यह देखना रोचक भले न हो, जीवन-स्थितियों और मनःस्थितियों को देखनेवाली कला की मिसाल ज़रूर है। इस बारे में गम्भीरता से विचार होना चाहिए कि जो कारण मुक्तिबोध की कहानियों में बनावट के दिखाई देते हैं, कहीं वही कारण एक विधा के रूप में कहानी के विकास के तो नहीं हैं? आख़िर कोई भी विधा विकसित होती है तो

परिवर्तन के ज़रिये ही। बँधे-बँधाए ढर्रे पर चलते हुए कब किसका विकास हुआ है? मुक्तिबोध की कथा-स्थितियाँ अधिकांशतः निम्नमध्यवर्गीय जीवन-स्थितियों की पुनर्रचनाएँ हैं। ये पुनर्रचनाएँ संवेदनात्मक उद्‌देश्य से संचालित हैं। प्रकृति और मनुष्य की गतिविधियों से इनका रचना-संसार बनता है।

'ख़लील काका' मुक्तिबोध की प्रारंभिक कहानी है। इसमें एक बच्चा है—केशव। माता-पिता उसके नहीं हैं। इस अभाव को अनुभव करते हुए उसका पालन-पोषण ख़लील ने किया है। अपने बेटे रसूल से ज़्यादा दुलार देते हुए। रसूल कुछ बड़ा होता है तो ख़लील उसे एक होटल में नौकरी पे लगा देता है। काम करते हुए वह वहाँ मर जाता है। ख़लील निस्सन्तान हो जाता है। उसके अभाव को अनुभव करते हुए उसके बीमार पड़ जाने पर केशव उसकी सेवा करता है। उसके आँसू पोंछता है। उसका पजामा ठीक करता है। उसका बदन ढँकता है। यहाँ मुक्तिबोध ने लिखा—"इस मिट्टी के सूने घर में, जहाँ हवा आने के लिए कुछ भी जगह नहीं थी; वह दीया, कोनेवाले छोटे आले को काला करता हुआ, रोगी की तरह घंटे तै कर रहा था कि किसी अदृश्य शक्ति ने उसे बुझा दिया।"[156] यह उस घर का दृश्य है, जहाँ एक-दूसरे के लिए जीया जाता है। अँधेरा हो जाता है। ख़लील को पुरानी बातें, पुराने चित्र याद आने लगते हैं। उसके लिए 'यह अन्धकार उन चित्रों पर पड़े परदों को उठानेवाला' बनता है। यह मुक्तिबोध द्वारा अँधेरे को वांछनीय दृश्य उभारनेवाली तकनीक की तरह बरतते कौशल का (सन् 1936) बचपन है।

ख़लील जब पुराना समय याद करता है तो उसे पुरानी प्रकृति भी याद आती है। प्रकृति की सुन्दरता तब दिखाई दिया करती थी—"तब नीले आसमान में काले बादलों के छितरे किनारे डूबते सूर्य की किरणें पड़ने से लाल झालर-से दिखाई देते थे।"[157] शुरू से ही मुक्तिबोध की कहानियों में इस तरह के अनेक ऐन्द्रिक स्थल मौजूद हैं। एक रात जब ख़लील की तबीयत ज़्यादा ख़राब होती है तो केशव की निरन्तर चिन्ता को इन शब्दों में सुना जा सकता है कि "...घड़ी की अविरत टकटक उसकी एक-एक चिन्ता को गिन रही थी।"[158] ख़लील को रसूल की याद आती है और वह केशव को चूम लेता है। केशव उसके जल्दी स्वस्थ होने की कामना करता है। काग़ज़ पर कहानी यहाँ पूरी होती है। छोटी-सी यह कहानी अपनी कथा-स्थितियों के माध्यम से ख़ून के रिश्तों को ही महत्त्वपूर्ण मानते मानस के लिए चुनौती बनती है। पुरानेपन को ऐसी चुनौतियाँ मुक्तिबोध की कहानियों में प्रायः मिलती हैं।

ऐसी ही एक कहानी है—'वह'। यह भी प्रारम्भिक कहानी है- सन् 1936-37 की। इसमें वाचक अपनी बहन शान्ता को निर्वस्त्र अपने प्रेमी ('वह') के आलिंगन में बद्ध देखता है। संस्कारवश इस प्रेम का प्रतिरोध करता है। बाद में यह प्रतिरोध करने पर अपने को शान्ता का अपराधी पाता है और यह देख शान्ता की आँखें नम हो जाती हैं।

विविधानेक स्थितियों से गुज़रते हुए यह कहानी स्त्री–पुरुष सम्बन्धों के पुराने रूप को चुनौती देती है। इसका कथा–संसार भी निम्नमध्यवर्ग का है।

ऐन्द्रिकता का महत्त्वपूर्ण उपयोग इसमें भी है। 'वह' वाचक को ऐसा दिखाई देता है—''गुप्त क्रोध से लाल चेहरा और उसपर बालों से टपकनेवाली पसीने की एक बूँद। उफ़! कितना सुन्दर दीख रहा था वह! लेकिन, कितना छिपा हुआ!...उसका विशाल चुनौती देता–सा मस्तक और पीछे किए हुए बाल। लम्बी बारीक भौंहें, पतले होंठ, लम्बे गोरे गाल; कुछ उठी हुई ठुड्डी। विशाल वक्षस्थल, ऊँचा पूरा। मैं स्त्री–भाव से एक क्षण–भर उसकी ओर देखता रहा।''[159] यह 'अँधेरे में' के रक्तालोकस्नात पुरुष का एक रूप नहीं है क्या?

उसे देखते हुए वाचक की मनोदशा यहाँ देखने योग्य है। मुग्धता को यहाँ देखा जा सकता है। 'वह' सुन्दर है। समर्थ है। सतर्क है। साहसी है। ख़तरनाक पुल पार करता है। एक सँकरा पुल पार करते हुए वह वाचक और शान्ता को धड़धड़ाती ट्रेन के नीचे आने से बचाता है। विलक्षण साहस का परिचय देता है। पुल पर बीते उन भयानक क्षणों में हुई अपनी अनुभूति बताते हुए वाचक कहता है- ''धाड़–धड़ाड़ ! मेरे हृदय में भी मानो कोई पत्थर फेंक रहा था।''[160] यहाँ भय को सुना जा सकता है। छुआ जा सकता है। 'वह' में कोई कमी नहीं है। सिवाय इसके कि वह दुनिया बदलना चाहता है- 'समाज में क्रान्ति चाहता है, ऐसी क्रान्ति जिससे व्यक्तिगत स्वतन्त्रता प्राप्त हो...'। वस्तुतः ''उसे भिखमंगा बनने की इच्छा है।''[161] याद आता है 'अँधेरे में' कविता का 'वह'। क्या इस कहानी में उसका बचपन नहीं दिखाई देता? क्या इस कहानी से 'वह' और स्पष्ट नहीं होता, जिसका अन्त उसे वाचक द्वारा अपनी मातृविहीन इकलौती बहिन के लिए आदर्श वर मानने से होता है?

'मोह और मरण' एक बूढ़े टाल वाले की कहानी है। एक जवान औरत की अर्थी लानेवालों को वह लकड़ी और कपड़े बेचते हुए बुरी तरह ठग लेता है। दस का नोट पाकर खुश होता है। अपनी पुत्रवधू से कहता है कि उसका पति मोहन दस रुपये दस दिन में कमाता है और उसने एक घंटे में कमा लिए। दस का नोट वह बहू के आगे फेंक देता है। बहू भी खुश होती है पर उसकी सहानुभूति श्मशान–यात्रियों के साथ है। कह देती है कि बुढ़ापे में भी तुमसे लालच न छूटा। बूढ़ा कहता है कि यह उसने अपने लिए थोड़े कमाया है। उसे ग़ुस्सा आता है। माँ–बाप की याद आती है। वह फूट–फूटकर रोता है। सोचता है कि उसे भी मरना है। फिर लालच किसलिए? इतने में उसे अपनी चिता दिखाई देती है। धू–धू करके जलती चिता- ''उसको लगा मानो उसके पुराने सारे पाप एक–एक करके जल रहे हों और उसके अन्दर का सात्विक हृदय सोने के समान शुद्ध होकर निखर रहा हो।''[162]

अपनी ही चिता को जलते और उसमें अपने को उजला होते देखना आत्मालोचना

का दृश्य-रूप है। पूरी प्रक्रिया का दृश्य-रूप। ग़ौरतलब है कि पूरी कहानी में कोई विचार प्रत्यक्षत: कहीं नहीं आता। विविध कथा-स्थितियों के रूप में ही यह कहानी क्रमश: आगे बढ़ती है। यहाँ विचारक मुक्तिबोध के कथाकार मुक्तिबोध के साथ रचनात्मक सह-अस्तित्व का सवाल ही पैदा नहीं होता। इसलिए कि उसकी कहानी को ज़रूरत ही नहीं पड़ती।

यही सच 'मैत्री की माँग' कहानी का भी है। इस कहानी से भी किसी प्रत्यक्ष विचार को उद्धृत करना असम्भव है। कहानी में वह है ही नहीं। यह एक निम्नमध्यवर्गीय युवती की कहानी है। नाम है- सुशीला। उसके दो बच्चे मृत्यु को प्राप्त हो जाते हैं। पति का नाम रामराव है, जिसकी अँग्रेज़ी अच्छी है पर वह इंटर पास नहीं है। एक रात रामराव सपने में सड़क पे नोट बिखरे देखता है। उठाता है। आँख खुलती है तो हाथों में नोटों की जगह सुशीला की उँगलियाँ हैं। सुशीला फीके रंग की साड़ी पहनती है। ननद के कपड़े सीती है। घर के काम करती है। घर में ग़रीबी है। सामने माधवराव नामक एक शिक्षित युवक रहने आता है। इलाहाबाद से। सम्पादक है। रामराव उसकी तारीफ़ करता है। कहता है—काश, मैं आगे पढ़ पाता। सुशीला अपने हाथ के कंगन दिखाते हुए कहती है—ये तुम्हारे ही हैं। पढ़ो।

माधवराव को सुशीला ने कुएँ पर देखा था। पानी भरके घर लौटी तो देखा—वो घर आया हुआ था। रामराव को पूछ रहा था। रामराव हेडमास्टर के यहाँ गये थे। खिड़की के इधर और उधर खड़े रहकर माधवराव और सुशीला की बात हुई। वह चला गया। सुशीला उसके प्रति आकर्षित हुई और वह सुशीला के प्रति। दोनों के बीच धीरे-धीरे बातचीत भी शुरू हुई। रामराव ने टोका तो सुशीला ने उससे बात करना एकदम बन्द कर दिया पर मन के आकर्षण का क्या करती! वह बना रहा। माधवराव का इलाहाबाद वापस जाना तय हो गया। फिर पता लगा कि वह पन्द्रह दिन बाद जाएगा। इस बीच वह सुशीला को देखने की कोशिश करता रहा पर वह दिखी नहीं। जब वह ताँगे पर जा रहा था, तब रसोई की खिड़की खुली, जिसमें सुशीला का चेहरा दिखा। न्याय और मैत्री की माँग करनेवाला स्तब्ध चेहरा।

पारम्परिक रिश्तों और स्त्री-पराधीनता को चुनौती देनेवाली यह कहानी एक साधारण स्त्री के मन में जन्म लेते 'पर-पुरुष'—आकर्षण या प्रेम या मैत्री को रूप देती है। कुएँ से पानी भरती सुशीला का दृश्य सुनिए--"उसने प्रतिदिन की भाँति रस्सी कुएँ में डाली, और दूसरे ही क्षण चौड़ी लकड़ी की गिर्री की कठिन आवाज़ कुएँ की ठंडी साँवली दीवार से बालटी की टकराहट की आवाज़ के साथ मिल गयी। गहरे पानी में बालटी की ज़ोरदार 'धप्', और फिर छलकते-गिरते पानी की गूँज।"[163] ध्वनि का यह प्रयोग कुएँ से पानी निकालने की पूरी प्रक्रिया के साथ-साथ सुशीला के निरन्तर श्रम को भी साक्षात करता है। कुएँ से पानी निकलना एक तथ्य-भर नहीं रह जाता यहाँ। एक

अनुभव बनता है।

वस्तुस्थितियों को अनुभव बनानेवाले अनेक स्थल इस कहानी में हैं। उन्नीस साल की इकहरी साँवली सुशीला उड़े हुए, फीके पड़े रंग की साड़ी पहनती है। सूरज की बेमुरव्वत धूप से उसके चेहरे का गेहुँआ रंग सँवला गया है।[164] उसके घर की धनहीनता 'प्राणभक्षी' है।[165] उसके मन को इस तरह देखा-दिखाया गया है—''कितना बचपन से भरा इसका मन है।''[166] कहानी के अन्त में है—''ज्यों ही माधवराव को लादे ताँगा पत्थरों पर खड़खड़ाता हुआ आगे चलने लगा कि यकायक रामराव के रसोईघर की काली खिड़की खुली, और वही स्तब्ध पूर्ण मुख, आँखों में न्याय्य मैत्री की माँग करनेवाला करुण दुर्दम चेहरा, वही स्तब्ध मूर्त भाव।...''[167]

यह चेहरा इतना व्यंजक है कि अविस्मरणीय। न्याय, स्वाधीनता और मैत्री की माँग इसपर अंकित है। यह माँग चूँकि विलासिता न होकर आवश्यकता है इसलिए इसका दमन न्यायोचित नहीं। भविष्य में यह सम्भव भी नहीं होगा, इसे साफ़-साफ़ कहनेवाला चेहरा है यह। एक साधारण भारतीय स्त्री के इस चेहरे में दमन और उसका विरोध, दोनों मौजूद हैं। वह करुणा भी, जो इसे देख पैदा होती है और इसका साथ देने वाला अहसास पैदा करती है, इसे अकेला नहीं रहने देती। मुक्तिबोध ने इस चेहरे को सन् 42 में समय के पटल पर उकेर दिया था। अपने समय के प्रति सच्ची होते हुए कला कैसे उसका अतिक्रमण करती है, यह चेहरा इसकी मिसाल भी है। 'प्रश्न' कहानी में एक विधवा का बेटा अपनी माँ से उसकी पवित्रता के बारे में सवाल करता है तो माँ का ''आकलनशील मुख स्तब्ध...निर्विकार...बट्ठर हो...''[168] जाता है। अपनी गोद में पड़े बेटे को खिसकाकर वह 'चुपचाप आँखों में एक हिम्मत लेकर' उठती है।

विभिन्न स्थितियों में तरह-तरह से जूझते मामूली लोगों के चेहरे मुक्तिबोध की कहानियों में अक्सर उभरते हैं। 'उपसंहार' कहानी का रामलाल एक ग्रामीण शिक्षक है—'मामूली ईमानदार टीचर,...दिमागी मज़दूर। समाज में जिसकी कोई वक़त नहीं, बनिया जिसे हिकारत की नज़र से देखता है, अफसर जिसे तुच्छ समझता है, प्रोफेसर जिसे दयनीय मानता है, सरकार जिसे कीड़ा समझती है और जिससे इकतरफा बलिदान माँगा करती है... ! रामलाल ने अपनी सूरत अपने दिल में देख ली।' यह सूरत मुक्तिबोध के शब्दों में ऐसी है—''बाल बढ़े हुए, पीले चेहरे पर थकान और संयम का सौन्दर्य।''[169] पीला चेहरा प्राय: सौन्दर्य नहीं, कमज़ोरी को सूचित करता है।

यहाँ थकान और संयम के सौन्दर्य को वह जगह देता है। यह सौन्दर्य कर्म से जुड़ा है। सन्तोष से जुड़ा है। मन की वांछनीय स्थितियों का सौन्दर्य यहाँ शरीर का सौन्दर्य बन गया है। इसीलिए यह सौन्दर्य विशेष है। सौन्दर्य के प्रतिमानों को केवल शरीर पर आधारित होने से बचाता हुआ। सौन्दर्य की प्रचलित मान्यता को तोड़ता हुआ। नागार्जुन के 'दुखरन मास्टर' की आन्तरिक सुन्दरता को बाहर लाता और सबको दिखाता हुआ।

मुक्तिबोध की एक अधूरी कहानी में है—"किसी को भी, बातचीत करते हुए, उसके चेहरे पर एक मासूम भोलापन लक्षित हो सकता है, जिसका दूसरा नाम, सामाजिक क्षेत्र में सक्रिय रहते हुए, मूर्खता है।"[170] चतुराई का अभाव यहाँ चेहरे पर अंकित है। 'ब्रह्मराक्षस का शिष्य' कहानी में "...उस विद्यार्थी का चेहरा भीतर के किसी प्रकाश से लाल हो रहा था।"[171] यह ज्ञान की लालिमा है। 'नयी ज़िन्दगी' कहानी में ग़रीब रमेश को अपनी "स्त्री—मानो एक बीमार छाया! उसके बच्चे—प्रूफ़ कापी में टूटे हुए अक्षर!"[172] जैसे दिखते हैं। 'विपात्र' में भी एक मामूली आदमी को अपने "बच्चों की उतरी हुई सूरतें दिखाई देतीं, जिन्हें देख उसके मन में असफलताजनित क्रोध उत्पन्न होता, और वह गरम धुएँ-सा घर में प्रवेश करता"[173] है। 'काठ का सपना' के ग़रीब को अपनी "स्त्री के होंठ गुलाब की सूखी पंखुड़ियों-से लगे, जिनसे उसे सूरज की गरमी की याद आई। उसके कपोल मिट्टी-से थे—भुसभुसी, नमकीन, शुष्क मृत्तिका!"[174]

जनसाधारण के ये सभी रूप वस्तुतः मामूली जीवन के अनुभव हैं। बताते हैं कि मुक्तिबोध कहने-भर को जनपक्षधर नहीं थे। जनजीवन उनके भीतर धड़कता था। संघर्ष, बेचैनी, मासूमियत, निष्प्राणता आदि वस्तुस्थितियों के साथ। अपवादस्वरूप 'विपात्र' में खेतों का एक ऐसा दृश्य भी मुक्तिबोध के यहाँ है—"ये तरकारियों के खेत थे। छोटी-छोटी मेड़ें बनी हुई थीं। उन खेतों पर ख़ूब मेहनत की गयी थी। ऐसा -लगता था कि ये खेत नहीं वरन् कल्पनाशील चित्रकार द्वारा निकाले गये मानव-श्रम के हरे-भरे चित्र हों।"[175] मुक्तिबोध किसानी जीवन के रचनाकार नहीं हैं लेकिन उनको इस जीवन की जानकारी ही न हो या इससे उनका कोई सरोकार ही न हो, ऐसा भी नहीं है।

मुक्तिबोध के यहाँ कथा-स्थितियाँ गतिशील बिम्बों के रूप में भी घटित और उजागर होती हैं। 'नयी ज़िन्दगी' कहानी में एक ऐसा ही बिम्ब है—"कल रात को उसे एक सपना आया था। उसने देखा कि ओवरब्रिज के उतार पर, सड़क के बीचोंबीच उसकी स्त्री बैठी हुई थी। सड़क की ढाल पर से बहुत तेज़ रफ़्तार से एक बैलगाड़ी आती है जो स्त्री पर से होकर निकल जाती है। रमेश भयानक रूप से अकुलाकर स्त्री और बच्चों को ढूँढ़ता है, तो पाता है कि वह खुद गाड़ी में बैठा हुआ है और गाड़ी वाले से पूछ रहा है कि तुम कौन हो! गाड़ी वाला जवाब देता है—तुम नहीं जानते। तुम तो मेरे मालिक हो। और मैं तुम्हारा सेवक। रमेश ठठाकर हँसता है। सपना टूट जाता है।"[176] यह अपने परिवार की ज़रूरतें पूरी न कर पानेवाले आदमी का दुःस्वप्न है। बताता हुआ कि ग़रीबी का असर जीवन में कितना भीषण होता है। वह आदमी को अपनों का अपराधी बना डालती है।

'प्रश्न' कहानी में "एक लड़का भाग रहा है।...हज़ारों प्रश्न लाल बर्रों-से उसके हृदय के अन्धकार मार्ग पर वेग के कारण सूँ-सूँ करते हुए उसका बराबर पीछा कर रहे हैं। उसको पकड़ना चाहते हैं। मार डालना चाहते हैं।"[177] प्रश्नों से होनेवाली पीड़ा को

यहाँ अनुभव किया जा सकता है। ये प्रश्न वे हैं, जो उसका समाज, उसकी माँ और काका के बीच होनेवाले अवैध सम्बन्धों के बारे में, पूछता है। उनके दंश और दाह से बचने के लिए वह भागता है। पीछा करती लाल बर्रों के रूप में इन प्रश्नों को यहाँ देखा जा सकता है। ये गतिशील बिम्ब ऐसी कथा-भाषा रचते हैं, जो कविता की ऊर्जा से सम्पन्न है। जीवन-स्थितियों की, उनकी गति और प्रक्रिया के साथ, पुनर्रचना करने में सक्षम है।

कारण यह भी है कि ऐन्द्रिकता का उपयोग वह सोद्देश्य अर्थात असरदार ढंग से करती है। 'नयी ज़िन्दगी' के रमेश में 'अपने मोहल्ले की मिट्टी बोलती' है पर अपना 'घर उसे काटने को दौड़ता है।' इसलिए "गली को पार करते ही घर की अवरुद्ध हवा ने उसके दिल को कचोट लिया।"[178] उसके घर में रुकी हुई हवा ठहर गयी है। इस ठहरी हुई हवा में जैसे-तैसे साँस लेते हुए उसका बीमार बच्चा जब उसे देख मुसकराता है तो उसे लगता है—"मानो दिल के अन्दर आँसुओं के झरने फूट रहे हों।"[179] दिल की घनीभूत पीड़ा को इन झरनों के रूप में देखा, छुआ और सुना जा सकता है। 'प्रश्न' कहानी में जब विधवा सुशीला का पुत्र उससे उसकी पवित्रता के बारे में पूछता है तो उसे लगता है कि "कौन-से पुराने घाव की अधूरी चमड़ी उसने खींच ली?"[180] एकाएक होनेवाली तीव्र पीड़ा यहाँ अनुभव की जा सकती है।

ऐन्द्रिकता के ऐसे प्रयोग कहानी की पठनीयता में वृद्धि भी करते हैं और कहानी में आए जीवन के प्रत्यक्ष लेखकीय अनुभव के बारे में भी बताते हैं। पाठक को ये जीवन-स्थितियाँ प्रामाणिक अत: विश्वसनीय लगती हैं। जब वह एक पात्र को अपने बारे में बताते हुए पाता है कि "ख़ुदा ने कुछ मुझे इतना सूखा बनाया है कि कुछ न पूछिए! काश, मैं भी ख़स्ता बात कर सकता!"[181] तो उसके सामने एक नीरस व्यक्ति सरस भाषा में साकार होता है। 'ख़स्ता बात' गपशप के स्वाद तक पहुँचानेवाला प्रयोग है। पेट भर जाने पर मन:स्थिति में होनेवाला बदलाव यहाँ प्रत्यक्ष होता है—"पेट में गरम कॉफ़ी और सैंडविचेज़ चले गये तो उनके दिमाग़ में भी गरमी आई। और चारमीनार सिगरेट को पीते हुए अपने-अपने में खो गये। दुनिया उन्हें सुन्दर दिखाई देने लगी।"[182] 'विद्रूप' नामक अधूरी कहानी में एक मामूली स्त्री कहती है, "मैं उनका घर चलाने की बहुत फ़िक्र करती हूँ। दाल में इतना पानी डाल देती हूँ कि वह दो बेर के बजाय तीन बेर चले।"[183] दाल में पानी की मात्रा एक मामूली स्त्री की पाक-कुशलता, दरिद्रता में घर चलाने वाली कुशलता का प्रतिमान है।

डॉक्टर विश्वनाथ त्रिपाठी ने अपना लेख-संकलन 'अपना देस परदेस' अपने घर काम करनेवाली दिवंगता स्याम बाई को समर्पित किया, जिसने बताया कि "आलू की महँगाई और गेहूँ की महँगाई में फ़र्क़ होता है। आलू में पानी डालकर सब्ज़ी बढ़ा सकते हैं, आटे में पानी डालकर रोटी नहीं।"[184] स्याम बाई मुक्तिबोध की मामूली स्त्री की

परम्परा में है। उसे सम्पन्न करती हुई। महँगाई का यह सहा हुआ अर्थ है। उस जीवट की रौशनी में नहाया अर्थ, जो महँगाई डायन के बावजूद जीवित रहनेवाले करोड़ों का सहज स्वभाव है। इसका उद्घाटन स्याम बाई द्वारा ही सम्भव था, किसी लब्धप्रतिष्ठ अर्थशास्त्री या समाजशास्त्री द्वारा नहीं। यह साधारण समझे जानेवालों के असाधारण योगदान का रेखांकन है। यह रेखांकन मुक्तिबोध का संवेदनात्मक उद्देश्य है। मुक्तिबोध की कहानियों में अकसर साधारण लोगों का असाधारण आन्तरिक व्यक्तित्व उभरता है। ऐन्द्रिकता इस उभार का सशक्त माध्यम बनती है।

'तिलिस्म' नामक अधूरी कहानी का वाचक एक साधारण आदमी है। सुनता है कि "इस गली में मेरे सामने रहनेवाले पड़ोसी के छोटे बच्चे के रोने की आवाज़, जिसमें खीझ, पुकार, बेबसी और प्रार्थना भरी हुई थी, अँधेरे में मँडराने लगी।"[185] प्राय: उपेक्षणीय मानी जानेवाली एक बच्चे के रोने की आवाज़ वाचक के लिए महत्त्वपूर्ण है। इतनी कि उसमें वह खीझ भी सुनता है, पुकार भी, बेबसी भी सुनता है और प्रार्थना भी सुन लेता है। इस आवाज़ में बच्चे का परिवेश तो सुना ही जा सकता है, वाचक की ऐन्द्रिक क्षमता को भी सुना जा सकता है। वही क्षमता, जो उसे मामूली आदमी और उसके परिवेश को अपनी साँस तक में महसूस करते रहने से हासिल हुई है।

'जलना' कहानी में चुन्नीलाल नामक यह मामूली आदमी अपने बच्चों के बारे में कहता है कि बड़े होने पर कॉलेज में वे नहीं पढ़ सकेंगे-"इतना पैसा ही नहीं है कि उनके लिए किताबें ख़रीदें! लेकिन हाँ, मैं अपने सारे विचार, मेरी अपनी सारी कल्पनाएँ और धारणाएँ उन्हें बता दूँगा।...मैं उन्हें क्रान्तिकारी बनाऊँगा। मैं उन्हें समाज की तलछट बनने के लिए प्रेरित करूँगा।। वे वहाँ बैठे-बैठे किताबें लिखेंगे, पैम्फलेट छापेंगे, और जो मिलेगा, उसे सबके साथ खाकर उन सब भड़कीले दम्भों से घृणा करेंगे कि जो शिक्षा और संस्कृति के नाम पर चलते हैं...।"[186] मामूली आदमी अपने बच्चों के लिए ऐसे सपने देखता है। वे सपने मामूली नहीं होते। इनको लिखना भी मामूली नहीं होता।

'नयी ज़िन्दगी' का रमेश ग़रीब है। तेजस्वी है। चिन्तक है। उसके जिस काम का पारिश्रमिक पन्द्रह रुपये बनता है, सम्पादक उसके उसे दस ही देता है पर पेशगी दे देता है। रमेश उनको पाकर खुश होता है तो पाठक के मन से आवाज़ आती है—ग़रीबी की जय हो! 'प्रश्न' कहानी की सुशीला अपने बेटे के लिए नहीं, चार रुपये के लिए स्वेटर बुनती है। 'जलना' कहानी के युवक की सास उससे एक कप चाय और माँग लेती है तो वह रद्दी बेचकर दूध लाता है। 'काठ का सपना' में ग़रीब आदमी अकसर सपना देखता है कि वह और उसकी पत्नी काठ के लट्ठे बन गये हैं, बाढ़ में बहे जा रहे हैं और उनकी बेटी सरोज उनपर बैठी है। उनको उसे काठ बनने से बचाना है।

'विद्रूप' कहानी के सर्वटे ने अपने पिता की मर्ज़ी के खिलाफ शादी की है। पिता ने घरनिकाला दिया है। अत: वह ग़रीब हो गया है। उसकी फ़िलॉसफ़ी है कि एक दिन

में आदमी को एक ही बार खाना चाहिए। वह अपने लड़के को एक बार इसलिए घर से निकाल देता है कि उसने शाम का दूध पी लिया है। छोटी लड़की जब एक बार ज़िद करती है तो उसे उलटा लटकाकर मारता है। वह स्वयं जब एक पार्टी में शाम को कुछ खा लेता है तो दो दिन तक भूखे रहकर काम करता है। उसकी पत्नी कहती है कि अगर वो ग़रीब परिवार से आता तो मन में इतने कॉम्प्लेक्सेज़ न रहते। पर जिस श्रेणी से आए हैं, उससे नफ़रत है और इसी की एक फ़िलॉसफ़ी बना रखी है। बावजूद इसके यह कहना ग़लत होगा कि वर्गान्तरण की उसकी कोशिश बनावटी है या दिखावे को जीनेवाले मध्यवर्ग से उसकी नफ़रत बनावटी है।

बनावटी 'सतह से उठता आदमी' के कृष्णस्वरूप का अपने अमीर दोस्त रामनारायण के प्रति प्यार है। कृष्णस्वरूप ग़रीब घर का है। सीधा-सादा है। शहर आता है। वहाँ उसे रामनारायण मिलता है। उसके अय्याश पिता मर चुके हैं। रामनारायण उनकी मौत का ज़िम्मेदार माँ को समझता है। पिता से ज़्यादा अमर्यादित आचरण करने लगता है। कृष्णस्वरूप उसकी माँ को सान्त्वना देता है। दोस्त की जायदाद सँभालता और बढ़ाता है। माँ अपने सम्बन्धों से उसे केन्द्र सरकार में नौकरी दिला देती है। आयकर अधिकारी बनकर उसकी सारी दरिद्रता निकल जाती है। फिर भी वह माँ और बेटे के बीच अन्तराल कम करने की कोशिश नहीं करता। सहज मित्रता नहीं निभाता। उसका एक और पुराना दोस्त उससे मिलता है तो यह सब जानता है। वह जब उसे विदा करता है तो थूक देता है। यह थूक कृष्णस्वरूप के चरित्र या मध्यवर्ग के अवसरवाद से घृणा का प्रतिरूप है।

ऐसे मध्य और निम्नमध्यवर्गीय लोगों की जीवन-स्थितियों से मुक्तिबोध की कविता-स्थितियों की तरह उनकी कथा-स्थितियाँ भी बनी हैं। उनके कथा-संसार में वैचारिकता से कहीं ज़्यादा और कहीं ज़्यादा महत्त्वपूर्ण ये कथा-स्थितियाँ हैं। 'विपात्र' इसका अपवाद ज़रूर है लेकिन अपनी रचनाओं के एकाधिक ड्राफ़्ट तैयार करनेवाले रचनाकार के बारे में निर्णय उसके अधूरे उपन्यास के आधार पर करना विवेकसंगत नहीं है।

हालाँकि इसमें भी ऐसा नहीं है कि कथा-स्थिति और वैचारिकता का कुशल तालमेल दिखलाई ही न दे। वाचक जिस विद्या-केन्द्र से जुड़ा है, उससे उसके जैसे और लोग भी जुड़े हैं। अपने और उनके बारे में वह बताता है—"...वैसे व्यक्तिशः हम बुरे भी नहीं थे। भलेमानस थे, अच्छे आदमी कहलाते थे। अच्छा आदमी वह होता है, जिसकी बुराई ढकी रह जाती है—चाहे आप ही आप, चाहे किए-कराए से। हम ऐसे ही भलेमानस थे।"[187] यहाँ एक समूह का परिचय देते-देते एक विचार बीच में है (अच्छा आदमी...चाहे किए-कराए से)। यह विचार ('परिचय देने' वाली) कथा-स्थिति को और स्पष्ट, और असरदार, बनाते हुए आता है। कथा-विन्यास में इसकी भूमिका पैबन्द

जैसी नहीं है।

सामूहिक प्रवृत्तियों और स्थितियों को उभारना 'विपात्र' की शक्ति है। भलेमानस कहलाने वाले बुरे लोग "...फ़ालतू की बातचीत को सौन्दर्य-कला का रूप देते हुए घंटों बैठ सकते हैं, और फिर भी अपने साथ बैठने-उठने वालों के प्रति उनके हृदय में कोई विशेष या साधारण प्रेम-सम्बन्ध भी नहीं होता। वे अपनी 'सम्मिलन-वासना' को सामाजिकता समझते हैं...अपने पशुत्व को छिपाने के लिए सुन्दर भावों से जंगली आत्मा को ढँकते हैं, पैसा और नाम दोनों कमाते हैं। हवा के रुख़ को देखकर बात करते हैं, सभा को देखकर टोपी बदलते हैं। और अमरीका जाते हैं, लेकिन अपने ही शहर की गन्दी बस्तियों के घरों में झाँककर नहीं देखते!"[188] 'जंगली आत्मा को सुन्दर भावों से ढकना' और 'सभा को देखकर टोपी बदलना' ऐसे दृश्य हैं, जो इस समूह का समूचा चरित्र खोलकर रख देते हैं। विषमताग्रस्त समाज का यह दृश्य भी 'विपात्र' में ही आता है-

"...ऊँची निसैनी की सर्वोच्च सीढ़ी पर चढ़ा हुआ व्यक्ति जब उसी निसैनी की निचली सीढ़ी पर खड़े हुए व्यक्ति को अपने से नीचा और हीन समझने लगता है, तब निसैनी पर ही हाथापाई होने की नौबत आ जाती है। यदि ऐसी हाथापाई हुई तो दोनों को चोट लगती है। इससे तो यह अच्छा है कि ऊँच-नीच पैदा करनेवाली ख़तरनाक निसैनी टूट जाए!"[189] सीढ़ी का यह रूपक समाज के विश्लेषण से पैदा तो हुआ है लेकिन इसका रूप विश्लेषण का नहीं है। विषमता और उसके किसी न किसी रूप में सबके लिए हानिकर नतीजे को यहाँ घटित होते देखा जा सकता है। 'देखने' की यह शक्ति विश्लेषण को एक रचनाकार की देन है।

'उपसंहार' का रामलाल ग़रीब है। ख़बर पढ़ता है कि ग़रीबी से तंग आकर देशपांडे नामक एक स्कूल टीचर रेल से कट मरा। उसे लगा कि वह भी देशपांडे है। वह उसका "बिलखता परिवार भी है, जो आ़ज किसी गाँव में—दूर किसी गाँव में, ज़िन्दगी की सियाह चट्टानों पर बीज बोने की पागल कोशिश कर रहा है। रामलाल वह बेचैन नौजवान भी है जिसने देशपांडे की खुदकुशी की ख़बर सुन इनक़लाब की आग लगाने की हिम्मत और जुर्रत की और गिरफ़्तार हुआ। रामलाल वे सभाएँ, वे जलसे, वे पोलिटिकल डिमॉन्स्ट्रेशन भी है, जो देशपांडे और उसके परिवार के लिए आग के शोलों की मानिन्द भड़क उठे।"[190] रामलाल का यह सब हो जाना वस्तुतः उसका व्यक्तित्व-प्रसार है। एक साधारण आदमी की असाधारण क्षमता को रूप देता एक और दृश्य। यह दृश्य उसके अन्तर्जगत का है। मुक्तिबोध को अन्तर्जगत का बड़ा रचनाकार बतानेवाली एक और मिसाल।

इसे और समझने के लिए यहाँ मुक्तिबोध की कुछ कहानियों का ऐन्द्रिक पाठ प्रस्तुत किया जा रहा है। कोशिश यह है कि मुक्तिबोध का सर्जक मानस और स्पष्ट हो।

यह पाठ इस प्रश्न का उत्तर ढूँढ़ने की कोशिश भी है कि क्या इन कहानियों को इस रूप में भी पढ़ा जा सकता है? क्या इससे रचना के सशक्त हिस्सों पर कुछ और ध्यान जाता है? क्या यह रूप मूल कहानी को और ज़्यादा खोलता है? क्या इससे रचनाकार की क्षमता कुछ और उजागर हो पाती है?

## (ख) कुछ कहानियों का ऐन्द्रिक पाठ

### अँधेरे में

एक युवक रात बारह बजे स्टेशन से उतरा। स्टेशन ऐसा कि उस ''पर बिजली की रौशनी थी, परन्तु वह रात के अँधियाले को चीर न सकती थी, और इसलिए मानो रात अपने सघन रेशमी अँधियाले से तम्बूनुमा घर हो गयी थी, जिसमें बिजली के दीये जलते हों। उतरते ही प्लेटफ़ॉर्म की परिचित गन्ध, जिसमें गरम धुआँ और ठंडी हवा के झोंके, गरम चाय की बास और पोर्टरों के काले लोहे में बन्द मोटे काँचों से सुरक्षित पीली ज्वालाओं के कन्दील पर से आती हुई अजीब उग्र बास, इत्यादि—सारी परिचित ध्वनियों और गन्धों ने उसकी संज्ञा से भेंट की।''[191] इससे उसके मन में एक दरवाज़ा खुला। उससे आती ध्वनि ने मानो कहा कि अपना (आदमी) आ गया।

स्टेशन के ऐन्द्रिक रूपों ने बताया कि वह भी आनेवाले की तरह मामूली है। इसीलिए बिजली के बल्ब दीयों जैसा काम करते हैं। पाँच साल पहले वह युवक यहीं रहता था। इस दौरान यहाँ कुछ भी नहीं बदला। स्टेशन से आगे जाकर उसने देखा कि ''ताँगे निर्जल अलसाये बादलों की भाँति निष्प्रभ और स्फूर्तिहीन ऊँघते हुए चले जा रहे हैं।''[192] उनकी गति में भी एक ठहराव है। वही ठहराव जो पाँच साल पहले था। वह सड़क पर चल पड़ा—''सड़क के खुले हिस्से में जहाँ रेल के तार जा रहे थे, नीम और पीपल के वृक्ष के पत्ते झिरमिर-झिरमिर कर रहे थे।''[193] इस रूप और ध्वनि में उस जगह का वातावरण साकार हो रहा था। उसने रेलवे द्वारा बनाए गये मध्यवर्गीय नौकरों के क्वार्टरों की क़तार देखी। ये घर उसे आत्मीय लगे। इन घरों के कुछ दृश्य भी उसने देखे। उसकी आत्मीयता में बढ़ोतरी हुई। वह चलता रहा।

चलते-चलते वह होटल का काम भी करनेवाली चाय की एक दुकान पर पहुँचा। वहाँ कुछ लोग बैठे हुए थे। अनौपचारिक। दुकान में पानी को झाड़ू से फेंका जा रहा था। 'झाड़ू की कर्कश दाँत पीसती-सी आवाज़' और 'पानी के ढकेले जाने की बालिश रोतली ध्वनि आ रही थी।' बल्ब पर 'लगातार गिरने वाले छींटे सूखकर धब्बे बन रहे थे।' तभी एक सिपाही वहाँ आकर बैठ गया। चाय पीने लगा। एक ताँगेवाला कह रहा था कि अब तो पुलिसवाला मुफ़्त ताँगे में बैठता भी है और नम्बर भी नोट करता है। होटलवाला कह रहा था कि हर कारोबार में मक्कारी है और यही दुनियादारी है। वह एक कहानी सुनाने लगा—

हज़रत अली अपने दरबार में बैठे थे। कुछ मिस्त्री सौदागर आए। उनमें एक आलिम था। उसने महल की शानोशौक़त देखकर कहा कि हज़रत के बारे में सुना था कि वो ग़रीबों के ग़ुलाम हैं पर यहाँ कुछ और ही देखा। हज़रत ने कहा कि वे हमेशा महल में नहीं रहते। बाज़ार में अनाज के बोरे उठाते उनको कोई नहीं देखता। उन्होंने शाही लबादे के बन्द खोले। पता लगा कि वे अन्दर मोटे बोरे के कपड़े पहने हुए हैं। यह देख सौदागर ने सिर झुका लिया।

होटलवाला बोला कि असली मजहब इसको कहते हैं। युवक जनमत की शक्ति को देख–सुन रहा था। चाय पी चुका था। वह उठा और चल दिया। उसने महसूस किया, "...नग्न आसमान, मुक्त दिशा और नित्य नवीन चाँद से लाखों शक्ति–धाराएँ फूटकर...(उसके) हृदय में मिल रही हों। नग्न, ठंडे—पाषाण, आसमान और चाँद की भाँति ही—उसी प्रकार, उसका हृदय नग्न और शुभ्र शीतल हो गया है।"[194] रात के समय प्रकृति से बनते हुए सीधे सम्बन्ध ने उसका अन्तर्लोक निखार दिया। वह आत्मग्रस्त न रहा। एक बूढ़ा मौलवी उसके साथ चलने लगा। पता लगा कि वह मस्जिद के मदरसे में पढ़ाता है, जिससे गुज़ारा चलता है। दस साल पहले शादी हुई। बीवी सारे गहने समेट चम्पत हो गयी। तभी से वह मस्जिद में है। युवक ने "बूढ़े की सूरत से ही कई बातें जान लीं—वही दुःख जो किसी–न–किसी रूप में प्रत्येक कुचले मध्यवर्गीय के जीवन में मुँह फाड़े खड़ा हुआ है।"[195]

दुःख के क्रूर चेहरे को यहाँ देखा जा सकता है। इस तरह अमूर्त स्थितियाँ कहानियों में अक्सर इन्द्रियगम्य रूप लेती हैं। युवक को अच्छा लगा कि बूढ़ा उससे अपना जीवन बाँट रहा है। अपने हालात को वह 'अपनी नर्म, रेशमी, सितार के हलके तारों की गूँज–सी आवाज़ में' बता रहा है। वे मामूली बातें हैं पर 'उनके आसपास भावना का आलोकवलय' है। भावना तथ्यों का उजाला है। मामूली आदमी की आवाज़ को संगीत का माधुर्य देनेवाली शक्ति है। बूढ़ा बताता है कि वह पचास से ऊपर का दिखता है पर है चालीस साल का ही। फिर मिलने की बात कहकर वह अपनी गली में मुड़ जाता है।

युवक सोचता है कि उसके साथ समय अच्छा कटा। उसे ऐसे अनेक अपरिचित किन्तु विश्वसनीय व आत्मीय लोगों की याद आई। उसने स्वयं को उनका ऋणी अनुभव किया—"उनके झरनों ने उसकी ज़िन्दगी को एक नदी बना दिया।"[196] अपने जैसों से मिलना रूखेपन पर झरनों से मिलने जैसा असर डालता है। रूखापन नदी बन जाता है। दूसरों की प्यास और तपन दूर करने में सक्षम। इससे ख़ास तरह की ठंडक हमेशा मिलती रहती है।

अतः युवक अपने जैसों के साथ आत्मीय बरताव करता है। उसकी सहनशक्ति बढ़ती है। नतीजा यह कि "दुनिया की कोई ऐसी कलुषता नहीं...जिस पर उसे उलटी हो

जाए—सिवाय विस्तृत सामाजिक शोषणों और उनसे उत्पन्न दम्भों और आदर्शवाद के नाम पर किए गये अन्ध अत्याचारों, यान्त्रिक नैतिकताओं और आध्यात्मिक अहन्ताओं की तानाशाहियों को छोड़कर।''[197] अपने जैसों की कलुषता को युवक सहजता से सहता है। कलुषता की शक्ल में वे वस्तुतः विवशताएँ हैं। विवशता से जन्म न लेनेवाली कलुषता को वह सह नहीं पाता। उसे उलटी हो जाती है। यह उलटी उन कलुषताओं का असह्य रूप है। युवक उनको हजम कर ही नहीं सकता।

यह सब सोचते हुए बूढ़े मौलवी के बारे में सबकुछ जानने की उसकी इच्छा दोगुनी हो गयी। उस समय ''सड़क के आधे भाग पर चाँदनी बिछी थी और आधा भाग चन्द्र के तिरछे होने के कारण छायाच्छन्न होकर काला हो गया था। उसका कालापन चाँदनी से अधिक उठा हुआ मालूम हो रहा था।''[198] कालेपन और चाँदनी का यह मेल दोनों को और ज़्यादा उभारते हुए और ज़्यादा दृश्य रूप दे रहा था। अँधेरा ज़्यादा पहचान में आ रहा था। (ऐसे रूप मुक्तिबोध की कविताओं में भी हैं।)

रात-भर घूमने या स्टेशन पर जाकर सो लेने में से युवक ने सोने को चुना। वह थका हुआ था। इतना कि 'उसके पैर शरीर का बोझ ढोने से इनकार कर रहे थे'। फिर भी ढो रहे थे। कारण यह कि वह अकेला था और अकेले को अपना 'भोजन खुद ही तैयार करना पड़ता है।' नींद के झोंके आने पर भी इसीलिए वह चला जा रहा था। डर भी था कि कोई पुलिसवाला मिल गया तो उसके सवाल परेशान करेंगे। तभी यह विलक्षण स्थिति उभरी—

''युवक के पैरों में कुछ...नरम-नरम लगा—अजीब, सामान्यतः अप्राप्य, मनुष्य के उष्ण शरीर-सा कोमल। उसने दो-तीन क़दम और आगे रखे। और उसका सन्देह निश्चय में परिवर्तित हो गया। उसका सारा शरीर काँप गया। उसकी बुद्धि, उसका विवेक, काँप गया। वह यदि क़दम नहीं रखता है तो एक ही शरीर पर—न जाने वह बच्चे का है या स्त्री का, बूढ़े का या जवान का—उसका सारा वज़न एक ही पर जा गिरे। वह क्या करे? वह भागने लगा एक किनारे की ओर। परन्तु कहाँ—वहाँ तक आदमी सोये हुए थे। उनके शरीर की गरम कोमलता उसके पैरों से चिपक गयी थी। वहीं एक पत्थर मिला, वह उसपर खड़ा हो गया, हाँफता हुआ।...अँधेरे के उस समुद्र में उसे कुछ नहीं दीखा। यह उसके लिए और भी बुरा हुआ। उसका पाप यों ही अँधेरे में छिपा रह जाएगा।...विवेक-शक्ति केवल काँप रही थी।''[199]

अपराध-बोध से वह थरथरा उठा। अपने-आप को धिक्कारने लगा। सोचने लगा- जिनपर उसके पाँव पड़े, उन्होंने उसे मार क्यों न डाला! वह हारा-सा चलने लगा। 'उस गहरे अँधेरे में भी भूखी आत्माओं की हज़ार-हज़ार आँखें उसकी बुज़दिली, पाप और कलंक को' देखने लगीं। उसने देखा- उस समय चाँदनी 'सफ़ेद कफ़न' की तरह रास्ते पर बिछी हुई थी। वह उसपर 'एक छोटी-सी नगण्य छाया होकर चला जा रहा

था।'

यह युवक 'अँधेरे में' कविता का वाचक भी है। यहाँ साधारण जन झरनों की तरह हैं, जो उसके जीवन को नदी बनाते हैं। यह अनुभव परिपक्व होकर कविता के वाचक की वह 'परम अभिव्यक्ति' बनता है, जिसे वह जनसाधारण में देखता है। बार-बार देखता है पर हासिल नहीं कर पाता। उससे एकमेक नहीं हो पाता। यह एकमेक होना अखंड होना है। पूरा होना है। नदी होना है। उर्वरता के रूप में जीवन बाँटने की योग्यता अर्जित करना है। इस योग्यता में अपना जीवन पाना है।

भूखे, ग़रीब उसके पाँवों तले कुचले जाएँ, ऐसा चाहना तो दूर, वह युवक सोच भी नहीं सकता। रात-भर चलते रहने और स्टेशन पर जाकर सो लेने में से वह 'सो लेना' चुनता है। स्टेशन पहुँचने से पहले ही वह अपने इस चुनाव की गिरफ़्त में आ जाता है। नतीजा यह कि वह स्टेशन तक भी ठीक-से चल नहीं पाता। चलने पर अपना ध्यान केन्द्रित नहीं रख पाता। ऊँघते हुए चलता है। यह ऊँघना ही उसे भारी पड़ता है। अपनों के विरुद्ध अनजाने ही वह अपराध कर बैठता है। अपनों ने उसे नदी बनाया था। वह उनको अनजाने और अनचाहे रौंदता है। अपनों ने उसे जो क्षमता दी थी, उसे और अधिक निखारकर उन्हीं की चीज़ उसे लौटानी थी। उनकी शक्ति को बढ़ाकर खुद सशक्त होना था। ऐसा उससे हो नहीं पाता। इसके विपरीत वह अपने को उनका शरीर, उनकी नींद कुचलते पाता है। वह इसके लिए तो नहीं चल रहा था।

जनसाधारण के प्रति आत्मीयता केवल भावनात्मक हो तो यही होता है। ज्ञान इस आत्मीयता की आँख है। देख-भालकर चलना सम्भव करनेवाली आँख। युवक द्वारा यह आँख खुली न रख पाने का अभिप्राय है—जनसाधारण से आत्मीयता का अपेक्षित ज्ञान से वंचित रह जाना। वह यह देख ही नहीं पाता कि जिस रास्ते वह चल रहा है, उसपर लोग सोए हुए हैं। कारण इसका है—नींद। नींद के कारण ही उस समय चाँदनी उसके लिए अँधेरे को उभारनेवाली नहीं बन पाती।

नींद का आशय है- सचेत या सजग न रहना। अपनी कमज़ोरियों पर काबू पाने में समर्थ न होना। फिर भी भूखे-ग़रीबों से एकमेक होने का सपना उसके भीतर है। अगर वह सचमुच उनसे एकमेक हो पाता तो सड़क पर सोए हुओं में शामिल होता। उसके सपने और आचरण में दूरी है। यह दूरी अन्ततः उसे अपने विरुद्ध ले जाती है। बावजूद इसके इस दूरी को कम करने/मिटाने की ज़रूरत वह महसूस करता है। अपना अपराध उसे भीतर तक सालता है। उसकी सज़ा पाना चाहता है वह। उससे मुक्ति पाने में ही अपना जीवन देखता है।

आत्मग्रस्त व्यक्ति अपने लिए भी हानिकर होता है, अपने समाज के लिए भी। आत्मप्रसार दोनों की आवश्यकता है। इस युवक की स्थितियाँ यह व्यंजित करनेवाली प्रतीक बनती हैं। ये स्थितियाँ मनुष्यों से भी जुड़ी हैं, प्रकृति से भी। कहानी के शुरू में

ऊर्जा देनेवाली चाँदनी अन्त में कफ़न की तरह सफ़ेद दिखाई देती है। कहानी के दौरान जो ग़रीब उसे ऊर्जा देते हैं, अन्त में वही उसे कठघरे में खड़ा करते हैं। 'भूखी आत्माओं की हज़ार-हज़ार आँखें' उसका कलंक देखती हैं।

रचनावली में इस कहानी का रचनाकाल सन् 1948-58 दिया है। 'अँधेरे में' कविता से पहले की रचना है यह। केवल कालक्रम की दृष्टि से नहीं, अन्तर्वस्तु की दृष्टि से भी। कविता में विकसित होनेवाली शक्ति की तरह भी इसे देखा जा सकता है और एक कहानी की तरह भी।

## समझौता

वाचक एक अँधेरे गलियारे में चल रहा है। गलियारे की ऊँची छत पर एक जगह कबूतरों का घोंसला है। कभी-कभी गुटरगूँ गूँजती है। यह ध्वनि सूनेपन को और गहरा करती है। वही सूनापन, जो वाचक के बाहर भी है, भीतर भी। गलियारे के सारे कमरे बन्द हैं। सूनापन ऐसा कि तेज़ी से बढ़ने के बावजूद वाचक की "चप्पलों की आवाज़ नहीं होती।"[200] कदमों तले टाट का मैटिंग है। वाचक ग़रीब है (इसीलिए चलते हुए अपनी चप्पलों की आवाज़ न होने पर उसका ध्यान जाता है। यहाँ ध्वनि की अनुपस्थिति अपनी बात कहती है) और जहाँ वह आया है, वह स्थान भव्य। उसे आतंकित करता हुआ। गलियारे में दूर एक कमरा खुला है जिसके "भीतर से कॉरिडॉर में रौशनी का एक ख़याल फैला हुआ है। रौशनी नहीं, क्योंकि कमरे पर एक हरा पर्दा है।"[201] कमरे में जाने से पहले ही वाचक भाँप जाता है कि वहाँ रौशनी के रूप में रौशनी का छल है।

यह छल और खुलकर सामने आता है कमरे में फैली भरपूर रौशनी से। चुँधियाती हुई रौशनी। वहाँ एक अफ़सर बैठा है। उसका वाचक को 'हुजूर' कहना उसे चुभता है। उसका ध्यान अपनी कन्धे से फटी शर्ट पर जाता है। पैंट की बेल्टनुमा पट्टी पर लगे उस बटन की तरफ़ जाता है, जो अब अपनी जगह नहीं है। वह अफ़सर के नये फ़ैशनेबल कोट को ईर्ष्या से देखता है। अफ़सर उसे कुरसी पर बैठने को कहता है। वह 'धीरे-धीरे' बैठता है। उसे लगता है कि कमरे में 'परायापन जगमगा रहा है'। अफ़सर का नाम मेहरबान सिंह है। वह कैंटीन से चाय और वाचक को ध्यान से देखकर खाने के लिए भी कुछ लाने का आदेश देता है।

चपरासी गरजकर कैंटीन बन्द होने की सूचना देता है। अफ़सर के आतंक में दरार पड़ती है। वह चपरासी से जाकर कैंटीन देखने को कहता है। "चाय और अल्पाहार के प्रस्ताव से" वाचक का "दिमाग़ कुछ ठंडा" होता है और "ज़रा दिल में रौशनी"[202] फैलती है। व्यंजित है कि वाचक को कुछ भी खाये-पीये काफ़ी समय हो गया है। भूख में दिमाग़ उबलता है। दिल अँधेरे में डूबा रहता है। वह चपरासी के साथ जाता है। लौटता है तो उसका ध्यान चाय की ट्रे पर होता है और मेहरबान सिंह का उस

काग़ज़ पर, जहाँ उसे वाचक से दस्तख़त कराने हैं। वह एक हिदायतनामा है। ज्ञातव्य है कि मेहरबान सिंह वाचक का जूनियर था, जिसे उससे पहले तरक़्क़ी दे दी गयी क्योंकि वह ख़ास आदमी के ख़ास-ख़ास काम किया करता। वाचक मेहरबान को ज़ोरदार जवाब देता है। मेहरबान उसे एक कहानी सुनाता है। कहानी में सुनाई गयी कहानी यों है—

एक बी. ए. पास बेरोज़गार था। नौकरी की तलाश में मारा-मारा फिरता। दो जून खाना मिलना मुहाल था। कभी कप-प्लेट धोने का काम पकड़ लेता तो एक-दो दिन में वह भी छूट जाता। निरन्तर खाली पेट रहने से शरीर कमज़ोर हो गया। रिक्शा चलाने लायक भी नहीं रह गया। आत्महत्या करने की हिम्मत न होती थी। तभी शहर में एक सरकस आया। रोज़ सुबह-शाम सरकस का जुलूस निकलने लगा। उसमें जोकर भी होते। उनको देख बेकार ने सोचा कि यह काम भी क्या बुरा है। भूख उसे निर्लज्ज बना चुकी थी। वह सरकस में गया तो उसे घुसने नहीं दिया गया। मैनेजर से मिलने के लिए उसने भूख हड़ताल की। भूख सहने की आदत तो थी ही, उसे बस हड़ताल का नाम देना था। परिणामस्वरूप उसे मैनेजर से मिलाया गया।

मैनेजर साढ़े छह फुट का गोरा मोटा-ताज़ा आदमी। काली पैंट पर एकदम सफ़ेद कोट पहने। ''उसके राक्षसी भव्य सफ़ेद सौन्दर्य को देखकर वह हतप्रभ.. ।''[203] मैनेजर के 'क्या चाहिए' पूछने पर कोई भी काम करने की गिड़गिड़ाहट शुरू हुई और देर तक चलती रही। 'शब्द, वाक्य बग़ैर कामा-फुलस्टॉप के बहते गये, बहते गये।' मैनेजर ने एक शर्त पर उसे रखने को कहा। उसने हर शर्त मानने को कहा। मैनेजर ने कोई शर्त नहीं बताई। उसके सामने कुछ खाने के लिए एक रुपया फेंका और कल सुबह आने को कहा।

दूसरे दिन उसे एक बन्द बदबूदार कमरे में भूखे-प्यासे बैठाए रखा गया। अगले दिन एक यहूदी औरत ने उसे नाश्ता कराया। फिर दो हंटरधारी आए। उससे भयंकर कसरतें कराने लगे। 'ज़रा ग़लती होने पर वे हंटर मारते।...उसकी काफ़ी पिटाई हुई।' जगह-जगह घाव हो गये। जब वह अधमरा हो गया तो वे उसे छोड़कर चले गये। उसे इंजेक्शन लगाए गये। दो-एक दिन वह यों ही पड़ा रहा। फिर उसे एक साफ़ कमरे में ले जाया गया। अच्छा खाना दिया गया।

जैसे ही उसकी सेहत कुछ ठीक हुई, उसे रीछों के पिंजरे में छोड़ दिया गया। वहाँ ''उससे...रीछों के मुँह में हाथ डलवाए जाते, रीछ छाती पर चढ़वाया जाता, और ज़रा गलती की कि हंटर।...वह यह पहचान गया कि उसे...पशु बन जाने की...ट्रेनिंग दी जा रही है।...एक अति-भीषण क्षण में चार-पाँच आदमी पिंजरे में घुसे और उसे घेर लिया।...पाँचों ने उसे पकड़ लिया और उसके शरीर पर ज़बरदस्ती रीछ का चमड़ा मढ़ दिया गया...।'' फिर उसे ''...जलते हुए लोहे के पहिए के बीच से...निकल जाने को

कहा जाता है।...उसे कच्चा माँस, भुना माँस और शराब पिलाई जाती है और यह घोषित किया जाता है कि कल उसकी प्रैक्टिस अकेले-अकेले सिर्फ़ शेरों के साथ होगी।''[204] उसे कई दिन फिर से भूखा रखा गया। बोला या चीखा तो मुँह में कपड़ा ठूँस दिया गया।

फिर उसका पिंजरा शेर के पिंजरे के सामने लगाकर बीच का दरवाज़ा खोल दिया गया। शेर दहाड़ा। रीछ बन चुके आदमी को लगा शेर ने उसकी गर्दन दबोच ली। भय उसके रोम-रोम में समा गया। शेर के चमड़े की बदबू उसकी नाक में घुसी। तभी उसने सुना—''अबे, डरता क्या है, मैं भी तेरे ही सरीखा हूँ, मुझे भी पशु बनाया गया है, सिर्फ़ मैं शेर की खाल पहने हूँ, तू रीछ की।...आओ, हम दोस्त बन जाएँ। अगर पशु की ज़िन्दगी ही बितानी है तो ठाठ से बिताएँ, आपस में समझौता करके।...''[205] कहानी में कहानी यहाँ पूरी हुई।

वाचक समझ गया कि इस कहानी का शेर मेहरबान सिंह है और रीछ वह खुद। अफसर ने उसे कहा कि समझौता करना पड़ता है। उसने वाचक से हस्ताक्षर करा लिए। उसे वार्निंग दी—''...कहा, 'मैंने तीन सौ आठ ऐक्सप्लेनेशन दिए हैं। वार्निंग अलबत्ता मुझे नहीं मिली, इसलिए कि मुझे एक्सप्लेनेशन लिखना आता है, और इसलिए कि मैं शेर हूँ, रीछ नहीं। तुमसे पहले पशु बना हूँ। सीनियॉरिटी का मुझे फ़ायदा भी तो है। कभी आगे तुम भी शेर बन जाओगे।...यह तो सोचो कि वह कौन मैनेजर है जो हमें-तुम्हें, सबको, रीछ-शेर-भालू-चीता-हाथी बनाए हुए है।...''[206] वाचक 'सोच के समन्दर में तैरने लगा। तब तक चाय बिलकुल ठंडी हो चुकी थी और दिल भी।'

यह मैनेजर कोई साम्राज्य भी हो सकता है, तानाशाह भी। कोई कुव्यवस्था भी हो सकती है, दुष्प्रवृत्ति भी। मुख्य बात है मनुष्य का मनुष्य की तरह न जी पाना। भूख से विवश होकर उसका जानवर बनना। ध्यान दिया जाना चाहिए कि यह भूख आजकल प्रचलित तरह-तरह के स्वार्थों की अनन्त भूख नहीं, दो जून खाने-भर से ख़त्म हो जाने वाली ठेठ भूख है। प्रासंगिक इसलिए है कि आज भी दुनिया में लोग भूख से मरते हैं। जीवित रहने के लिए समझौता करते हैं। यह बात और है कि इसकी आड़ में अपने अनन्त लाभ-लोभ साधनेवालों की भी कमी नहीं। अमानुष वे भी बनते हैं पर अलग ढंग से। यह कहानी उनकी नहीं, उनकी है, जो बुनियादी ज़रूरतें बिना कोई समझौता किए पूरी करने के लिए जीते-मरते हैं। उनकी है, जो (जनता को) डिग्रियाँ (और अपने आकाओं को मुनाफ़ा) बाँटकर अपने कर्त्तव्य की इतिश्री मान लेनेवाली शिक्षा-पद्धति के शिकार हैं।

शिकार होना कितना यातनादायक होता है, इसका बोध यहाँ मुख्यत: स्पर्श के उपयोग द्वारा कराया गया है। भूखे आदमी के शरीर पर बरसते हंटर और उसपर बलात् चढ़ाया जाता रीछ या शेर का चमड़ा इसके रूप हैं। जलते हुए लोहे के पहिए में से होकर निकलने को विवश होना भी इनमें शामिल है। कुव्यवस्था का शिकार होनेवाला माँस

खाने और शराब पीने को भी विवश होता है। बदबूदार हवा में साँस लेते रहने को भी विवश होता है। अपार लगती इस विवशता को जो ध्वनि भेदती है, वह एक और शिकार होनेवाले की है। पाशविक जीवन के यातना-चक्र से मुक्ति की शुरुआत इसी से होती है। ग़रीब ही ग़रीब का स्वाभाविक सहचर होता है। मार्क्सवाद में इसी को वर्ग-सम्बन्ध कहा गया है। मेहरबान सिंह और वाचक, दोनों का वर्ग मूलतः एक है। अन्ततः दोनों मनुष्य-जीवन को अमानवीय बनानेवाले मूल कारण तक पहुँचने की विश्वसनीय कोशिश में सार्थकता पाते हैं। कहानी की शुरुआत में चाय-नाश्ते के प्रस्ताव—मात्र से जिस वाचक के दिल में रौशनी फैलती है, अन्त में उसके लिए चाय का ठंडी हो जाना महत्त्वहीन हो जाता है। महत्त्वपूर्ण होता है—सोच के समन्दर में तैरना। उस दिशा की ओर, जहाँ समस्या के मूल कारण की मौजूदगी सम्भव है।

यह एक ऐसी कहानी है, जिसके (सैद्धान्तिक विषय-वस्तु से सरोकार रखने के कारण) बनावटी होने की आशंका बहुत थी पर कहानी के भीतर कहानी के शिल्प और ऐन्द्रिकता के सजग उपयोग ने इसे बचा लिया। इसे पढ़ने के बाद पाठक के विचारलोक में कोई हलचल न हो, यह सम्भव नहीं। अमानवीय जीवन से विचलित होकर उसके मूल कारण के बारे में सोचना इस कहानी का स्वाभाविक प्रभाव है। यही इसका संवेदनात्मक उद्‌देश्य भी है।

### पक्षी और दीमक

वाचक अपने कमरे में है। बाहर चिलचिलाती दोपहर है और कमरे में 'ठंडा मद्धिम उजाला'। दोपहर को ठंडे मद्धिम उजाले में बदल देनेवाला कमरा सुविधाजनक अर्थात सुखद है। उसमें एक खिड़की है। उसके बाहर 'काँटेदार बेंत की हरी-घनी झाड़ियाँ' हैं। उनपर एक जंगली बेल फैली है। बेल पर आसमानी रंग के गिलास जैसे फूल हैं। आँधीनुमा हवाओं से और साँपों से बचने के लिए वाचक को अपने कमरे की खिड़की अक्सर बन्द रखनी पड़ती है। झाड़ियों में पक्षी अंडे देते हैं और उनका शिकार करने एक भुजंग आया करता है। एक बार एक अजगर खिड़की के रास्ते कमरे में आ भी गया था। लोगों ने उसके मुँह पर फिनाइल डालकर उसे बेहोश किया और लाठियों से पीटा। फिर जला दिया। जलते हुए वह एकाएक बहुत ज़ोर से ऊपर उछला और सबमें अपने अन्तिम भय का संचारकर गिर पड़ा।

खिड़की से थोड़ी दूर एक तालाब है। वह "आसमान का लम्बा-चौड़ा आईना" है "जो थरथराते हुए मुसकराता है। और उसकी थरथराहट पर किरनें नाचती रहती हैं।"[207] इन नाचती किरनों से उछलकर प्रकाश खिड़की की लम्बी दरारों से कमरे में आता है। उससे दीवार पर तरह-तरह की आकृतियाँ बनती हैं। वाचक उनपर मुग्ध होता है। बुद्धि-लोक में उसके भ्रमण का आधार बनती हैं वे। उसे लगता है कि "काश, ऐसी

भी कोई मशीन होती जो दूसरों के हृदय-कम्पनों को...मेरे मन के परदे पर, चित्र-रूप में, उपस्थित कर सकती।''[208] वाचक लेखक है और एक लेखक के लिए इससे बड़ी सुविधा और क्या हो सकती थी!

बतौर लेखक भी वह मध्यवर्गीय सुविधा-लिप्सा का एक उदाहरण है। सरकारी शिक्षा-संस्थान में कर्मचारी है। श्यामला नाम की उसकी एक प्रेमिका है। कमरे का प्रकाश उसपर जगह-जगह पड़ता है। वाचक को वह सुन्दर लगती है पर इस प्रतीति में वह अपनी कुछ अधिक उम्र के कारण रोमांस कम, आश्रय की अभिलाषा ज़्यादा पाता है। श्यामला उससे ज़्यादा व्यावहारिक है। उसमें वाचक को 'एक ठंडा पथरीलापन मालूम होता है। गीले-सपनीले रंगों का' उसमें 'सचमुच अभाव' दिखता है। उसके सामने वह बाहर घूमने चलने का प्रस्ताव रखती है तो उसे बाहर की कड़ी धूप और ख़स के परदों के पीछे चलते हुए पंखों का ख़याल आता है। उससे कोई जवाब न पाकर वह बाहर निकल जाती है और वाचक अपने को उसके पीछे-पीछे चलते पाता है।

वह सुविधा-लिप्सु तो है, सुविधा-ग्रस्त नहीं। सुविधाओं के अलावा और चीज़ें भी उसे दिखती हैं। सुविधाओं को वह छोड़ भी देता है पर तभी जब और कोई उपाय न हो। आलस्य के साथ भी उसका यही रिश्ता है। श्यामला के तलुए बिवाइयों और धूल से भरे हैं। चलते हुए 'उचकती...चप्पल पर चटचटाते' हैं। उसके 'पैर धूल-भरी सड़कों पर घूमने के आदी हैं।' यह देख वाचक अपने को हीन अनुभव करता है। हीनता से उबरने के लिए कदम बढ़ाकर उसके साथ हो लेता है।

शाम को संस्थान में संचालक-मंडल की बैठक है और उसकी व्यवस्था देखने का काम वाचक का है। यही कराने के लिए श्यामला उसे न ले जाती तो वह अपने ठंडे मद्धिम उजाले वाले कमरे से हिलता भी नहीं। कोरम पूरा न होने के कारण बैठक स्थगित होने की उम्मीद करता रहता। यह उम्मीद पूरी भी हो जाती क्योंकि संचालक ही नहीं चाहते थे कि बैठक हो। सरकारी काम उतना ही होता है जितना किए बिना काम न चले। वाचक 'उसकी आँखों से गिरना नहीं चाहता' इसलिए यह सच अनुभव करके रह जाता है, बताता नहीं। इसलिए भी नहीं बताता कि धूप बहुत तेज़ है और ऐसे में बात करने का मन नहीं है। दोनों धूप में स्कूल की तरफ़ चले जा रहे हैं।

रास्ते में पीपल का एक पेड़ है। उसकी तालाब के ऊपर ऊँचाई की तरफ़ गयी डाल पर एक चील बैठी है। शायद मछलियों का शिकार करने के लिए। उस डाल की विपरीत दिशा में दूसरी डालों पर 'झुंड के झुंड कौवे काँव-काँव कर रहे हैं मानो वे चील की शिकायत' और उसके विरुद्ध प्रचार कर रहे हों। तभी वाचक को संस्थान का सर्वेसर्वा दिखता है। चील कहानी में उसके दिखने की पृष्ठभूमि बनाती है। रिश्वत दे-दिलाकर वह सरकारी ग्रांट जल्दी मंजूर कराने के चक्कर में है। स्कूल में सूक्ष्मदर्शी यन्त्र काग़ज़ों पर ही ख़रीदे जाते हैं—'झूठी रसीद लिखने का कमीशन विक्रेता को, शेष रकम

जेब में। सरकार से पूरी रकम वसूल।' जाँच हो तो किराये पर यन्त्र लाकर दिखा दिए जाते हैं। वाचक संस्थान के बॉस को पसन्द नहीं करता लेकिन उसी के कारण उसकी आमदनी के ज़रिये बने हुए हैं इसलिए उसका वफ़ादार रहता है।

बॉस की शेवरलेट चमचमाती है। उसमें वाचक अलग-अलग कोणों से विकृत होता अपना चेहरा देखता है। यह दृश्य स्पष्ट करता है कि बॉस से होनेवाला फ़ायदा उसका व्यक्तित्व बिगाड़ता है। वह अपने को 'बुराई की...अनेक चक्रों वाली दैत्याकार मशीन में' फँसा अनुभव करता है। इस हद तक कि चाहते हुए भी उसकी चीख़ निकल नहीं पाती। सोचता है- न जाने कब इससे वह मुक्त होगा। अपनी तरह खुलकर जी सकेगा।

यहाँ उसे एक पुराना पेड़ दिखता है। वह एक "अजीब पेड़ है।...पेड़ क्या है, लगभग ठूँठ है। उसकी शाखाएँ काट डाली गयी हैं। लेकिन, कटी हुई बाँहों वाले उस पेड़ में से नयी डालें निकलकर हवा में खेल रही हैं।...(शायद यह अच्छाई का पेड़ है) इसलिए कि एक दिन शाम की मोतिया-गुलाबी आभा में' वाचक ने "एक युवक-युवती को इस पेड़ के तले ऊँची उठी हुई जड़ पर आराम से बैठे हुए पाया था। सम्भवतः, वे अपने अत्यन्त आत्मीय क्षणों में डूबे हुए थे। ...यह अच्छाई का पेड़ छाया प्रदान नहीं कर सकता, आश्रय प्रदान नहीं कर सकता, (क्योंकि वह जगह-जगह काटा गया है) वह तो कटी शाखाओं की दूरियों और अन्तरालों में से केवल तीव्र और कष्टप्रद प्रकाश को ही मार्ग दे सकता है।"[209]

यह पेड़ वाचक का आत्मीय है। वाचक चाहता है कि वह भी श्यामला के साथ उसके नीचे बैठे लेकिन कुछ कहता नहीं। चुपचाप जाकर उसके नीचे बैठ जाता है। श्यामला भी उसके पास आ बैठती है। यहाँ वाचक उसे एक कहानी सुनाता है—

एक पक्षी था। उसने एक बैलगाड़ी वाले को बोलते सुना कि एक पंख देकर दो दीमकें ले लो। पक्षी को दीमकें खाना पसन्द था। वह अपनी ऊँचाइयाँ छोड़ नीचे उतरा और सौदा कर लिया। उसे इसमें रस मिला। वह रोज़ ऐसा करने लगा। एक दिन उसके पिता ने देखा तो समझाया कि दीमक हमारा स्वाभाविक भोजन नहीं है। उसके लिए अपने पंख हरगिज़ नहीं दिए जा सकते लेकिन पक्षी स्वाद में फँस चुका था। उसके पंख लगातार कम होते गये। उसकी उड़ान कम होती गयी। 'अब वह, ऊँचाइयों पर, अपना सन्तुलन साध नहीं सकता था, ...आकाश-यात्रा के दौरान उसे, जल्दी-जल्दी पहाड़ी चट्टानों, पेड़ों की चोटियों, गुम्बदों और बुर्जों पर हाँफते हुए बैठ जाना पड़ता। उसके परिवार वाले तथा मित्र ऊँचाइयों पर तैरते हुए आगे बढ़ जाते।...फिर भी दीमक खाने का उसका शौक कम नहीं हुआ।'

नौबत यहाँ तक आई कि उसे उड़ना मूर्खों का काम लगने लगा। अपनी लगातार बिगड़ती हालत को वह उचित ठहराने लगा। उड़ने के नाम पर अब वह केवल फुदककर

चल पाता था। बीच-बीच में गाड़ीवाला न आता तो उसे दीमकें न मिलतीं। उसने एक बार बड़ी मेहनत से दीमकें इकट्ठी की। उसके पास ढेर दीमक जमा हो गयीं। गाड़ीवाला आया तो उसने कहा कि ये दीमकें लेकर मेरे पंख वापस कर दो। इसपर 'गाड़ीवाला ठठाकर हँस पड़ा। उसने कहा, 'बेवकूफ, मैं दीमक के बदले पंख लेता हूँ, पंख के बदले दीमक नहीं।' गाड़ी वाले ने 'पंख' शब्द पर बहुत ज़ोर दिया था। गाड़ीवाला चला गया। पक्षी छटपटाकर रह गया। एक दिन एक काली बिल्ली आई और अपने मुँह में उसे दबाकर चली गयी।

वाचक ने कहा—"...मैं उस पक्षी-जैसा नहीं मरूँगा। मैं अभी भी उबर सकता हूँ। रोग अभी असाध्य नहीं हुआ है। ठाठ से रहने के चक्कर से बँधे हुए बुराई के चक्कर तोड़े जा सकते हैं। प्राणशक्ति शेष है, शेष!"[210] श्यामला ने कहानी की तारीफ़ की। तभी वहाँ देहातियों का समूह एक डंडे पर मरा साँप लिए चला आया। श्यामला ने पूछकर जाना कि वह करैत साँप है, जिसके काटे की कोई दवा नहीं। कहती है कि अच्छा किया इसे मार दिया। साँप को तो जहाँ देखो, मार डालो।

साँप को तो जहाँ देखो, मार डालो—यह वाक्य वाचक के मन में गूँजता रहा। स्पष्ट हुआ कि यह साँप भीतर भी है। उसे लगा कि श्यामला के साथ रहना है तो उसके आदर्श जीवन को, उसकी सादगी और मासूमियत को जीना होगा। ऐसा जीवन वाचक का वस्तुतः अपना जीवन भी है। एक तरफ़ सुविधाप्रद कमरे का आराम है तो दूसरी तरफ़ चिलचिलाती धूप और धूल में कपड़े तथा इम्प्रैशन ख़राब करनेवाला सफ़र। वाचक इस सफ़र को चुनता है। यह कहकर कि 'जहाँ मेरा हृदय है, वहीं मेरा भाग्य है!'

इस चुनाव का अर्थ ग़ुलामी छोड़ स्वतन्त्रता अपनाना है। सुविधाएँ छोड़ चुनौतियाँ अपनाना है। अवसरवाद छोड़ ईमानदारी अपनाना है। धूर्त सम्बन्ध छोड़ मासूम प्रेम अपनाना है। ढुलमुलपन छोड़ व्यक्तित्व और बनावट छोड़ सादगी अपनाना है। ठंडे मद्धिम उजाले वाले कमरे से अच्छाई के कष्टप्रद प्रकाश देनेवाले पेड़ तक वाचक को पहुँचाती यह मुक्तिबोध की प्रतिनिधि कहानियों में है। इसलिए भी कि मुक्तिबोध-सृजन की अन्तर्वस्तु के मर्म तक यह ले जाती है।

इसकी ऐन्द्रिकता का केन्द्र है—पक्षी की स्वादलोलुपता। इसी के कारण उसकी उड़ान-क्षमता क्रमशः जड़ता में रूपान्तरित होती जाती है। अन्ततः वह अपने को पक्षी से जड़ माँसपिंड बना डालता है। उसकी उपयोगिता बिल्ली का आहार बनने तक सीमित हो जाती है। वाचक भी सुविधालोलुपता के चलते जड़ होने लगता है। पक्षी पिता के समझाने से नहीं समझता। वाचक अच्छाई के पेड़ और श्यामला के प्रेम से अपने को पहचानता है। समझता है। प्रेम स्वार्थग्रस्तता से (शारीरिक स्तर पर भी) तत्काल उबारने वाला मनोविकार है। इस मनोविकार की शक्ति को सक्रिय दिखानेवाली कहानी भी है यह। वाचक का रूपान्तरण इस सक्रियता का भी फल है।

कमरे के ठंडे मद्धिम उजाले से कष्टप्रद तीव्र प्रकाश देनेवाले अच्छाई के पेड़ तक वाचक यात्रा करता है। पहले उजाले से ठंडक मिलती है। दूसरे प्रकाश से गरमी (इतनी कि पसीना निकल आए)। दोनों का अन्तर आलस्य और सकर्मकता का अन्तर है। बॉस की चमचमाती कार वाचक के चेहरे का विकृत प्रतिबिम्ब दिखाती है। यहाँ वाचक कार को आईने की तरह बरतता है। पंखरहित पक्षी की तरह विकृत होने की शर्त पर उसे सुख-सुविधाएँ मिल सकती हैं। यह उसे मंजूर नहीं। यही कारण है कि वह सुविधालोलुपता नामक रोग के असाध्य होने से पहले अपना रिश्ता उससे तोड़ लेता है। यह नकार उसके लिए प्राणशक्ति है। उस पुराने पेड़ से यह प्राणशक्ति मिलती है, जो न छाँव दे सकता है, न फल और न आश्रय। दे सकता है तो बस कष्टप्रद किन्तु सही रास्ता दिखानेवाले प्रकाश को मार्ग। भोगवाद के घेरे में घूमते मनुष्य को इस प्राणशक्तिदायी पेड़ की ज़रूरत है।

## क्लॉड ईथरली

वाचक सड़क के दूसरी तरफ़ पीली धूप से चमकती ऊँची दीवार के नीले फ्रेम में काँचवाले रोशनदान देखता है। सड़क पार करता है। वहाँ दीवार के ऊपर फैले बेमहक ख़ूबसूरत विदेशी फूल हैं। वहीं एक सीढ़ी भी रखी है। वह उसपर चढ़कर सामने रोशनदान में देखता है। भीतर एक आदमी है, जो बाहर देख रहा है। उससे उसकी आँखें मिलती हैं। वह देखता है- 'दो पीली स्फटिक-सी तेज़ आँखें और लम्बी सलवटों-भरा तंग मोतिया चेहरा'। देखकर वह सीढ़ी से उतर आता है। उसे पीली दीवार के पार देखते हुए एक आदमी देख लेता है। वह उसके साथ-साथ चलता है। पेशे से सरकारी गुप्तचर है। वाचक को लगता है कि उसने उसे चोरी से सीढ़ी पर चढ़कर उस आदमी को देखते देख लिया।

दोनों साथ-साथ चल रहे हैं। चुप हैं। दोनों के बीच की दूरियाँ 'चौड़ी होकर गोल' होने लगती हैं। उनके साथ उनके 'सिफ़र भी चलने' लगते हैं। दोनों 'अपने-अपने शून्यों की खिड़कियाँ खोलकर' एक-दूसरे को परखते हैं कि बात हो सकती है या नहीं। धीरे-धीरे बात होने लगती है। आगे की लगभग सारी कहानी गुप्तचर कहता है। बताता है कि वह खुद एक बहुत बड़े करोड़पति सेठ का लड़का है। उनके घर में काम करने वालियों में से एक उसकी माँ है। उसे पिता के ख़र्च से घर से दूर पाला-पोसा गया। माँ मिलने आया करती। उसी के कहने पर उसने बमुश्किल तमाम मैट्रिक किया। फिर, किसी सिफारिश से सी. आई. डी. की ट्रेनिंग में चला गया। तब से यही काम कर रहा है। (इस परिचय से वाचक उसे अपने कुछ निकट अनुभव करता है।) उस पीली दीवार के पार जो पागलख़ाना है, उसमें ऐसे लोग हैं, जो 'आज की निगाह से बड़े पागल' हैं। 'आज की निगाह' का अर्थ खोलते हुए वह कहता है—

"जो आदमी आत्मा की आवाज़ कभी-कभी सुन लिया करता है और उसे बयान करके उससे छुट्टी पा लेता है, वह लेखक हो जाता है। आत्मा की आवाज़ जो लगातार सुनता है, और कहता कुछ नहीं है, वह भोला-भाला सीधा-सादा बेवकूफ़ है। जो उसकी आवाज़ बहुत ज़्यादा सुना करता है और वैसा करने लगता है, वह समाज-विरोधी तत्त्वों में यों ही शामिल हो जाया करता है। लेकिन जो आदमी आत्मा की आवाज़ ज़रूरत से ज़्यादा सुन करके हमेशा बेचैन रहा करता है और उस बेचैनी में भीतर के हुक्म का पालन करता है, वह निहायत पागल है। पुराने ज़माने में सन्त हो सकता था। आजकल उसे पागलख़ाने में डाल दिया जाता है।"[211]

वह बताता है कि पागलख़ाने में वाचक ने जिसे देखा, वह क्लॉड ईथरली है। अमरीकी विमान चालक, जिसने हिरोशिमा पर बम गिराया। बाद में वह 'अपनी कारगुज़ारी देखने उस शहर गया। उस भयानक बदरंग, बदसूरत कटी लोथों के शहर को देखकर उसका दिल टुकड़े-टुकड़े हो गया।' उसे अपने भयानक पाप का अहसास हुआ। इस अपराध-बोध का बोझ कम करने के लिए वह हिरोशिमा के मेयर को हर महीने एक चैक भेजता रहा। अमरीका की निगाह में वो 'वार हीरो' था और अपनी आत्मा की निगाह में जघन्य पापी। वह अपने लिए सम्मान नहीं, दंड चाहता था। उसने दंड पाने के लिए वारदातें करनी शुरू कीं पर प्रमाण के अभाव में उसे हर बार छोड़ दिया गया। अमरीकी व्यवस्था ने उसकी ये हरकतें देखीं तो उसे पागलख़ाने में डाल दिया। वहाँ वह चार साल तक रहा लेकिन छूटने के बाद उसने फिर वारदातें की। उसे फिर से पागलख़ाने में डाल दिया गया।

वाचक को विश्वास नहीं हुआ कि उसकी देखी हुईं आँखें और किसी की नहीं, क्लॉड ईथरली की ही थीं। भारत के पागलख़ाने में एक अमरीकी कैसे? गुप्तचर ने बताया- 'भारत के हर बड़े नगर में एक-एक अमरीका है।' अमरीकी जीवन-शैली का अन्धानुकरण यहाँ किया जाता है। यहाँ के लेखक अमरीकी 'विचारधाराओं में गोते' लगाकर 'अपनी आत्मा को शिक्षा और संस्कृति प्रदान करते हैं।' इसलिए अमरीका भारत में भी हो सकता है और है। क्लॉड के जीवन पर फ़िल्म बनाने के अधिकार ख़रीदने के लिए एक कम्पनी ने उसे एक लाख देने का प्रस्ताव रखा जिसे उसने ठुकरा दिया। इससे उसकी ईमानदारी पर किसी को सन्देह नहीं रहा।

गुप्तचर ने यह भी बताया कि 'क्लॉड ईथरली अणुयुद्ध का विरोध करनेवाली आत्मा की आवाज़ का दूसरा नाम है।' वही आत्मा की आवाज़, जिसपर ध्यान देना और आचरण करना पागलपन माना जाता है। असल में 'हमारे अपने-अपने मन-हृदय-मस्तिष्क में ऐसा ही एक पागलख़ाना है, जहाँ हम उन उच्च, पवित्र और विद्रोही विचारों और भावों को फेंक देते हैं जिससे कि धीरे-धीरे या तो वे ख़ुद बदलकर समझौतावादी पोशाक पहन सभ्य, भद्र हो जाएँ, यानी दुरुस्त हो जाएँ या उसी पागलख़ाने में पड़े रहें।'

जीवित रहने के दो तरीक़े हैं- या तो हम अपनी आत्मा के मूल्यों को जीवन से निर्वासित कर दें या पागल कहलाने को तैयार रहें। ज़माने की चाल में ढल जाएँ या (उसके लिए) व्यर्थ हो जाएँ। जो 'सचेत जागरूक संवेदनशील जन' हैं, वे सब 'क्लॉड ईथरली हैं।' यहाँ क्लॉड ईथरली व्यक्तिमात्र न रहकर एक प्रतीक बन जाता है। 'सचेत जागरूक संवेदनशील जन' का प्रतीक।

यहाँ अपराध-बोध कविताओं से कम तीखा नहीं है- 'मानो मेरे ही कारण लग गया मार्शल लॉ'। आत्मा की आवाज़ न सुनना और उसे न जीना वस्तुतः अनैतिक है, अपराध है और इसका बोध सार्थक परिवर्तन का माध्यम। 'पक्षी और दीमक' में मध्यवर्ग का अवसरवादी सुविधालोलुप पक्ष सामने आता है तो 'क्लॉड ईथरली' में ईमानदार अपराध-बोध का पक्ष। दोनों को मिला दिया जाए तो मुक्तिबोध की अन्तर्वस्तु का वृत्त लगभग पूरा हो जाता है।

'क्लॉड ईथरली' में आँखों का सर्जनात्मक उपयोग ख़ास तौर से किया गया है। शुरू में ही वाचक पागलख़ाने की ऊँची दीवार पर फैले सुन्दर किन्तु गन्धहीन विदेशी फूलों को देखता है। बाद में इन्हीं को चरितार्थ करते हुए भारत के अमरीकापरस्त नगर कहानी में आते हैं। क्लॉड को देखते हुए वह सबसे पहले उसकी आँखें देखता है, फिर उसका चेहरा—'दो पीली स्फटिक-सी तेज़ आँखें और लम्बी सलवटों-भरा तंग मोतिया चेहरा'। ये आँखें बम से तबाह हुए हिरोशिमा अर्थात 'भयानक बदरंग, बदसूरत कटी लोथों के शहर को देख' चुकी हैं। देखे हुए के बल पर यह भी देख चुकी हैं कि और कितनी तबाही हुई होगी। स्फटिक-सी तेज़ न होतीं तो इतना नहीं देख सकती थीं। उनके पीलेपन और चेहरे की सलवटों के रूप में अपराध-बोध प्रत्यक्ष होता है। 'आत्मा की आवाज़' ध्वनि का सार्थक प्रयोग है। क्लॉड के व्यक्तित्व में ईमानदार आत्मस्वीकृति और प्रायश्चित्त को देखा जा सकता है।

पुनः स्पष्ट होता है कि मुक्तिबोध अन्तर्जगत की विविध स्थितियों और प्रक्रियाओं के बड़े रचनाकार हैं।

**जंक्शन**

यह मुक्तिबोध की एक महत्त्वपूर्ण कहानी है जिसपर अपेक्षित ध्यान नहीं दिया गया है। एक परिपक्व कहानीकार की रचना (सम्भावित रचनाकाल 1963-64) है यह। एक स्टेशन पर एक निम्नमध्यवर्गीय आदमी ओवरकोट पहने घूम रहा है। वह ओवरकोट माँगा हुआ है। गाड़ी आने में 5-6 घंटे शेष हैं। उसके पास माँगा हुआ सुन्दर बिस्तर भी है। जाड़ा घनघोर है। ओवरकोट और बिस्तर स्टेशन पर मौजूद और लोगों में से किसी के पास नहीं है। वह अपने को विशिष्ट अनुभव करता है। मुसाफ़िरख़ाने की तरफ़ देखता है तो पाता है कि ''वहाँ आदमी नहीं, आदमीनुमा गन्दा सामान इधर-उधर बिखेर

दिया गया है। उनकी तुलना में सचमुच मैं कितना शानदार हूँ।''[212]

वह इधर-उधर घूमता है। चाय पीकर समय गुज़ारता है। अपना ट्रंक खोलकर एक लड्डू निकालता है और खाता है। उसे ध्यान आता है कि उसके बच्चों को आधा-आधा लड्डू ही दिया गया है और वह एक पूरा खा चुका है। वह गाँधी जी को याद करते हुए दूसरा लड्डू खाने की अपनी इच्छा को रोक देता है। पानी पीने जाता है तो फिर देखता है कि पूरे स्टेशन पर उसके अलावा और किसी के पास गरम कोट नहीं। उसकी अकड़ बढ़ जाती है। वह स्टेशन पर अपना बिस्तर खोलता है—''सुन्दर, गुलाबी अलवान और खुशनुमा कम्बल निकल पड़ता है।''[213] वह अपने को 'अब वाक़ई भला आदमी समझने लगता' है। बिस्तर में घुस जाता है। अपनी चप्पलें बिस्तर के नीचे सिर के पास जमा देता है। यह सोचकर कि कहीं कोई मार न ले। ग़रीबों का क्या भरोसा! सोचता है—पूरे स्टेशन पर एक भी 'खुशहाल, सुन्दर, परिपुष्ट आकृति नहीं' दिखी। सर्वत्र मनहूसियत।

सुखद बिस्तर के बावजूद उसे नींद नहीं आती। तभी 'एक गोरा-चिट्टा लड़का सामने आता है। वह 'टेरीलीन की बुश्शर्ट' पहने है। अपने बैग का ध्यान रखने के लिए उसे कह जाता है। उसकी आवाज़ में भी 'भले घर की झलक' है और साफ़-सुथरे कपड़ों में भी। कुछ समय बाद वह लौटता है और अपने बैग के पास बैठ जाता है। सर्दी के मारे उसने अपने हाथ निक्कर की जेबों में डाल रखे हैं। कोई गरम कपड़ा उसके पास भी नहीं है। बिस्तर भी नहीं है। वह ठिठुर रहा है। वाचक सोचता है कि उसे लड्डू दिया जाए पर यह सोचकर नहीं देता कि लड्डू गुड़ के हैं और लड़का उनका अनादर कर सकता है। वह उसे ब्रेड खिलाता और चाय पिलाता है। उसे खाते-पीते देखकर वाचक की 'आत्मा तृप्त' होती है। फिर वह उसे अपने बिस्तर पर बुला लेता है। उसने तुरन्त 'चमड़े के अपने क़ीमती जूते के बन्द खोले, मोज़े निकाले। सिरहाने रख दिए। और बिस्तर के भीतर पैठ गया।'

अब वह लड़का बिस्तर के भीतर है और वाचक बाहर। वाचक को अपने उन बच्चों की याद आती है, जिनके 'पास रज़ाई भी नहीं है।' वे 'तरह-तरह के कपड़े जोड़-जाड़कर जाड़ा निकालते हैं।' उसने अपने बच्चों को सिखा दिया है कि ''...बेटे, तुम्हारी जन्मभूमि ज़मीन और धूल और पत्थर से बनी यह भारत की धरती ही नहीं है, वह है—ग़रीबी। तुम कटे-पिटे दाग़दार चेहरे वालों की सन्तान हो। उनसे द्रोह मत करना। अपने इन लोगों को मत त्यागना। प्रगतिवाद तो मैंने अपने घर से शुरू कर दिया था। मेरे बड़े बच्चे को यह कविता रटा दी थी—'ज़िन्दगी की कोख में जन्मा/ नया इस्पात/ दिल के ख़ून में रँगकर। ...''[214] वह पुनः देखता है कि वह बालक सुखद बिस्तर में शान्ति से सोया है। यह देख उसके 'हृदय में प्रसन्न ज्योति जलने लगती है।' इस ज्योति की चमक अपने को परोपकारी मानने और अपनी निगाह में अपनी इज़्ज़त बढ़ने की चमक है।

सहसा उसका ध्यान एक और बच्चे की तरफ़ जाता है। वह अपने घुटनों को छाती से जकड़े हुए है। अपना मुँह बीच की खाली जगह में फँसाए पड़ा है। गठरियों के बीच 'वह खुद गठरी बनकर लुप्त-सा हो गया है।' वाचक सोचता है कि इसकी जगह उसका अपना बच्चा होता तो इसी हाल में होता। कुछ समय बाद उसके बिस्तर में सोया बच्चा अपने-आप जग जाता है। मोज़े पहन चमड़े का क़ीमती जूता पहनता है। बन्द बाँधता है। नेकर से कंघी निकाल बाल सँवारता है।

वाचक का बिस्तर अब खाली है। चाहे तो वह दूसरे बच्चे को, जिसे उसकी सख़्त ज़रूरत है, उसमें सुला सकता है। कहानी के वाक्य हैं—

"...मैं अपने मन के निस्संग अन्धकार में कहता जाता हूँ, 'उठो, उठो, उस बालक को बिस्तर दो!'

लेकिन मैं जड़ हो गया हूँ। और, मेरे अँधेरे के भीतर एक नाराज़ और सख़्त आवाज़ सुनाई देती है, 'मेरा यह बिस्तर क्या इसलिए है कि वह सार्वजनिक सम्पत्ति बने! शी:। ऐसे न मालूम कितने ही बालक हैं जो सड़कों पर घूमते रहते हैं।"[215] वाचक अपनी यह बात सुनता है और टी स्टॉल पर जाकर एक कप चाय और पीता है। दूर से देखता है- वह बालक उसी तरह पड़ा है। उसकी आकृति में कोई हलचल नहीं। सोचता है—कहीं वह ठिठुरते-ठिठुरते मर तो नहीं गया! वह उसके पास जाता है पर उसके जीवित-मृत होने को देखता तक नहीं। उसके लिए कुछ नहीं करता। सोचता है कि करना चाहिए पर नहीं करता। उसे आश्चर्य होता है कि वह 'भीतर से इतना जड़ क्यों हो गया' है। अपने ही सोचे हुए को करने के नाम पर वह हिलता तक नहीं। उसके भीतर ऐसा क्या जो उसे यह करने से रोकता है?

सहसा उसके मन में यह ख़याल कौंधता है कि "अगर मैं ठंड में सिकुड़ते इस लड़के को बिस्तर दूँ तो मेरी (दूसरों की दी हुई ही क्यों न सही) यह क़ीमती अलवान और यह नरम कम्बल, और यह दूधिया चादर ख़राब हो जाएगी। मैली हो जाएगी।...यह लड़का अच्छे-ख़ासे साफ़-सुथरे बढ़िया कपड़े पहने हुए थोड़े है! मुद्दा यह है।...

मैं अपने भीतर ही नंगा हो जाता हूँ। और अपने नंगेपन को ढाँपने की कोशिश भी नहीं करता।"[216]

नंगापन एक आदत बन जाए तो ऐसा ही होता है। इस आदत को नंगा करनेवाली कहानी है यह। वाचक अपने बच्चे को कठिनाइयों से जूझने की कविता तो रटा सकता है, उसके जैसे किसी बच्चे की जूझने में मदद नहीं कर सकता। चीज़ों का महत्त्व जीवन में कितनी दूर तक जाता है! इतनी दूर तक कि लगने लगता है—चीज़ें इनसान के लिए नहीं, इनसान चीज़ों के लिए है। यह उपभोक्तावाद का लक्षण है। अपने नंगे रूप में उपभोक्तावाद के भारत में आने से तक़रीबन तीस साल पहले मुक्तिबोध ने इसकी पदचाप साफ़-साफ़ सुन ली थी। यह कहानी वस्तुतः इस पदचाप की पुनर्रचना है।

पाठक इसे यहाँ सुन सकता है।

चीज़ें इस कहानी की धुरी हैं। सारी कथा-स्थितियाँ चीज़ों के इर्दगिर्द घूमती हैं। ओवरकोट और बिस्तर का अकेले वाचक के पास होना उसमें विशिष्टता-बोध जगाता है। दूसरों की तुलना में वह अपने को शानदार अनुभव करता है। दूसरे उसे निष्प्राण सामान जैसे लगते हैं। लड्डू उसे गाँधी जी की याद दिलाते हैं। सुखद बिस्तर खुलकर उसे अपने को सचमुच भला आदमी मानने के लिए प्रेरित करता है। सामान उसे ग़रीबों पर भरोसा नहीं करने देता। साफ़-सुथरे कपड़े और क़ीमती जूते गोरे लड़के को उसकी निगाह में भले घर का साबित करते हैं। उसकी सहानुभूति की पात्रता देते हैं। इनका अभाव उसके बच्चे जैसे बच्चे के प्रति उसमें पत्थर जैसी जड़ता पैदा करता है। सुन्दर बिस्तर के मैले होने की आशंका उसे ज़रूरतमन्द बच्चे को खाली बिस्तर में सुलाने नहीं देती। अच्छे कपड़े वाचक को भीतर से नंगा कर देते हैं। चीज़ें ही सबकुछ करती हैं। वे सर्वशक्तिमान हैं।

वाचक कविता के रूप में जो उपदेश अपने बच्चों को देता है, स्वयं उससे उलट आचरण करता है। उसका प्रगतिवादी आदर्श उसकी कविता की और उसके व्यक्तित्व की तरह खोखला है। थोड़ी देर के लिए ही उसके पास आकर चीज़ें उसे उसके व्यक्तित्व, उसकी कविताई और उसके आदर्श से वंचित कर देती हैं। हमेशा के लिए उसके पास आ जाएँ तो हमेशा के लिए वह इन सबसे वंचित हो सकता है। यही उसका नंगा होना है। ओवरकोट और बिस्तर की गरमाई का ऐन्द्रिक संवेदन अपने होने और न होने की स्थिति में कहानी की सारी गतिविधियाँ तय करता है। इस तरह कि पूरी कहानी वाचक पर एक गम्भीर व्यंग्य बन जाती है। इस व्यंग्य की पहुँच में वे सब सम्पन्न आते हैं, जिन्हें दूसरों की जानलेवा साधनहीनता कुछ नहीं कहती। यह संवेदनहीनता आदत बनकर उन्हें बेशर्म बना डालती है। यह बेशर्मी विषमतापोषक है।

'अँधेरे में' कविता का वाचक अपनी पूर्णता को इसलिए जीने से कतराता है कि आततायी शासन और व्यवस्था द्वारा कहीं उसके बच्चे भीख माँगने को मजबूर न कर दिए जाएँ। यहाँ वाचक स्वयं अपने बच्चे जैसे बच्चे को भयानक ठंड में मरने के लिए छोड़ देता है। न बच्चा उसका अपना है, न बिस्तर। फिर भी उसके लिए बिस्तर मैला होने की आशंका बच्चे को मिलनेवाली गरमाई से ज़्यादा क़ीमती है। बच्चे के जीवन की बजाय वह बिस्तर की सफ़ाई को चुनता है।

गुड लिविंग के फेर में यह अपनों को भूलना है। मध्यवर्ग का दोगलापन यही है। यही रक्तपायी वर्ग से नाभिनालबद्धता का व्यवहार में होनेवाला असर है। इस असर को यहाँ बारीक़ी से देखा और दिखाया गया है। पूरी कहानी अपने-आपमें इसकी सर्जनात्मक भर्त्सना है।

## (ग) मुक्तिबोध का समीक्षा-संसार

मुक्तिबोध के मानस में भावनानुभूत विचार जीवित छवियों के रूप में उभरते हैं। फ़ैंटेसी को उन्होंने 'मनश्चित्र' कहा है।[217] वे जब कहते हैं कि "मध्य-वर्ग के ग़रीब बुद्धिजीवी लोग भी जनता में शामिल हैं, बशर्ते कि वे समाज की थैली-शाही के भोंपू न बनें"[218] तो अपने लिए 'जनता' के अर्थ को एक जीवित छवि की तरह सामने रखते हैं। समीक्षक और समीक्षा का अपेक्षित स्वरूप वे इन शब्दों में उजागर करते हैं- "जीवन की परिस्थितियों, प्रवृत्तियों, गतिविधियों, और उसमें पले हुए व्यक्तित्वों का संवेदनात्मक ज्ञान जब तक समीक्षक को नहीं है, (और वह हो नहीं सकता जब तक कि अपने वर्ग, श्रेणी या समाज की व्यापक ज़िन्दगी में समीक्षक की ज़िन्दगी की हिस्सेदारी न हो), तब तक समीक्षक की साहित्यिक समीक्षा कुतिया के उस बच्चे के समान है जिसकी आँखें नहीं खुली हैं।"[219]

कुतिया का आँखें न खोल पानेवाला बच्चा सत्य को देखने में, उसके अनुसार निर्णय और आचरण करने में असमर्थ होता है। ऐसा बच्चा अगर सत्य को देखने का दावा करते हुए दौड़ पड़े तो अपने जीवन को भी ख़तरे में डाल सकता है, दूसरों के जीवन को भी। उसकी सक्रियता वस्तुतः दुर्घटनाओं को निमन्त्रण है। कुतिया के बच्चे अकसर ऐसा करते हैं इसलिए बहुत कम बच पाते हैं, बड़े हो पाते हैं। अनुभवरहित समीक्षकों की समीक्षा का हश्र भी यही होता है। ऐसी समीक्षा यहाँ दिखाई देती है। सच तो यह है कि जीवित छवियाँ मुक्तिबोध की भाषा के अपरिहार्य रूप हैं।

उनका एक प्रसिद्ध उद्धरण है—"हम मरते दम तक बाह्य जीवन-जगत् का आभ्यन्तरीकरण करते जाते हैं। किन्तु बातचीत, बहस, लेखन, भाषण, साहित्य और काव्य द्वारा हम निरन्तर स्वयं का बाह्यीकरण करते जाते हैं। बाह्य का आभ्यन्तरीकरण और आभ्यन्तरीकृत का बाह्यीकरण एक निरन्तर चक्र है।"[220] बाह्य के आभ्यन्तरीकरण और आभ्यन्तरीकृत के बाह्यीकरण को जैसे ही वे 'चक्र' कहते हैं, उनका विचार साकार हो उठता है। उनकी आलोचना का रूप निरा सैद्धान्तिक नहीं रह जाता। जब वे कहते हैं कि "स्वाधीनता-काल शुरू होते ही, साहित्यिक क्षेत्र में अवसरवाद की बाढ़ आ गयी"[221] तो अवसरवाद विनाश करता हुआ दिखलाई देने लगता है। हिन्दी के जड़ीभूत लेखक-विचारक व्यक्तित्वों के "भीतर जो वेदना नाम की चीज़ है, वह काफ़ी पुरानी पूँजी है, जिसका वे सिर्फ़ ब्याज खा रहे हैं। वह बेचारी तो कब की बुढ़िया हो चुकी।"[222] अन्तस्थ वेदना को 'बुढ़िया' कहना उसकी अक्षमता को दृश्य-रूप देना है। भाषा में प्रत्यक्षतः जीवन्तता का संचार करना है।

जीवन्तता के रूप में ऐन्द्रिकता का यह परिणाम मुक्तिबोध के लेखों और टिप्पणियों में भी है तथा उनकी सैद्धान्तिक और व्यावहारिक आलोचना में भी। 'नया खून' में छपी अपनी एक टिप्पणी में वे बताते हैं कि "सत्संग से जीवन रसमय हो उठता

था। मन में ऊँचे विचारों की भव्यता और हृदय में ऊँची गहरी भावनाओं की गरमी रहती थी। हम किसी एक दोहे या शेर की थाह में उतरकर अथाह हो जाते थे।''[223] जीवन का 'रसमय' होना, भावनाओं की 'गरमी' अनुभव करना और कविता की 'थाह में उतरकर अथाह' होना ऐसे प्रयोगों के कुछ उदाहरण हैं, जो मुक्तिबोध के गद्य को निष्प्राण नीरसता से बचाते हैं। उसकी पठनीयता में वृद्धि करते हैं। इसपर ध्यान दिया जाना चाहिए कि ये प्रयोग 'प्रयोग के लिए' नहीं हैं। इनके केन्द्र में जीवन है। जीवनधर्मी साहित्य है। असल में जीवनधर्मिता मुक्तिबोध के पूरे सृजन का प्राण-तत्त्व है।

'कला के तीन क्षण' मुक्तिबोध का बहुचर्चित सृजन-सिद्धान्त है। ऐन्द्रिकता इसमें भी बद्धमूल है। मुक्तिबोध के ही शब्दों में यह सिद्धान्त इस प्रकार है- ''कला-वस्तु बनने के लिए मन की आँखों के सामने (1) तरंगायित, (2) उद्घाटित, (3) आलोकित, (4) अभिव्यक्ति के लिए आतुर, हो उठना नितान्त आवश्यक है। तरंगायित होने का सम्बन्ध आवेग से है। उद्घाटित होने की अवस्था का सम्बन्ध बोध-पक्ष से है—ऐसे बोध-पक्ष से जो ज्ञानात्मक आधार पर स्थिर होकर व्यक्तिबद्धता की स्थिति से अनुभव-कर्ता को ऊँचा कर देता है। वस्तुतः, यहीं से रूप पक्ष भी आरम्भ हो जाता है। मनस्तत्त्व यहाँ रूप लेकर प्रस्तुत होता है। यह कला का प्रथम क्षण है।

...कला का द्वितीय क्षण तब से आरम्भ होता है, जब वह मनस्तत्त्व अन्य समशील मनस्तत्त्वों अथवा अनुभवों से मिल अधिक मूर्त, अधिक संश्लेषित तथा कल्पनालोकित हो जाता है। ऐसी स्थिति में, कला के प्रथम क्षण में उपस्थित रूप कुछ-न-कुछ बदल जाता है, उसमें व्यापक अर्थ आ जाता है, वह अधिक सामान्य हो जाता है, वह किसी व्यापक महत्त्व से भर उठता है।...इस महत्त्वानुभूति के बोध के कारण अनुभव-कर्ता उसे शब्द-स्वर-रंग में अभिव्यक्त करने के लिए आतुर हो उठता है। यहाँ से कला का तीसरा क्षण आरम्भ होता है।''[224] पहले क्षण में जीवनानुभव मानस-नेत्रों के सामने प्रकट होता है। दूसरे में वह और अधिक स्पष्ट व प्रातिनिधिक होकर काव्यानुभव में बदलता है। तीसरे में अन्तिम रूप से अभिव्यक्ति-आकार ग्रहण करता है। ये तीनों ही क्षण वस्तुतः एक प्रक्रिया के हिस्से हैं। परस्पर सम्बद्ध। ऐन्द्रिकता के सजग उपयोग को छोड़ दिया जाए तो तीनों का घटित होना असम्भव है।

अपने और अपने समय के प्रति सच्चा होने के लिए कवि को जो संघर्ष करना होता है, उसका त्रिविध स्वरूप मुक्तिबोध के अनुसार यह है—''आज के कवि को एक साथ तीन क्षेत्रों में संघर्ष करना है। उसके संघर्ष का यह त्रिविध स्वरूप है या होना चाहिए : (1) तत्त्व के लिए संघर्ष, (2) अभिव्यक्ति को सक्षम बनाने का संघर्ष, (3) दृष्टि-विकास का संघर्ष। प्रथम का सम्बन्ध मानव-वास्तविकता के अधिकाधिक सक्षम उद्घाटन-अवलोकन से है; दूसरे का सम्बन्ध चित्रण-सामर्थ्य से है; और तीसरे का सम्बन्ध थियॅरी से है, विश्व-दृष्टि के विकास से है, वास्तविकताओं की व्याख्या से

है।''[225] तत्त्व के लिए संघर्ष कला के प्रथम क्षण में होता है और अभिव्यक्ति को सक्षम बनाने का संघर्ष तीसरे में। दृष्टि-विकास के संघर्ष का परिणाम दूसरा क्षण है। जीवन से अन्तर्वस्तु लेना और उसे कलात्मक रूप देकर जीवन को अधिक सम्पन्न व जीवन्त करने के लिए लौटाना कवि-कर्म है।

मुक्तिबोध ने अपने गद्य में इस कवि-कर्म की विभिन्न स्थितियों का तार्किक स्पष्टीकरण किया है। सक्षम कवि वही है, जो इन स्थितियों में अपना काम मज़बूती के साथ कर सके। मुक्तिबोध के शब्दों में—''यदि कवि की संवेदन-क्षमता, कल्पना की संश्लेषण-शक्ति और बुद्धि की विश्लेषण-शक्ति, इन तीनों में से कोई भी बात कमज़ोर हुई तो मनोमय तत्त्व-रूप अपनी सही-सही ऊँचाई को प्राप्त नहीं कर सकेगा। इसके साथ अभिव्यक्ति-सामर्थ्य को भी जोड़िए।''[226] कवि की संवेदन-क्षमता से पहला, कल्पना की संश्लेषण-शक्ति से दूसरा और बुद्धि की विश्लेषण-शक्ति से तीसरा क्षण जन्म लेता है। तीनों क्षणों की सार्थकता सर्जक के मनोमय तत्त्व-रूप के अपनी सही-सही ऊँचाई को प्राप्त करने में है। सृजन के सशक्त होने में है। रचना-प्रक्रिया की सार्थकता का परिणाम है सृजन की शक्ति। इसी सार्थकता का माध्यम है—ऐन्द्रिकता।

मुक्तिबोध सौन्दर्यानुभूति को जीवनानुभूति का परिवर्तित और उदात्त रूप कहते हैं। यह उदात्तता 'आत्मबद्ध दशा के परिहार' से आती है। यह परिहार जिसके जीवन में जितना ज़्यादा होता है, वह उतना ही ज़्यादा मनुष्य होता है। इसलिए सौन्दर्यानुभूति ''व्यक्ति को मानव बनानेवाली एक प्रवृत्ति निस्सन्देह'' है। ''यह प्रवृत्ति व्यक्ति को उसकी आत्मबद्ध दशा से खींचकर उसे एक पूरा विश्व बना देती है।''[227] ऐसे व्यक्ति के हृदय में उसका समाज, उसका विश्व धड़कता है। वह सृजन की योग्यता प्राप्त करता है। कला के तीनों क्षण उसके जीवन में घटित और सार्थक हो सकते हैं। एक क्षण में उदित होकर दूसरे में लुप्त हो जानेवाली अनुभूति वस्तुतः सौन्दर्यानुभूति नहीं होती। मुक्तिबोध के शब्दों में वह ''बहुत ही छिछली है- इतनी कि हम उसे केवल एक संवेदनात्मक प्रतिक्रिया-पुंज ही कह सकते हैं।''[228] मुक्तिबोध की आलोचना में किया गया यह विवेचन भी ऐन्द्रिकता के सजग उपयोग को उजागर करता है।

यह इस उपयोग की सजगता ही है कि परिवर्तनशील जीवन के प्रति प्रतिबद्धता के लिए जड़ीभूत सौन्दर्याभिरुचि की निरर्थकता पर मुक्तिबोध बल देते हैं। उनका स्पष्ट कहना है कि ''यदि हमें वैविध्यपूर्ण, परस्पर द्वन्द्वमय, मानव-जीवन के (अपने अन्तर में व्यापित) मार्मिक पक्षों का वास्तविक प्रभावशाली चित्रण करना है, तो हमें जड़ीभूत सौन्दर्याभिरुचि और उसके सेंसर त्यागने होंगे, तथा अनवरत रूप से अपने ढाँचों और फ्रेमों में संशोधन करते रहना होगा।''[229] जड़ीभूत सौन्दर्याभिरुचि के शिकार ''यूनिवर्सिटियों के डॉक्टरों की जड़ता दर्शनीय और प्रदर्शनीय है। ज्ञान के अहंकार में अज्ञान के अन्धकार का कुछ ऐसा शुभ्र रूप हमें उनमें मिलता है कि लगता है कला और साहित्य

की छाती पर बैठे हुए ये टीले हैं।''[230] ये टीले कला और साहित्य को उठने नहीं देते। यह सुनिश्चित करते हैं कि वे सदैव धराशायी ही रहें। जड़ता और उसके परिणाम को यहाँ देखा जा सकता है।

पक्षधरता और ईमानदारी मुक्तिबोध के जीवन-मूल्य हैं। लेखकीय-मूल्य भी। वे मानते हैं कि सर्जक का पक्ष उसकी ''अन्तरात्मा का पक्ष होना चाहिए, अर्थात मानव-मूल्यों की चरम उत्कर्ष स्थिति के रसात्मक बोध का पक्ष होना चाहिए।''[231] इस बोध को रसात्मक बनानेवाली शक्ति है—ऐन्द्रिकता। इसके द्वारा सर्जक जीवन को अनुभव भी करता है, अभिव्यक्त भी। यह अभिव्यक्ति उसकी मानसिक प्रतिक्रिया से बनती है। सर्जक की ''व्यक्तिगत ईमानदारी वहाँ लक्षित होगी जहाँ वस्तु का वस्तुमूलक आकलन करते हुए लेखक उस आकलन के आधार पर वस्तुतत्त्व के प्रति सही-सही मानसिक प्रतिक्रिया करे।''[232] इस प्रतिक्रिया के रूप लेने की प्रक्रिया में वह किसी भी तरह के सेंसर को कहीं भी और कभी भी हस्तक्षेप न करने दे। इसके लिए निरन्तर सजगता ज़रूरी है। यही कारण है कि ''कला के क्षेत्र में व्यक्तिगत ईमानदारी स्वयंसिद्ध नहीं, वरन् प्रयत्नसाध्य होती है।''[233] संघर्षसाध्य होती है।

सर्जक का संघर्ष उसके लिए सृजन के रूप में अपने संवेदनात्मक उद्देश्य पूरे करने का संघर्ष होता है। उद्देश्य के साथ 'संवेदनात्मक' जोड़े बिना मुक्तिबोध की बात नहीं बनती। यह 'संवेदनात्मक ज्ञान' का सहचर पद है। ज्ञान और उसका उपयोग एक दिशा-विशेष में होना जीवन और साहित्य में उद्देश्य का होना है। जीवन-अनुभवों की संवेदना से जुड़कर यह संवेदनात्मक होता है। मुक्तिबोध के शब्दों में—''संवेदनात्मक उद्देश्य वास्तविक जगत (में) जो कि व्यक्ति के लिए मुख्यतः अपना वर्ग-जगत होता है, अपनी पूर्ति के पथ का निर्माण करने के लिए जीवन-कौशल का विकास करते हैं। इस जीवन-कौशल का दूसरा नाम है बुद्धि। संक्षेप में, बुद्धि का पितृत्व यदि संवेदनात्मक उद्देश्यों के पास है, तो उसका मातृत्व कार्यानुभवों के पास है।''[234] बुद्धि अर्थात उचित-अनुचित में अन्तर करनेवाली और उससे राग-द्वेष करनेवाली विवेक-क्षमता। इसी से जीवन और साहित्य का निर्माण होता है।

संवेदनात्मक उद्देश्य का सम्बन्ध जितना व्यक्ति से है, उतना ही समाज से भी- ''संवेदनात्मक उद्देश्य मनोमय होते हुए भी जगन्मय हैं, इसीलिए विद्युन्मय हैं।''[235] दूसरे शब्दों में यह ''विद्युत की वह धारा है जो अन्तर्व्यक्तित्व से प्रसूत होकर जीवन-विधान करती है, कला-विधान करती है, अभिव्यक्ति-विधान करती है।''[236] संवेदनात्मक उद्देश्य से रहित जीवन और कला, चाहे जो हो जाएँ, ऊर्जस्वी नहीं हो सकते। यहाँ तक कि कला को सम्भव करनेवाली कल्पना भी ''अन्तर्निहित संवेदनात्मक उद्देश्यों द्वारा परिचालित होकर ही...अपना कार्य करती है।''[237] इस कार्य में शक्ति का संचार संवेदनात्मक उद्देश्य से होता है। मुक्तिबोध-सृजन के सशक्त होने का एक मुख्य

कारण यह है।

यह फ़ैंटेसी में गति का संचार करनेवाला तत्व भी है—"फ़ैंटेसी गतिहीन स्थिर चित्र नहीं है। उद्देश्य और उद्देश्य की दिशा के कारण ही वह गतिमय है।"[238] फ़ैंटेसी को मुक्तिबोध ने स्वतन्त्र विकास करनेवाली 'अनुभव की कन्या'[239] भी कहा है और 'ज्ञानगर्भ'[240] भी। मूलत: फ़ैंटेसी का रिश्ता कल्पना से है। कल्पना की स्वतन्त्र गतिशीलता से उसका जन्म होता है। वह बिखरे हुए विचारों, चित्रों और गतिविधियों के रूप में सामने आती है। इसी रूप में उसे प्राय: पहचाना जाता रहा है। मुक्तिबोध ने उसे उद्देश्य और अनुभव से जोड़ा। उसके बिखराव में एकसूत्रता पर बल दिया। एक शिल्प के रूप में उसका उपयोग किया। इस तरह सिद्ध किया कि भाववादी शिल्प को यथार्थवादी दृष्टि से सफलतापूर्वक बरता जा सकता है। मुक्तिबोध के समय में इसका बरताव तो दूर, इसकी कल्पना भी लगभग असम्भव थी।

मुक्तिबोध के मतानुसार फ़ैंटेसी जीवन से पैदा होती है लेकिन उसका मूल कारण- वह जीवन, उसमें प्रकट और प्रमुख नहीं रहता। काव्यशास्त्र में इस जीवन को 'विभाव' कहते हैं। फ़ैंटेसी में यह "विभाव-पक्ष मात्र सूचित होता है, मात्र ध्वनित होता है, अथवा केवल प्रतीकों में प्रकट होता है। इस प्रकार के शिल्प में वास्तविकता प्रतीकात्मक रूप से ही झलकती है।"[241] इसमें प्रधान होता है—"भाव-पक्ष"[242]। यही कारण है कि फ़ैंटेसी का उपयोग करते हुए "लेखक वास्तविकता के प्रदीर्घ चित्रण से बच जाता है।"[243] मुक्तिबोध लम्बी रचनाओं के सर्जक हैं और वास्तविकता के प्रदीर्घ चित्रण से बचने के लिए फ़ैंटेसी का शिल्प अपनाते हैं। स्पष्ट है कि जिस वास्तविकता से वे प्रतिबद्ध हैं और जिसे बतौर अन्तर्वस्तु ग्रहण करते हैं, वह उनकी रचनाओं के आकार से कहीं ज़्यादा प्रदीर्घ है। रचनाओं के ताने-बाने से कहीं ज़्यादा जटिल है। मुक्तिबोध इस जटिलता का बनावटी सरलीकरण करते हुए अपना काम नहीं निकालते। वे उसे बरतने के लिए फ़ैंटेसी जैसा शिल्प चुनते हैं। जोखिम उठाते हैं। यह उनके जेनुइन सर्जक होने का एक और प्रमाण है।

फ़ैंटेसी का विवेचन करते हुए मुक्तिबोध ने बताया है कि कला के दूसरे और तीसरे क्षण में वह मौजूद रहती है- "कला का पहला क्षण है जीवन का उत्कट तीव्र अनुभव-क्षण। दूसरा क्षण है इस अनुभव का अपने कसकते-दुखते हुए मूलों से पृथक् हो जाना, और एक ऐसी फ़ैंटेसी का रूप धारण कर लेना, मानो वह फ़ैंटेसी अपनी आँखों के सामने ही खड़ी हो। तीसरा और अन्तिम क्षण है इस फ़ैंटेसी के शब्दबद्ध होने की प्रक्रिया का आरम्भ और उस प्रक्रिया की परिपूर्णावस्था तक की गतिमानता।"[244]

फ़ैंटेसी में भाव-पक्ष प्रधान होता है। कल्पना को उत्तेजित करता है। बिम्ब रचता है और "एक ऐसा मूर्त विधान उपस्थित करता है, कि जिस विधान में उस विधान ही के नियम होते हैं।"[245] आशय यह कि वह मूर्त-विधान अपने-आपमें स्वायत्त होता है।

जीवन से उसका जन्म होता है और कल्पना से पालन–पोषण। कल्पना ही उसके रूप का विन्यास भी करती है। यह रूप प्राय: स्पष्ट नहीं होता। मुक्तिबोध के शब्दों में ''फ़ैंटेसी में कभी–कभी जीवन–तथ्य इस प्रकार प्रस्तुत होते हैं कि उन्हें पहचानना भी मुश्किल होता है। यहाँ तक कि कभी–कभी उनका क्रम स्थापित करने में भी अड़चन होने लगती है।...फ़ैंटेसी में किन्हीं बातों को बिलकुल दबाकर अन्यों को प्रकट किया जाता है। दबाई गयी बातें कभी–कभी उन बातों से अधिक महत्त्वपूर्ण होती हैं कि जो प्रकट की गयी हैं।''[246]

यही कारण है कि फ़ैंटेसी की तह तक पहुँचना आसान नहीं होता। पाठकीय जागरूकता इसके लिए अनिवार्यत: अपेक्षित है। फ़ैंटेसी ही नहीं, यह उनके पूरे सृजन के लिए भी अपेक्षित है। बतौर आलोचक उनका एक योगदान यह भी है कि उनकी आलोचना में अनेक नये और ज़रूरी पदों का प्रयोग है। संवेदनात्मक उद्‌देश्य, ज्ञानात्मक संवेदन, संवेदनात्मक ज्ञान, जड़ीभूत सौन्दर्याभिरुचि आदि इसके कुछ उदाहरण हैं।

दिनेश कुमार के अनुसार हिन्दी आलोचना को आचार्य शुक्ल के बाद सबसे ज़्यादा पद मुक्तिबोध ने दिए हैं। इस तरह ''आचार्य शुक्ल की आलोचना को सही मायने में विकसित करने का काम मुक्तिबोध ने ही किया है।''[247] डॉ. मैनेजर पांडेय के अनुसार, ''मुक्तिबोध ने अपने आलोचनात्मक संघर्ष के दौरान ही रचना और आलोचना से सम्बद्ध विभिन्न समस्याओं के बारे में जो महत्त्वपूर्ण और मौलिक चिन्तन किया है उसके आधार पर वे आचार्य रामचन्द्र शुक्ल के बाद हिन्दी के सबसे बड़े साहित्य विचारक सिद्ध होते हैं।''[248] इससे सहमति–असहमति हो सकती है लेकिन इससे असहमत होना लगभग असम्भव है कि मुक्तिबोध–कृत आलोचना बहुत सारे ज़रूरी मुद्‌दों की तरफ़ ध्यान खींचती है। नये पद प्रस्तावित करती है। उनपर सार्थक विमर्श करती है।

इन मुद्‌दों का सरोकार जीवन और साहित्य, दोनों से बराबर का है। यही कारण है कि यह आलोचना जीवन्त है और इस जीवन्तता का मूल है- ऐन्द्रिकता। श्रीप्रकाश शुक्ल के शब्दों में, ''इस मायने में उनका योगदान महत्त्वपूर्ण है कि उनमें कृति केन्द्रित आलोचना और सन्दर्भ केन्द्रित विमर्श जैसे दोनों तथ्य, एक साथ मौजूद रहते हैं अर्थात सर्जक व पाठक के विलक्षण सहयोग से उनकी आलोचना का पाठ निर्मित होता है।''[249] यह वस्तुत: रचना और उसके युग के अपरिहार्य सम्बन्ध को देखने का परिणाम है।

इन सम्बन्धों पर मुक्तिबोध–कृत समीक्षा भी आधारित है। अशोक वाजपेयी ने लक्षित किया है कि ''बाहर और भीतर, बाह्य और आन्तरिक के बीच जितनी अप्रत्याशित आवाजाही उनके यहाँ है, उतनी शायद अन्यत्र नहीं, वे इस कदर गुँथे हुए हैं कि एक के बिना दूसरा हो ही नहीं सकता।''[250] यह आवाजाही भरपूर है, अप्रत्याशित नहीं। मुक्तिबोध के जीवन और चिन्तन की संगति में होने के कारण यह स्वाभाविक भी है, प्रत्याशित भी।

त्रिलोचन शास्त्री मुक्तिबोध को "दुःख, त्रास, वैमनस्य, दुर्नीति आदि का यथातथ्य अनुभव करानेवाले रचनाकार"[251] कहते हैं। जीवन को यथातथ्य अनुभव कराने की यह क्षमता रूप, रस, गन्ध, स्पर्श, ध्वनि की संवेदनाओं और उनके सजग प्रयोग का नतीजा है। यह नतीजा उनके सभी साहित्य-रूपों में दिखाई देता है। समीक्षा में भी।

मुक्तिबोध मूलतः कवि हैं लेकिन उनके गद्य का एक महत्त्व यह भी है कि उससे उनकी कविताओं का पाठक जागरूक होता है। पाठकीय योग्यता अर्जित करता है। कविताओं के मर्म तक उसकी पहुँच विश्वसनीय होती है। इस तरह वह सर्जक मुक्तिबोध की अपने समय और साहित्य में भूमिका को और अधिक पहचान पाता है। मूल महत्त्व तो इस गद्य का यह है ही कि आलोचना, लेख, कहानी, पत्र, डायरी; सभी रूपों में इसकी अपनी पहचान है। ऐन्द्रिकता के सजग उपयोग से अर्जित पहचान।

## (घ) 'एक साहित्यिक की डायरी' का ऐन्द्रिक पाठ

रचनाकार अपने भीतरी संसार को रचनाओं में ढालता है। अच्छी रचनाएँ इस संसार की सबसे ख़ूबसूरत अर्थात सबसे असरकारी शक्लें होती हैं। इनका असर इनके रचनाकार और पाठकों के चिन्तन, स्वभाव और आचरण को बदलने में सार्थक होता है। मुक्तिबोध ने ऐसी अनेक रचनाएँ की हैं। वे उस दौर के कवि हैं, जब गद्य हिन्दी कविताओं की भाषा को बदल रहा था। उनके श्रोता उनके पाठक बन रहे थे। उनकी प्रतिक्रिया 'निरी वाहवाही द्वारा खुश होने' से 'गम्भीर भावोद्वेलन द्वारा बेचैन (भी) होने' की तरफ़ बढ़ रही थी। बदलाव के इस दौर में कवियों ने कविताओं में तो गद्य के प्रयोग किए ही, सीधे-सीधे गद्य लिखा भी। यह गद्य-लेखन अपनी बात पाठकों तक हर हाल में और ठीक-ठीक पहुँचाने के लिए की गयी कोशिश का नतीजा था। ऐसा दौर था वह, जब कई कारणों से कवियों का ध्यान गद्य की तरफ़ अन्य किसी भी दौर से ज़्यादा गया। गद्य को इसका फ़ायदा हुआ। उसे अपने अनेक सुन्दर रूप मिले। ऐसे रूप, जो पहले कभी न मिले थे। इनके मिलने का सिलसिला भारतेन्दु और निराला की गद्य रचनाओं से शुरू हो चुका था।

मुक्तिबोध का गद्य इसी परम्परा में है। कथा-रचनाओं के अलावा उनकी आलोचना उनके गद्य का महत्त्वपूर्ण रूप है। 'नयी कविता का आत्मसंघर्ष', 'नये साहित्य का सौन्दर्यशास्त्र' और 'कामायनी: एक पुनर्विचार' जैसी आलोचना-पुस्तकों की हिन्दी में अपनी जगह है पर अपनी तरह की लगभग अकेली आलोचना-कृति है—'एक साहित्यिक की डायरी'। सर्जनात्मक आलोचना का ऐसा रूप, जिसने साहित्य की दुनिया के गम्भीर सवालों को साहित्य की दुनिया से बाहर ला खड़ा किया। उनको साधारण जीवन और लोगों के चिन्तन से जोड़ा। आलोचना का यह रूप नया था। असरकारी था। इसने सिद्ध किया कि मुश्किल से मुश्किल सैद्धान्तिक बहस मामूली समझे जानेवालों तक पहुँच

सकती है। उनको प्रभावित कर सकती है। यहाँ तक कि वे उसमें शामिल हो सकते हैं। अपना योगदान कर सकते हैं।

राजेश जोशी के अनुसार, ''मुक्तिबोध के दिमाग़ में यह बात रही होगी कि सौन्दर्यशास्त्र के या रचना-प्रक्रिया के जो प्रश्न हमेशा साहित्यिकों तक ही सीमित रह जाते हैं। उन्हें सामान्य पाठकों के बीच भी ले जाया जाना चाहिए। इसीलिए उन्होंने साहित्यिक प्रश्न और सामाजिक या कहें कि वृहत मानवीय प्रश्नों को मिलाकर उनका एक ऐसा ड्रामा तैयार करने की कोशिश की जो इन प्रश्नों को सीमित साहित्यिकों से बाहर सामान्य पाठकों तक ले जा सके। इसलिए मुझे साहित्यिक की डायरी का फार्म बहुत दिलचस्प लगता है। अक्सर इसमें छोटे-छोटे संवादात्मक निबन्ध हैं। बहसें हैं।''[252] नीरस और निरी बौद्धिक मानी जानेवाली सैद्धान्तिक बहसें इस फार्म या रूप में अनुभूतियों के साथ जुड़कर आई हैं। इस रूप पर चर्चा जितनी और जैसी होनी चाहिए थी, हुई नहीं है।

प्रश्न यह है कि आलोचना को ऐसा रूप मुक्तिबोध कैसे दे सके? इसका एक महत्त्वपूर्ण उत्तर उनकी ऐन्द्रिकता है। वे जनसाधारण की पक्षधरता पर केवल सैद्धान्तिक विमर्श नहीं करते। पाँचों इन्द्रियों के रास्ते उनतक आनेवाला जनजीवन का पूरा संसार उनके विमर्श का हिस्सा बनता है। वे कहते भी हैं, ''यदि कोई वस्तु है, या वस्तु की क्रिया है, इन्द्रिय-संवेदनाएँ हमें यह विश्वास दिला देती हैं कि उसमें अमुक-अमुक गुण हैं।''[253] ऐन्द्रिकता वस्तु और उसकी क्रिया के गुणों तक पहुँचने-पहुँचाने का माध्यम है।

इस माध्यम के सजग उपयोग द्वारा रचना का संसार रूपाकार लेता है। मुक्तिबोध के लिए शब्द भी जीवन्त हैं, भाव भी। वे 'कुंठा' शब्द को 'फ्रॉयडवाद और मार्क्सवाद की संकर सन्तान' कहते हैं।[254] सन्तान शब्द-भर नहीं होती। वे यह भी कहते हैं कि 'भाव...अस्तित्ववान थे और हम उनके अस्तित्व से दबे जा रहे थे।'[255] भावों का यह अनुभव ऐन्द्रिक है। उनके दबाव को यहाँ अनुभव किया जा सकता है। इस दबाव का सर्जनात्मक नतीजा है- 'एक साहित्यिक की डायरी'।

यह साहित्यिक साहित्य की दुनिया के भीतर-बाहर अकसर जाता रहता है। इस तरह देखें तो यह डायरी केवल एक साहित्यिक की नहीं। वस्तुतः अनेक सामान्य पाठकों की भी है। मुक्तिबोध के मानस में साहित्य प्रकारान्तर से सामान्य जीवन ही है। इस मान्यता को वे मानते और जीते हैं। यही कारण है कि साहित्यिक प्रश्नों को सामान्य पाठकों तक ले जाने के लिए डायरी जैसे रूप का प्रयोग करते हैं। इससे सामान्य पाठक साहित्य-विचारकों की बिरादरी में शामिल होता है और साहित्य-विचार सामान्य जीवन के क़रीब आते हैं।

'एक साहित्यिक की डायरी' में सर्जनात्मक तौर-तरीक़ों से ऐसा घटित हुआ है। इस सर्जनात्मकता को डायरी पढ़ते हुए शुरू से ही अनुभव किया जा सकता है। वाचक

चुपचाप दो लोगों की लम्बी बात 'दीर्घ धैर्य' रखते हुए सुन रहा था। उस बात में 'एक समस्या अकुला रही' थी। उस समय वाचक चुप रहा पर बाद में उसने अपनी बात कही। हरि ने कहा था कि छायावाद के बाद आए रचनाकारों का व्यक्तित्व क्षीण है। वे साहित्य का विकास नहीं कर सकते। इससे वाचक को 'आग लग गयी'। हरि अब उसके पास आया तो उसे अपनी बात कहने का अवसर मिला।

उसने 'हरि का हाथ अपने हाथ में लेकर' कहा कि साहित्य हमेशा राजनीति और समाज के समानान्तर नहीं चला करता। फिर भी लेखक अपने युग से सम्बद्ध होता है।... वर्ग-विभाजित समाज में व्यक्ति का मन भी विभाजित होता है, जिसके अनेक रूप होते हैं। इनमें कुछ रूप व्यक्ति की कमज़ोरी भी बनते हैं। इन कमज़ोरियों के कारण वह युगान्तरकारी घटनाक्रम के आघात सहते हुए भी उनको व्यक्त नहीं कर पाता। ऐसे में उसका सृजन युग का प्रभाव पूरी तरह सामने नहीं ला पाता। यह प्रभाव तभी सामने आ सकता है जब कोई ऐसा साहित्यिक आन्दोलन हो, जो लेखक को अपना सामाजिक व्यक्तित्व प्रकट करने को विवश करे। यहाँ रचना-प्रक्रिया का दृश्य दिखलाई देता है— ''लेखक के व्यक्तित्व के इस सामाजिक अंश का विकास तभी सम्भव है जब वह उन युगान्तरकारी घटनाओं की प्रक्रिया में व्यक्तिगत रूप से भाग लेकर उन अनुभवों की संवेदना-ग्रन्थि को धारण करते हुए साहित्य में उसको खोल दे।''[256] यह 'अनुभवों की संवेदना-ग्रन्थि' महत्त्वपूर्ण है।

प्रकारान्तर से लेखक की बुनियादी सामर्थ्य है यह। इसे अर्जित किया जाता है वास्तविकता का हिस्सा होते हुए। वास्तविकता निर्णायक है। एक नौजवान लेखक ने वाचक से कहा कि सम्प्रेषण यौवन की सुन्दर और कोमल भावनाओं वाले काव्य का अधिक होता है। वाचक की प्रतिक्रिया है कि उसमें आनन्द अधिक आता है लेकिन बहुत सारी भावनाएँ आनन्दरहित होने-भर से झूठी नहीं हो जातीं। वे सच्ची होती हैं। जीवन और साहित्य में उनकी ज़रूरी जगह है। मुश्किल यह है कि उनकी उपेक्षा उनको व्यक्त करनेवाली नयी रचनाओं को समझने से इनकार करती है। उन्हें असम्प्रेषणीय ठहराती है। कई आलोचक भी ऐसा करते हैं। वे एक छायावादी कवि की अच्छी समीक्षा करते हैं पर दूसरे छायावादी कवि के साथ न्याय नहीं कर पाते।

इसके लिए उन आलोचकों के व्यक्तित्व को जानना चाहिए। व्यक्तिगत बातचीत में वे सच कहते हैं पर आलोचना करते हुए उस सच के पास तक नहीं फटकते। उनकी आलोचना नाटक होती है। इस नाटक में 'आलोचक का मुकुट' पहनकर और 'सत्य का राजदंड' थामकर भाषण दिया जाता है। पिटी-पिटाई भाषा में। यह आलोचना की एटीट्यूडिनाइज़िंग है। आलोचकों के साथ-साथ ऐसी बातें कवियों में भी होती हैं। ऐसा कवि कविता में क्रान्तिकारी होता है और जीवन में जनसाधारण की मानवीयता से भी गिरा हुआ। असल में ''यदि साहित्य जीवन का प्रतिबिम्ब है तो उसमें यह भी जोड़ना

पड़ेगा कि कभी-कभी साहित्य जीवन के स्वाँग का प्रतिबिम्ब होता है।''[257] सामाजिक प्रतिष्ठा की भूख के कारण कवि यह स्वाँग किया करते हैं। यह 'आध्यात्मिक टुटपूँजियापन' है। आज की कविता का प्रमुख लक्षण।

वाचक की एक सज्जन से रस के बारे में बात होती है। वे 'सज्जन पूरी अँग्रेज़ियत का ख़ाक़ा हैं (लम्बा-चौड़ा क़द, पतले होंठ, और बुद्धिमान मस्तक), किन्तु रसवादी हैं, वर्तमान हिन्दी साहित्य के गहरे विश्लेषक हैं--उनके हाव-भाव, सम्मान-प्रतिष्ठा और चेहरे पर क्रीम और मलाई की रौनक़ से ऐसा ही मालूम होता है। उन्होंने छायावाद के गुण गाए।'[258] आलोचना में जो स्वाँग चलता है, ये सज्जन उसकी मिसाल हैं। व्यक्तित्व अंग्रेज़ी और मान्यताएँ भारतीय। बुद्धि-विलास के दृश्य-रूप हैं वे। वाचक का कहना है कि छायावाद में आँसू हैं पर करुणा नहीं। इसलिए मन उसमें भीगता नहीं। सज्जन कहते हैं कि वह आँसू का चित्रण है, उसका प्रभाव नहीं। वाचक कहता है कि जो हो, उसमें करुणा नहीं है। 'आँसू की नाज़ुकख़याली' है और उसे पसन्द किया जा रहा है। पसन्द उसी को किया जाता है, जो हमारे मन में बने हुए अच्छाई के ढाँचे में फ़िट हो जाए। इस ढाँचे को हम बचाए-बचाए फिरते हैं। उसमें कहीं कोई बदलाव न हो जाए। इसीलिए नयेपन का विरोध करते हैं। सज्जन अपने पर चोट होती देख चुप हो जाते हैं।

वाचक अपने दोस्त के साथ होटल में बैठा है। दोनों चुप हैं। 'बातचीत का झरना सूख गया' है। वाचक नीचे पड़ा एक काग़ज़ उठा लेता है। देखता है कि उसपर किसी पेशेवर सभामंची नेता का उपदेश है। उसे लगता है कि ये शब्द 'जितने ज़्यादा पीटे जाते हैं, उतने ज़्यादा बजते हैं, बोलते नहीं! यही कारण है कि बेरोज़गारी और गरीबी के दाँत के नीचे पिसनेवाले युवक इन शब्दों को सुन लेते हैं और 'उँह!' करके लौट जाते हैं।'[259] बेरोज़गारी और गरीबी के आहार बनने को विवश हैं ऐसे युवक। बहुत हैं समाज में। जिस युवावस्था में दुनिया को बदलने की ऊर्जा होती है, वह पिस रही है। नेताओं के उपदेश उसे बनावटी लगेंगे ही। बनावटीपन तरह-तरह के रूपों में पसरा है समाज में। उसी का ऐन्द्रिक रूप है यह। ऐसे रूप पूरी डायरी में हैं। लेखक की लोक-सम्पृक्ति और अनुभूति-क्षमता के उदाहरण।

वस्तुत: ऐन्द्रिकता आलोचना के इस नये रूप का स्वभाव है। डायरी कही जानेवाली इस रचना में मुक्तिबोध कहीं निबन्ध रचते प्रतीत होते हैं तो कहीं कहानी। कहीं आलोचना तो कहीं संस्मरण। साहित्य-विधाओं के रूढ़ रूपों को सर्जनात्मक चुनौती देनेवाली रचना है यह। पाठक पाता है कि इसमें आकर आलोचना नीरस नहीं रह गयी है और कहानी या संस्मरण कोरी सरसता में विलीन होकर नहीं रह गये हैं। इसे पढ़ने में मन रमता है। स्वभाव इसका भी वैचारिक है पर यह वैचारिकता अन्तत: जीवन से और जीवन के लिए है। यही कारण है कि यह जितनी जीवन्त है, उतनी ही विश्वसनीय।

पाठ्यक्रम की विवशता न होने पर भी इसे पढ़ा जा सकता है।

यह शक्ति इस रचना में आई कहाँ से ? उत्तर इस डायरी में आई यह बात देती है– 'वह अपने विचारों या भावों को केवल प्रकट ही नहीं करता था, वह उन्हें स्पर्श करता था, सूँघता था, उनका आकार–प्रकार, रंग–रूप और गति बता सकता था, मानो उसके सामने वे प्रकट, साक्षात् और जीवन्त हों।'[260] भावों की अपनी एक दुनिया थी। वह दुनिया मन में थी। फिर भी ऐन्द्रिकता के हाथों पकड़ में आ सकती थी। आई भी। 'डायरी' में सक्रिय ऐन्द्रिकता का एक दृश्य यों दिखाई दिया–

''मंगलनाथ के पास क्षिप्रा नदी बहुत गहरी, प्रचंड, मन्थर और श्याम–नीली थी। उसके किनारे–किनारे हम नये–नये भौगोलिक प्रदेशों का अनुसन्धान करते। क्षिप्रा के किनारों पर गैरव और भैरव साँझें बिताईं। सुबहें और दुपहर अपने रक्त में समेट लीं। सारा वन्य प्रदेश श्वास में भर लिया। सारी पृथ्वी वक्ष में छिपा ली।''[261] यह अनुभव वाचक और उसके साथियों के घूमने का है। यह घूमना कोई मामूली सैर–सपाटा नहीं, नदी–किनारे जीवन के अनजाने रूपों का अनुसन्धान करती यात्रा है। ऐसी यात्रा, जो पूरी दुनिया अपने में बसा ले और अपने को पूरी दुनिया में बसा दे।

कहीं कुछ पराया नहीं। पहुँच से दूर नहीं। हमारी सोच जितनी बड़ी होगी, उतना ही जीवन पकड़ में आएगा। सोच बड़ी होती है ज्ञान से। ज्ञान की हालत यह है कि अक्सर वह बेचारा बुद्धि के दिखावे या तरह–तरह की बेबसी के बोझ तले दबा रहता है। सिमटकर रह जाता है। मुक्तिबोध कहते हैं—''होना यह चाहिए कि ज्ञान आँखों में सुनहला अंजन लगा दे, दृश्य को निस्सीम और अत्यन्त मनोहर कर दे, पैरों में चलने के नये आवेग भर दे,...ज्ञान–रूपी दाँत ज़िन्दगी–रूपी नाशपाती में गड़ना चाहिए, जिससे कि सम्पूर्ण आत्मा जीवन का रसास्वाद कर सके।''[262]

ज्ञान आँखों की सेहत है। ताक़त है। इसके बल पर पूरी दुनिया आँखों में समा सकती है। थकान, अनुभव–ज्ञान यात्रा की ललक में बदल सकती है। जीवन का रस कण–कण और क्षण–क्षण को स्वादानन्द में सराबोर कर सकता है। होगा यह तभी जब ज्ञान के द्वारा ज़िन्दगी के सार तक पहुँचा जाए और उसे बाहर निकाल लिया जाए। सब तक पहुँचने को तैयार कर दिया जाए। जीवन सबका है। सबके लिए है पर सब तक पहुँचता नहीं। मुक्तिबोध के अनुसार आत्मा का अर्थ है– हमारा सामाजिक व्यक्तित्व।

अब इस बात को फिर पढ़ा जाए– 'ज्ञान–रूपी दाँत ज़िन्दगी–रूपी नाशपाती में गड़ना चाहिए, जिससे कि सम्पूर्ण आत्मा जीवन का रसास्वाद कर सके।' अगर इस नाशपाती का रस व्यक्ति या समूह–विशेष तक सिमटकर रह गया तो सम्पूर्ण आत्मा जीवन का रस नहीं पा सकेगी। आत्मा या सामाजिक व्यक्तित्व तभी सम्पूर्ण हो सकता है जब वह सबके साथ एकमेक हो जाए। सबकी भूख–प्यास उसकी भूख–प्यास हो। सबकी भूख–प्यास शान्त करने के लिए वह उसी तरह सक्रिय हो जिस तरह अपनी

भूख-प्यास शान्त करने के लिए होता है।

डायरी का संवेदनात्मक उद्देश्य यही है। विभिन्न विषयों पर बातचीत (और बहस) इसका माध्यम है। शैली डायरी की है। आत्मीय है। बड़ी सहजता के साथ पाठक को साहित्य-सिद्धान्तों और समकालीन जीवन में उनकी भूमिकाओं तक ले जाती हुई। आलोचना का रूप इससे पहले कभी इतना आत्मीय और सहज नहीं हुआ था। यह इसका रूप ही है, जो पाठक को अपने से दूर नहीं जाने देता। शुरू से ही 'दीर्घ धैर्य' और 'अकुलाती समस्या' जैसे ऐन्द्रिक प्रयोग पाठक को धैर्य के साथ गम्भीर बात सुनने के लिए तैयार कर देते हैं। इस अकुलाहट द्वारा समस्या दिखलाई भी देती है और अपने शीघ्र समाधान की माँग भी करती है। बातचीत इस समाधान की कोशिश है।

यह कोशिश सच्ची है। प्रकृति की गतिविधियाँ जहाँ आती हैं, वहाँ ऐन्द्रिकता प्रत्यक्ष है। जब "शाम दुपहर को 'खो' देकर रात में लीन हो जाती है..."[263] तो खो-खो का खेल धरती पर ही नहीं, आकाश में भी होता है। शाम के रात में बदलने का और चाँदनी का चित्र देखिए—"इतने में शाम साँवली हो गयी। वृक्ष अँधेरे के स्तूप-व्यक्तित्व बन गये। पक्षी चुप हो उठे।...कॉलेज के गुम्बद पर और वृक्षों के ऊँचे शिखरों पर लटकती हुई चाँदनी सफ़ेद धोती-सी चमकने लगी।"[264] साँवला रंग प्रायः मनुष्य के लिए प्रयोग किया जाता है। यहाँ शाम के लिए उसका प्रयोग है। मनुष्य की रंगत इस शाम में शामिल है। पेड़ जीवित ही नहीं, उनका अपना व्यक्तित्व भी है। उन अँधेरे के स्तूपों को देखा जा सकता है। वे सफ़ेद धोती की तरह चमकती चाँदनी से मिलकर पूरा वातावरण सामने ला देते हैं।

आकाश का यह दृश्य भी कम दर्शनीय नहीं है—"बाहर बादल छँट रहे थे। उनमें घुड़दौड़ मच रही थी। कुछ मेघ भड़क लाल हो उठे थे। कुछ स्तब्ध खड़े थे। कुछ ज़र्द पीले होते हुए सुनहले हो रहे थे। काले बादलों की झालरें मोतिया हो गयी थीं। आकाश का रंग-वैभव देदीप्यमान होकर कल्पना-जैसा हो उठा था।"[265] बादलों के इतने रंग आकाश की सम्पन्नता को सामने लाते हैं। काले बादलों की मोतिया झालरें देखकर लगता है जैसे धरती की कला-क्षमता ने बादलों की फिर से रचना कर उनको मनमोहक रूप दे दिया हो। कल्पना की उपमा आकाश से देने की बजाय आकाश की उपमा यहाँ कल्पना से दी गयी है। अर्थात कल्पना का महत्त्व आकाश से थोड़ा-सा ज़्यादा है। वह कवि के अधिक निकट भी है। अपने निकट के साधनों को वह दूर की वस्तुस्थितियाँ देखने-दिखाने के लिए बरतता है।

मनुष्य प्रकृति का जागरूक हिस्सा है। प्रकृति उसे आनन्दित करती है। यह इन शब्दों में सामने आता है—"मेरे भीतर वातावरण की मस्ती छाने लगी। वक्ष के रोम पुलकित हो रहे थे। जाँघों में किरनों की सुनहली धारा-सी बहने लगी। बाहुओं की माँसपेशियों में से मानो कोई नशा बहकर, दौड़कर, हृदय में शराब बन रहा था। मात्र

प्राकृतिक-शारीरिक आनन्द मुझ पर हावी हो रहा था।''[266] यह आनन्द प्रकृति का दिया है। जनसाधारण को भी सुलभ है। आम जनता का सच मुक्तिबोध के सृजन का आधार है।

डायरी का बहुचर्चित बिम्ब है—''आसमान का चित्रण सधे-न-सधे, सामने के मैले डबरे में सूरज के बिम्ब का चित्रण करना चाहिए, शायद वह मेरे जीवन-सत्य के अधिक निकट होगा। उतना चित्रण मुझसे सध भी जाएगा।...हम सब लोग ऐसे ही डबरे हैं, जो अपने भीतर सूरज का प्रतिबिम्ब धारण किए हैं।...डबरे हुए तो क्या हुआ, हैं तो प्रकृति-जन्य!''[267] मैले डबरे में सूरज का बिम्ब मुक्तिबोध और डायरी, दोनों का प्रतिनिधि शब्द-चित्र है। साहित्यलोक को उनका बेशक़ीमती योगदान। 'रक्तालोकस्नात पुरुष' या 'रक्तपायी वर्ग से नाभिनालबद्ध' लोगों की तरह। डबरा मैला है पर उसके भीतर सूरज की क्षमता है। वह हर मैल को छाँटने की ताक़त रखता है। यह बिम्ब ताक़तवर है। डबरा जनसाधारण का शरीर है तो सूरज आत्मा। डबरा उसके हालात हैं और सूरज उसकी क्षमताओं का पुंज। डबरा उसका वर्तमान है तो सूरज सम्भावना। जनसाधारण के पूरे नहीं तो अधिकांश जीवन को इस बिम्ब में देखा जा सकता है। इसका उजाला साधारण लोगों के रूप में पूरी डायरी में फैला है। हरि, कुट्टुयान, वीरकर, केशव, यशराज आदि ऐसे ही डबरे हैं।

उल्लेखनीय है कि ये कोरे काल्पनिक पात्र नहीं हैं। रमेश याज्ञिक ने यशराज के न रहने पर लिखा है— ''...निश्छल, सरल और इतने कि कुटिल लोगों के साथ काम करने में भी उनको मानसिक कष्ट होता था।...चालीस साल पहले बीएस.सी., एल. एल. बी. बना वो आदमी परिचितों के बीच 'वकील साहब' नाम से पुकारा जाता था। पर वकालत के व्यवसाय में अपने को थोड़े ही दिन में मिसफिट मान लिया।...बौद्धिक चर्चाओं के लिए उनकी ललक देखते ही बनती थी।...जसराज जी कहते—मुक्तिबोध तो बुद्धिवादी महामानव (इंटेलेक्चुअल जायेंट) थे।'[268] और मुक्तिबोध की दृष्टि में यशराज कैसे थे? देखें—''जी हाँ, वह बेरोज़गार है। ग़रीब है, ठुकराया हुआ भी है, समाज में उसकी कोई इज़्ज़त नहीं है। लेकिन वह निःस्पृह भी है। क्या वह सुकरात नहीं है?''[269] यशराज के भीतर का सुकरात मुक्तिबोध देख पाते हैं।

वस्तुतः मुक्तिबोध के प्रिय यशराज के 'पास न यश था, न राज्य। इसके विपरीत, बेरोज़गारी के कारण अपने धनी व्यावसायिक समाज में भरपूर बदनामी की धूल से वह व्यक्तित्व भूरा हो उठा था।''[270] मुक्तिबोध यशराज के संघर्ष का रंग पहचानते थे। उनका आत्मीय था यह रंग। वस्तुतः यह रंग वही है, जो डबरे का है। डबरे में सूरज है, यशराज में सुकरात। मुक्तिबोध मानो डबरों का हीनभाव दूर करने के लिए कहते हैं— ''डबरे हुए तो क्या हुआ, हैं तो प्रकृति-जन्य!' वीरकर एक 'गली में चलता-फिरता...उपेक्षणीय व्यक्ति है' पर वह 'एक महापुरुष है, जो विश्व-स्वप्न देखता है।''[271] मुक्तिबोध सभी डबरों को तन्मयता से चित्रित करते हैं। केशव का चित्र यह है-

"केशव का सिर पीछे से बहुत बड़ा था। आगे की ओर लम्बा और विस्तृत था। माथा साधारण और घनी-घनी भौंहों के नीचे काली आँखें, बहुत गहरी मानो दो कुएँ पुतली के काँच से मढ़े हुए हों।...आँखों के नीचे फीका-पीला, लम्बा, शिथिल और उकताया हुआ, थका चेहरा था...सिर पर मोटे बाल और गोल अड़ियल मज़बूत ठुड्डी मुझे बहुत ही रहस्य-भरी मालूम होती।"[272]

ये डबरे मुक्तिबोध के सहचर हैं, जो उनसे 'हर उचित बात छाती पर चढ़कर करवा'[273] सकते हैं। इनके चेहरे वे ऐसे देखते हैं जैसे चेहरे न होकर 'पाठशाला के ब्लैकबोर्ड' हों। इनमें 'विश्व-संवेदना' है। इनकी 'सृजन-शक्ति दुर्दम्य और अनन्त है।'[274] मुक्तिबोध इन्हीं से बातचीत और बहस करते हैं। जब सहमत होते हैं तो 'दो सेर का अपना सिर हिलाकर उसकी हाँ में हाँ'[275] मिलाते हैं। कुटुयान से बातचीत करते हुए काव्य-सत्य और जीवन-सत्य के रिश्तों का सवाल इस तरह उठाते हैं कि वह साहित्य के सैद्धान्तिक सवाल की बजाय रोज़मर्रा की बातचीत का हिस्सा ही लगे।

डायरी के संसार में साधारण लोगों की भूमिका असाधारण है। मुक्तिबोध के शब्दों में 'वे नौकर नहीं हैं। प्रत्येक अपने भीतर की आग से गरम है।'[276] भीतर की आग को यहाँ छुआ जा सकता है। महत्त्व इसका यह है कि 'बुझे हुए ज्वालामुखियों वाले व्यक्तित्व, कीर्ति की पेंशन लेते हुए, भले ही अपने को धन्य मानते रहें, छोटी-सी एक सजग चिनगारी उस बुझे ज्वालामुखी से निस्सन्देह बड़ी तो है ही, वह उसे चुनौती भी देती है।'[277] भले बुझे हुए हों, हैं तो ज्वालामुखी पर उनके सामने एक सजग चिनगारी की अहमियत को मुक्तिबोध कभी नहीं भूलते। इस अहमियत के बल पर ही वे ज्वालामुखियों से कभी आतंकित भी नहीं होते।

सजग चिनगारियाँ और डबरे मुक्तिबोध के साथ हमेशा रहते हैं। इनका सौन्दर्य अंकित करना भी मुक्तिबोध को याद रहता है—"उसके बाल सफ़ेद हो गये थे। लेकिन यह कहना मुश्किल था कि वह नौजवान नहीं है।"[278] यह सौन्दर्य केवल ऊपरी नहीं है। इसका सार मामूली आदमी के भीतर है। वह जिज्ञासु है। साहसी है। ऐसा आदमी "एक बर्बर असभ्य मनुष्य होता है। वह आदिम असभ्य मानव की भाँति हरेक जड़ी और वनस्पति चखकर देखना चाहता है। ज़हरीली वस्तु चखने का ख़तरा वह मोल लेता है।'[279] ऐसे आदमी का एक गतिशील दृश्य है- "ख़ूब आदमी है, अजीब है, मुझे नापसन्द है। वह मेरे एकान्त को तोड़-फोड़ डालता है। उसे देखकर, मुझे उस तूफ़ान की याद आती है, जो सूखे हुए पहाड़ों, और भूखी घाटियों पर से गुज़रता हुआ हर ठूँठ से शेकहैंड करते हुए उसे झकझोर देता है।"[280]

मुक्तिबोध के पहाड़ सूखे हैं और घाटियाँ भूखी। इस परिदृश्य में उनके लोग ठूँठों जैसे हैं। ऐसे ठूँठों से हाथ मिलाकर यह आदमी उनको हिलाता-डुलाता है। उनकी जीवन्तता को बाहर लाता है। एकान्त जब टूटता-फूटता है तो जीवन्तता व्यक्त होती है।

इस जीवन्तता को मुक्तिबोध सूरज का प्रतिबिम्ब कहते हैं। उसे धारण करनेवाले डबरे यहाँ ठूँठों के रूप में हैं। सर्जक मुक्तिबोध का सुख इन रूपों को तल्लीनता से चित्रित करने में है। अपरिचित या नापसन्द लोगों की भी डायरी में अपनी जगह है। मुक्तिबोध लिखते हैं—"मेरे स्वभाव से बिलकुल ही भिन्न यह व्यक्ति है।...क्यों न इस अपरिचित जलाशय का तल मापा जाए। उसकी थाह ली जाए।"[281] अपरिचित व्यक्ति को जलाशय कहना और उसकी थाह लेने का उत्साह प्रकट करना लोकतान्त्रिक स्वभाव का लक्षण है। यह लक्षण बहुत-से बड़े लोगों में भी नहीं होता और बहुत-से मामूली कहे जानेवालों में भी होता है। मुक्तिबोध ने कहा—"चेहरे नक़ाब होते हैं। वे हृदय के आईने भी होते हैं।"[282] दोनों तरह के चेहरे डायरी में दिखाई देते हैं पर दूसरी तरह के चेहरे यहाँ ज़्यादा हैं।

एक मामूली आदमी का चेहरा यह है—"वह एक पतला-लम्बा चेहरा था। ज़रूरत से ज़्यादा ऊँचा माथा—शायद आगे के बाल कम होने के कारण! मुझे ऐसे चेहरे पसन्द हैं। ऐसे लोगों में आप डूब सकते हैं, और आपकी डुबकी को वे एन्जॉय करने की ताक़त रखते हैं।"[283] जलाशय होते हैं वे। सूरज उनमें अपनी शक्ल देखता है। अपने हालात और अपनी ऊर्जा के साथ वे डायरी में बार-बार सामने आते हैं। वे वाचक की फ़िक्र करते हैं। उसे गम्भीर देखकर हँसाना चाहते हैं। 'मुँदे दरवाज़े से बाहर निकालना'[284] चाहते हैं। जिनके पास कुछ नहीं, वे निम्नमध्यवर्गीय बौद्धिक आदमी को बहुत-कुछ देते हैं। साधनहीन की सम्पन्नता मुक्तिबोध को इतनी ज़्यादा दिखती है कि वे उसे दिखाए बिना जैसे रह ही नहीं सकते। हालाँकि कहीं-कहीं ऐसे चेहरे भी हैं, जिनपर 'आदर्शवादी पेशेवर सैद्धान्तिक आत्मविश्वास जगमगाने'[285] लगता है। लगता है जैसे एक सफल आलोचक का चेहरा हो।

पेशेवर सफल आलोचना ने मुक्तिबोध को तोड़ा ज़्यादा था। डायरी में उन्होंने भी इसकी अच्छी ख़बर ली है। मीर के एक शेर में है कि जैसी इज़्ज़त अमीरों में मेरे शेरों की हुई, वैसी ही उनकी भी मेरे दीवान में होगी। मुक्तिबोध पेशेवर सफल आलोचक को 'साहित्य का दारोग़ा'[286] कहते हैं। साहित्य की बस्तियों में डंडा फटकारते उसे अक्सर देखा जा सकता है। वह आसमान से नहीं टपकता। धरती पर पैदा होता है। बनता है। उसके बनने की प्रक्रिया मुक्तिबोध ने इन शब्दों में बताई है—"...हमारी गली में से ग़ायब होकर दिल्ली में निकल आया हुआ वह लड़का अपनी गली की ज़िन्दगी की असलियत को न सिर्फ़ भूल चुका है, लेकिन उस गली को—बिना उसके दोनों ओर रहनेवाले मकानों से पूछे—एकदम सड़क बनाना चाहता है।...जो आदमी जहाँ से ऊपर उठता हुआ ऊँचा तनता जाता है, वह आदमी अपनी खुद की ज़मीन से दूर, दूर, बहुत दूर पड़ जाता है। और फिर अपनी ऊँचाई पर खड़े होकर, वह नीचे की ज़मीन को बदलने की सोचने लगे तो बड़ी मुश्किल हो जाती है।

साहित्य-समीक्षक अपनी ज़मीन से ऊपर, दूर, बहुत ऊँचा उठा हुआ इनसान

है।'[287] उसे ज़मीन की निहायत ऊपरी सच्चाई दिखाई देती है। बनता वह ऐसे है जैसे ज़मीन का मर्मज्ञ हो। ऐसे लोग प्रगतिवाद में भी रहे, प्रयोगवाद में भी लेकिन "चाहे प्रगतिवादी हो चाहे प्रयोगवादी, जिसने भी उच्च-मध्यवर्ग की सफ़ेदपोश भद्रता के महत्त्व की कुर्सियों पर आराम किया कि वह गया, मर गया, ऐसा मेरा ख़याल है।"[288] मर जाने का मतलब है—जीवन और साहित्य के लिए अप्रासंगिक या व्यर्थ हो जाना।

एक तरफ़ 'सफ़ेदपोश भद्रता के महत्त्व की कुर्सियों पर आराम' करनेवाले हैं तो दूसरी तरफ़ संघर्ष करनेवाले लेखक। वे अपने विषय को पूरी तरह सामने लाने के लिए लगभग वैसा ही संघर्ष करते हैं जिसे 'जान की बाज़ी लगाना' कहा जाता है। मुक्तिबोध के शब्दों में, 'केन्द्रीय विषय से मुठभेड़ करना आसान काम नहीं है। उस विषय में घुसने से उस विषय की लहरें नाक-कान में घुस जाती हैं। तकलीफ़ होती है। पानी कंठ में घुस जाता है और श्वास लेना-निकालना मुश्किल हो जाता है।"[289] विषयवस्तु एक समुद्र है। लेखक उसे आत्मसात करने की मुश्किल प्रक्रिया से गुज़रता है। न गुज़रे तो उसके साथ न्याय नहीं कर पाता।

लेखक के सामने मुश्किलें कई होती हैं। बुनियादी मुश्किल यह कि "...हमारा लेखक अपनी भौतिक, सांसारिक उन्नति के लिए दन्द-फन्द करता रहे, या स्वयं अपनी दिशा में प्रगति के लिए वह कोशिश करे? अगर उसने पहली बात छोड़कर दूसरी बात की, तो उसके पीछे कुत्ते लग जाते हैं—भूख के, दयनीयता के, अपमान के, अभाव के, रोग के, यहाँ तक कि मृत्यु के। यदि दूसरी छोड़कर पहली बात की तो उसका मूल मन:पिंड ही नष्ट हो गया समझिए।"[290] भूख, दयनीयता, अपमान, अभाव आदि को यहाँ कुत्तों की तरह काटने के लिए आदमी के पीछे दौड़ते देखा जा सकता है। उस भय को देखा जा सकता है जो ऐसे में महसूस होता है। माहौल समाज का ऐसा है कि या तो लेखक सफल हो ले या सच्चा। सच्चाई का रास्ता चुनने पर भूख और अपमान के कुत्ते पीछे पड़ते हैं। फिर भी मुक्तिबोध जैसे लेखक उसी को चुनते हैं। इस चुनाव की क़ीमत चुकाते हैं।

यह क़ीमत मुक्तिबोध ने भरपूर चुकाई थी। उनके अभिन्न मित्र हरिशंकर परसाई ने लिखा कि खाट पर लेटे बीमार मुक्तिबोध ऐसे दिख रहे थे जैसे कोई 'मज़बूत क़िला' हो—"कई लड़ाइयों के निशान उसपर हैं। गोलों के निशान हैं, पलस्तर उखड़ गया है, रंग समय ने धो दिया है—मगर जिसकी मज़बूत दीवारें गहरी नींव में जमी हैं और वह सिर ताने गरिमा के साथ खड़ा है।"[291] मुक्तिबोध ऐसे क्यों दिखे? इसलिए कि 'अभावों का ओर-छोर' न होते हुए या 'कर्ज से लदे' रहने के बावजूद उन्होंने "पैसे के लिए कभी कोई काम विश्वास के प्रतिकूल नहीं किया।"[292]

बीमारी (पैसे की सबसे ज़्यादा ज़रूरत) के दौरान अपना ख़र्च अपनी मेहनत से ख़ुद चलानेवाले उनके एक विद्यार्थी ने उनको बीस रुपये भेजे। वे बोले, "यह लड़का

ग़रीब है। उससे कैसे पैसे ले लूँ?''[293] उस हालत में भी उनको अपनी ज़रूरत की जगह दूसरों की ग़रीबी दिखती रही। पैसों को बैंक में रखने की बात चली तो उन्होंने अपने नाम से बैंक में खाता खुलवाने का आग्रह किया। कारण बताते हुए कहा—''बात यह है पार्टनर कि मेरी इच्छा है ऐसी। 'आई विश इट'। मैं नहीं जानता कि बैंक में खाता होना कैसा होता है। एक नया अनुभव होगा मेरे लिए। तर्कहीन लालसा हो—पर है ज़रूर, कि एक बार अपना भी एकाउंट हो जाए! ज़रा इस सन्तोष को भी देखूँ।''[294] मुक्तिबोध की इच्छा थी कि वे जीवन में एक बार तो चेक काटने का सुख लें। अस्पताल गये तो अपनी रचनाएँ ज़िद करके साथ रखीं ताकि समय मिलते ही उनको सुधारने और पूरा करने का काम किया जा सके। परसाई के शब्द हैं—''पर उन काग़ज़ों पर मुक्तिबोध का न फिर हाथ चल सका और न वे एक चेक काट सके। ज़िन्दगी बिना कविता-संग्रह देखे और बिना चेक काटे गुज़र गयी।''[295]

यह सफलता की बजाय सच्चे लेखन का रास्ता चुनने की क़ीमत थी। ऐसे लेखक का रचना-कर्म पहले से अन्तिम शब्द तक सच्चा होता है। डायरी इसकी एक मिसाल है। इसमें बताया गया है कि सच्चाई का रास्ता समाज में लोकप्रिय नहीं होता। उसका मज़ाक उड़ाया जाता है। उसकी उपेक्षा की जाती है। इस तरह लेखन पर घोषित-अघोषित सेंसर लगते हैं। मुक्तिबोध कहते हैं कि ''असल में संवेदनाओं में एक विभाजन-रेखा खींच दी गयी है। ये संवेदनाएँ प्रकट की जाएँगी। ये नहीं। इस ढंग से, खुद अपने-आप से ही आँखमिचौनी और छिपौवल चलता रहता है।''[296]

यह झूठ के रास्ते की जयजयकार करना है। उसे ताक़तवर और लोकप्रिय बनाना है। सच्चाई के रास्ते चलनेवाले को इस प्रवृत्ति से भी संघर्ष करना पड़ता है। अगर वह नया हो तो उसे नयेपन में ग़र्क़ होने से बचने और अपनी सच्चाई को बचाने का संघर्ष भी करना पड़ता है। नये लेखक की इस चुनौती के बारे में डायरी में कहा गया है—''अजी, वह बहती हुई नयी-नयी लहरों में डूबा रहता है, पानी आँखों में समा जाता है, वह आँखें मूँदकर तैरता है! लेकिन पानी के बाहर सिर निकालकर जल का नील-विस्तार-दृश्य नहीं देख पाता!''[297]

यह पानी नये फ़ैशन का है। लेखक जागरूक न हो तो इसमें डूब सकता है। नयी लहरों में तैरना और पानी के नीले विस्तार को देखते रहना उसकी चुनौती है। मुक्तिबोध ने इन चुनौतियों को स्वीकार किया। वे नये कवि भी हुए और सच्चे कवि भी। उन्होंने समझा कि 'सत्य का प्रकाश सत्य से भिन्न है। साहित्य में प्रकाश ही प्रकाश है। किन्तु हमें प्रकाश में सत्यों को ढूँढ़ना है।'[298] प्रकाश चकाचौंध पैदाकर देखने की ताक़त छीन भी लेता है। उससे सावधान रहना है और उसे बरतते हुए सच को खोजना-पाना भी है।

यह काम ज़रूरी है। इसे कर पानेवाला सच्चा रचनाकार होता है। ऐसे रचनाकार देश के लिए क़ीमती होते हैं। मुक्तिबोध के शब्दों में, ''वस्तुतः ये लेखक अपने

वास्तविक जीवन में हमारे लिए उतने ही महत्त्वपूर्ण हैं, जितने कि राष्ट्रीय उत्पादन के साधन। किन्तु इस लेखक-साधन का अब तक समुचित राष्ट्रीय उपयोग नहीं किया गया। उन्हें केवल व्यक्तिगत पूँजी और लाभ के दाँतों में पकड़े जाने के लिए छोड़ दिया गया है।''[299] कैसा दृश्य है—'व्यक्तिगत पूँजी और लाभ के दाँतों में' पकड़े हुए लेखक!

लेखक को सच्चा होना है, अपने से आँखें मिलाने लायक़ बनना और बने रहना है तो इन दाँतों में फँसने से अपने को बचाना है। अपने समय में लेखक के इन संघर्षों को डायरी में लिखा-भर नहीं गया। जीया गया है। यह बात इसकी ऐन्द्रिकता को देखकर पूरी तरह सामने आती है। यहाँ जो कुछ भी है, स्पष्ट है। सच्चा है। आलोचना की सार्थकता को भी यहाँ देखा जा सकता है—''मर्मी आलोचना चाहे जितनी निष्पक्ष और बेलाग दिखाई दे, ऊपर से चाहे जितनी कठोर और खुरदरी हो, अन्ततः उसमें एक बड़ी भारी श्रद्धा होती है और वह यह कि मनुष्य...चाहे तो अपने कन्धों पर ही चढ़ सकता है।''[300] खुरदरी आलोचना में बसी श्रद्धा भी डबरे में सूरज का एक रूप है।

मनुष्य का अपने कन्धों पर चढ़ना अपने हालात पर काबू पाते हुए अपने से बड़े होना है। यह उन्नति सच्ची है। 'अँधेरे में' का 'रक्तालोकस्नात पुरुष' भी विशालकाय है। सच्चे मनुष्य का क़द ऊँचा होता है। इस ऊँचाई पर भरोसा सच्ची आलोचना का मर्म भी है और सच्ची रचनाधर्मिता का भी। डायरी इस ऊँचाई का रूप और इसकी प्रक्रिया, दोनों साफ़-साफ़ बताती है। मुक्तिबोध जब कहते हैं कि 'पहला क्षण एक नदी की चमकती हुई झलक है, और दूसरा क्षण झलक देखनेवाले द्वारा नदी में गोता लगाकर उसमें प्रवाहित होना'[301] तो 'कला के तीन क्षणों' जैसा आलोचनात्मक सिद्धान्त भी जीवित छवियों के रूप में सामने आता है। बातचीत कैसे नाटकीय रूप लेती है, उससे आदमी के भीतर बदलाव कैसे आता है और फिर परिवेश कैसा लगता है, यह डायरी के इस हिस्से से जाना जा सकता है—

''मैंने उससे पूछा, ''पिछले बीस वर्षों की सबसे महान घटना कौन-सी है?'' एक मिनट तक उसने मेरी तरफ़ देखा और फिर छूटते ही कहा, ''संयुक्त परिवार का ह्रास!'' मैं स्तब्ध हो गया। उसी ने मेरे कन्धे पर हाथ रखकर खिलखिलाते हुए कहा, ''और इस तथ्य का साहित्य से बहुत बड़ा सम्बन्ध है।'' चारों ओर चाँदनी की रहस्यमय मधुरता फैली हुई थी। चारों ओर ठंडा एकान्त फैला हुआ था।''[302] सवाल, उसपर विचार, जवाब, उसकी प्रतिक्रिया, सवाल-जवाब का नतीजा और अनुभूति बननेवाला परिवेश; डायरी में बोलचाल की प्रमुखता वाला रूप इन सबसे मिलकर बनता है। यह रूप जीवन्त है। अतः प्रभावशाली है। इसकी ऐन्द्रिकता सच्चाई से लेखक का जुड़ाव भी है और अभिव्यक्ति का माध्यम भी। पाठक को अपने से लगातार जोड़े रखनेवाली ताक़त भी है यह। डायरी में जगह-जगह मौजूद ताक़त।

यहाँ 'मानसिक भूगोल के पहाड़, चट्टान, खाइयाँ, ज़मीन, नदियाँ, झरने, जंगल

और रेगिस्तान'[303] की तरह दिखलाई देनेवाले तथा कमरे के दरवाज़े पर ठिठके लोगों की तरह भीतर न आनेवाले[304] विचार हैं। झरोखे से हवा के झोंकों की तरह भीतर चले आने वाले वाक्य हैं।[305] अर्थ-स्पन्दन रखनेवाले और वक्ता के व्यक्तित्व व गुप्त उद्देश्य को दिखलानेवाले शब्द हैं।[306] शीघ्रतापूर्वक अपनी शाखा-प्रशाखाएँ विकसित करती और उनको परस्पर फँसाती जाती ज़िन्दा बात या रबर की तरह तान दी जाती बात है।[307] चाय से डिरेल न होनेवाली बात की रेलगाड़ी है।[308] बात कहनेवाला एक ऐसा चेहरा है जिसकी 'छोटी आँखों में कोमल दीप्ति' है और 'लघु-तुच्छ नासिका संवेदनशील होकर, बात की गहराई को प्रकट करने के लिए, अपने सिरे पर कुछ लाल हो उठती' है। उसके 'गाल के परदे, हारमोनियम के परदे की तरह'[309] चलते हैं।

बातचीत महज़ एक तथ्य नहीं, एक प्रक्रिया की तरह यहाँ है और यही इसकी जीवन्तता का मर्म है। यहाँ बातें भी कई तरह की हैं और उनके असर भी। सन्दर्भ के अनुसार कहीं बात कन्धे पर ढीला हाथ रखकर कही जाती है तो कहीं धीरे-धीरे बहुत ठंडक के साथ। ठंडक के साथ कही गयी बात सुनते हुए लगता है जैसे 'बर्फ़ की कोई सिल मेरी त्वचा पर फेरी जा रही है।'[310] यह बात को सुनना ही नहीं, उसे छूकर देखना भी है। बात ऐसी भी होती है जिसे सुनकर 'आँखों में व्यंग्य की दीप्ति मुसकरा' उठती है और ऐसी भी, जिससे उकताहट होने लगती है। ऐसे में बात सुननेवाला 'पत्थर उठाकर तालाब में फेंक मारता' है। इससे 'पानी की सतह पर लहरें बनतीं' हैं और 'डुप्प-डुप्प की आवाज़' होती है।[311] कोई अच्छी बात कह देने पर एक मामूली चेहरे में यह बदलाव आता है—''वह दुबला-पतला चेहरा मेरे सामने उठावदार और उभारदार हो गया, उसमें भव्य गरिमा प्रतिबिम्बित हो उठी।''[312]

बातचीत की विविध स्थितियों के ये चित्र ज्ञान को बोझ नहीं बनने देते। वह इनमें रस बनकर आता है। ऐन्द्रिकता इस प्रक्रिया का रूप है। यह विविध भावों और प्रवृत्तियों को साकार करनेवाली कला भी है। यहाँ 'संकोच की गटर-गंगा' में डूबनेवाला आदमी भी है और 'दार्शनिक भावना में' डूबनेवाला भी।[313] भावों का शरीर पर होनेवाला असर देखें—''मित्र महोदय का मन धीरे-धीरे, क्रमशः, उदासी की मोटी परतें फाड़ता हुआ जाग्रत हुआ। उनके गालों पर भावों की हलचल दिखाई दी...जिस प्रकार लालटेन की बत्ती धीरे-धीरे ऊँची करने से, काँच की हंडी पर सुनहली-पीली आभा, ऊपर से क्रमशः नीचे रेंगती जाती है और फिर पूरी-की-पूरी हंडी पीली रौशनी से चमकने लगती है, उसी प्रकार मित्र महोदय का मुख भी चमचमा उठा।''[314] भीतर के अमूर्त भाव यहाँ दृश्य बन गये हैं।

ध्यान देने योग्य यह भी है कि ऐसा पूरी डायरी में हुआ है। जगह-जगह हुआ है। डायरी की भाषा, उसका तेवर है यह। ऐसा न होता तो न घृणा को यहाँ हृदय में फूट पड़नेवाला फोड़ा कहा जाता और न ही व्यापक परिप्रेक्ष्य से अलग रहनेवाले असन्तोष

को तुरन्त नष्ट हो जानेवाली राख से सनी चिनगारियाँ।[315] परम मूर्खता का दृश्य यह है—''...उनकी बीवी कभी कोई लॉजिक पढ़ नहीं सकतीं। वे इल्लॉजिक की सीधी-सादी मुसकराहट हैं!''[316] इल्लॉजिक की यह सीधी-सादी मुसकराहट बड़ी व्यंजक है। ख़ैर!

मुक्तिबोध के लिए 'अभिव्यक्ति में मानव के संकल्प की आग के दर्शन'[317] अपेक्षित हैं। स्वार्थ की सक्रियता का दृश्य वे इन शब्दों से बनाते हैं, ''मनुष्य की मानसिक मनोवैज्ञानिक स्वार्थ-बुद्धि ऊँचे आदर्शों को आगे करके उनके झंडे के नीचे काम करती है। उनके मन्दिर में बैठ अपना शिकार करती है, अपना धन्धा करती है।''[318] आदर्शों की आड़ में स्वार्थों की सक्रियता मन्दिर में धन्धा करना है। आदर्श झंडे हैं। स्वार्थ को ढँकते हैं। नैतिकता का दिखावा करते हैं। इस दिखावे को चीरते हुए लेखक भीतर के सच तक पहुँचता है। इस तरह, 'मेरा मित्र एक दूर बैठे कौवे की तरफ़ देख रहा था। वह लगातार गरदन मटकाता हुआ, चारों ओर चालाक नज़रें घुमाता, एक छप्पर पर बैठा था।...मैंने अकस्मात् यह महसूस किया कि गरदन मटकाते हुए चालाक नज़रों वाले कौवे-सरीखा या किसी की सावधान प्रतीक्षा में बैठी उस चिर जागरूक बिल्ली-सरीखा कुछ—हाँ कुछ—मनुष्य के भीतर भी है।''[319] यह कौवा और बिल्ली चतुराई और बर्बर छल के दृश्य-रूप हैं। मनोलोक का दृश्य यह है—

''मुझे लगता कि मन एक रहस्यमय लोक है। उसमें अँधेरा है, अँधेरे में सीढ़ियाँ हैं। सीढ़ियाँ गीली हैं। सबसे निचली सीढ़ी पानी में डूबी हुई है। वहाँ अथाह काला जल है। उस अथाह जल से स्वयं को ही डर लगता है। इस अथाह काले जल में कोई बैठा है। वह शायद मैं ही हूँ। अथाह और एकदम स्याह-अँधेरे पानी की सतह पर चाँदनी का एक चमकदार पट्टा फैला हुआ है, जिसमें मेरी ही आँखें चमक रही हैं, मानो दो नीले मूँगिया पत्थर भीतर उद्दीप्त हो उठे हों।''[320] समकालीन मनुष्य को (और अपने को भी) भीतर तक पहचानने का जोखिम मुक्तिबोध उठाते हैं। भीतर अँधेरा है। काला जल है लेकिन रत्नों की तरह चमकती आँखें भी हैं। व्यक्ति, समाज और इतिहास के लिए यह उम्मीद की चमक है। सर्जक के लिए यह सच को पहचानकर आनेवाली चमक है।

स्वातन्त्र्योत्तर मध्यवर्ग का एक प्रमुख सच अवसरवाद है। इसका एक दृश्य है-''बुद्धिमानी इसमें है कि दरारें देखो और उनमें चुपचाप रेंग जाओ, और रेंगते हुए 'ऊँची से ऊँची' सतह तक पहुँचो। यह है वास्तविक जीवन-कला! समझे?''[321] मनुष्य के केंचुआ बन जाने को उन्नति माना जाता है। यह पतन की उन्नति है। इस उन्नति के दीवानों को मुक्तिबोध ने ख़ूब देखा और यह कहकर नकारा था कि 'ऐसी सफलता किस काम की, जिसे प्राप्त करने के लिए आदमी को...शालीनता के नाम पर बिलकुल एकदम सफ़ेद झूठी खुशामदी बातें करनी पड़ें! जिन व्यक्तियों को आप क्षण-भर टॉलरेट नहीं कर सकते, उनके दरबार का सदस्य बनना पड़े! हाँ, जो लोग यह सब कर लेते हैं, वे अपनी यश:पताकाएँ फहराते हुए घर में लौटते हैं...।'[322] मुक्तिबोध समेत

ऐसा न कर पानेवाले लोग कैसे घर में लौटते होंगे, यहाँ देखा जा सकता है।

मुक्तिबोध ने प्रत्यक्षतः भी ऐसे लोगों की स्थिति बताई है— "एक रात को जब कराहें सोई हुई थीं, और घर के आले में रखा दीया शान्त रौशनी फैला रहा था, तब मैं अशान्त मन से ज़िन्दगी के बारे में सोचने लगा। मैं बहुत उदास हो उठा। लगा कि मेरी ज़िन्दगी असफलता की डाढ़ों में पड़ी हुई एक बेबस आँत है।"[323] पूरा दृश्य है— असफलता की डाढ़ों में पड़ी हुई एक बेबस आँत। असफलता के शिकारी पशु की सक्रियता और शिकार होनेवाले की बेबसी यहाँ साक्षात् है। असफलता के दाँत शिकार के भीतर आँतों तक पहुँच चुके हैं।

वस्तुतः मुक्तिबोध के जीवन और सृजन में चतुराई से पैदा होनेवाला अन्तर बिलकुल नहीं है। लिखा है, "मरने तक प्राइमरी स्कूल ही रहेगी यह ज़िन्दगी! वही पुरानी फटी टाट-पट्टी, मानो मेरी कविता की एक पंक्ति!"[324] कटा-फटा जीवन साँचे में ढली सरस कविताएँ पैदा नहीं करता। अपने रूप में भी जीवन के सच से प्रतिबद्ध रहता है। पुरानी फटी टाट-पट्टी और कविता की (गद्यात्मक) पंक्ति का सादृश्य यहाँ देखने योग्य है। ऐसा लगता है कि मुक्तिबोध सादृश्य का विधान नहीं करते। ज्ञानात्मक संवेदन के साथ वह अपने-आप चला आता है। उसका आना जितना ज़रूरी है, उतना ही सहज। व्यक्तित्व के छिपे हुए पहलुओं को वे 'पंखुरी के भीतर पंखुरी अथवा प्याज़ की परतों के अन्दर की परतें'[325] कहते हैं। बढ़ती संवेदनहीनता को वे एक पूरे प्रसंग द्वारा इस तरह साकार करते हैं—

"मैंने अकारण एक दिन की छुट्टी ली, बीमारी के बहाने। चाय पेट में भरकर, तिलक-मूर्ति के तिराहे तक जा पहुँचा कि सुबह साढ़े दस बजे सेक्रेटेरिएट के लिए रवाना होनेवाले बाबुओं का एक साइकिल-सवार जत्था नयी शुक्रवारी तालाब के एक किनारे रुक गया। जिस बात की मुझे शंका थी, वह सही निकली। एक शान्त गम्भीर लाश, जो पानी में अभी सड़ी नहीं थी, सतह पर स्तब्ध खुली-आँखों आसमान देख रही थी। वह किसी बूढ़ी माँ की लाश थी।...जो परिवार अपनी जननी को पाल न सके, उस परिवार को गाली देने की भी तबीयत नहीं होती। एक भयानक हाहाकार हृदय में छा जाता है। उस हाहाकार का सामूहिक दर्शन मुझे सेक्रेटेरिएट जाते हुए उन बाबुओं के चेहरों पर हुआ।"[326] चेहरों पर अंकित सामूहिक हाहाकार के रूप में यहाँ ध्वनि को देखा जा सकता है। ध्वनि को जो दिखा सके, निस्सन्देह वह ऐन्द्रिकता का समर्थ कवि है।

चन्द्रकान्त देवताले का कहना ठीक है कि "मुक्तिबोध बिम्बों का इस्तेमाल करते हुए भी संक्षिप्तता से बचते हैं। बिम्बात्मक शब्द और बिम्बात्मक वाक्य और बिम्बात्मक मुहावरे तो उनके यहाँ मिलते ही हैं, पर अकसर पूरा वर्णन, समूचा दृश्य और एक कथा उनके बिम्बों के विधान में मिलती है।"[327] शुक्रवारी तालाब में सड़ती एक माँ की लाश, उसकी इस दुर्गति के लिए ज़िम्मेदार परिवार को गाली के योग्य भी न समझना और

हृदय में छाए एक भयानक हाहाकार का दर्शकों के चेहरे पर अंकित होना बिम्ब के रूप में पूरा वर्णन है। समूचा दृश्य है। सम्पूर्ण प्रसंग है।

विविध ऐन्द्रिक रूपों को न प्रकृति में वातावरण अलग-अलग करता है, न डायरी के उन हिस्सों में, जहाँ वातावरण को लाया गया है। ऐसा ही एक हिस्सा है— ''रात काफ़ी हो गयी थी। सड़कों पर रौशनी के बावजूद अँधेरा बस गया था। सूनापन बोल रहा था। हवा देह से चिपक रही थी।''[328] रूप, ध्वनि और स्पर्श के संवेदनों की आपसदारी यहाँ देखी जा सकती है। राजेश जोशी ने देखा है कि 'मुक्तिबोध इन्द्रिय-बोध को भी अन्तर्विनिमेय बना देते हैं।'[329] वे जब चाहते हैं कि 'वातावरण ज़्यादा गरम और रोशन हो'[330] तो उसे देखने और छूने की चाह को एक साथ व्यक्त करते हैं। कोरी भावुकता जब जीवन को अपनी चपेट में ले लेती है तो क्या हालत होती है, इसे वे इस तरह बताते हैं—

'मन के भरोसे अपने को छोड़ देने से भी कष्ट होता है—उसी प्रकार कि जैसे एक जगह ठहरी हुई मोटर-लॉरी का गरम इंजन धड़धड़ाता ही रहे, लेकिन पहियों को न चलाए। गरम इंजन के शोर, तेलिया बू-बास और लॉरी के अंग-प्रत्यंग में धड़धड़ाता कम्प यात्रियों को बहुत तकलीफ़ देता है। मन भी इसी तरह कष्ट देता है। वह भी इसी तरह का इंजन बन जाता है। लेकिन, लॉरी के पहिए नहीं हिलते। ज़िन्दगी आगे नहीं बढ़ती।'[331] यहाँ इंजन की धड़धड़ाहट के रूप में ध्वनि, तेलिया बू-बास के रूप में गन्ध और लॉरी के धड़धड़ाते कम्प के रूप में स्पर्श के संवेदन मौजूद हैं। इन रूपों में लॉरी चलने के लिए हर साधन मौजूद है पर लॉरी नहीं चलती। जीवन न कोरी भावुकता से चलता है, न निरी ऐन्द्रिकता से। जीवन को चलाने के लिए संवेदनात्मक ज्ञान या बुद्धि का जीवनधर्मी उपयोग चाहिए। मुक्तिबोध के यहाँ ऐन्द्रिकता का बरताव इसी दृष्टि से हुआ है।

बुद्धि का जीवनधर्मी उपयोग होता रहे तो ज्ञान की सरहदें टूटती हैं। उसका विस्तार होता है। यह विस्तार ज्ञात से अज्ञात की तरफ़ जाने से होता है। ज्ञात से ज्ञात की तरफ़ जाने को मुक्तिबोध 'अपनी ही कील पर अपने ही आसपास घूमते रहना'[332] कहते हैं। कोल्हू के बैल की तरह। चलते रहने और यात्रा करने में अन्तर होता है। चलते रहना वस्तुतः ठहराव है। बुद्धि का प्रयोग किए बिना रूढ़ियों से चिपके रहना भी यही है। ऐसे में परिवर्तन होता भी है तो समाज में, परिवार में नहीं; शब्दों में, आचरण में नहीं। डायरी के अनुसार यही कारण है कि 'आज भी हमारे परिवार अमानवी कट्टरपन्थी विचारधारा के गढ़ हैं, या बुर्जुआ क़िस्म के सत्तावाद के दुर्ग हैं...।'[333] इन गढ़ों और दुर्गों की शक्ल में जड़ता की मजबूती और परिवर्तन के खोखलेपन को देखा जा सकता है।

देखा जा सकता है कि डायरी में बातचीत या बहस के दौरान मित्रों के चेहरे अकसर गरम और लाल होकर विचारोत्तेजना को दृश्य रूप देते हैं। व्यंग्य के कारण

उनके होंठ तिरछे हो जाते हैं।[334] मित्र जब कन्धे पर हाथ रखता है तो उसके 'हाथ के बालों में पसीने का गीलापन'[335] चमकता है। एक मित्र जब दूसरे को आलिंगन में भर लेता है तो पहले के आवेश से दूसरा आच्छन्न हो उठता है।[336] मित्र ऐसे भी होते हैं जो अच्छा श्रोता मिल जाए तो लगातार बोलते हुए अपनी ख़ुशी का झरना बहाते जाते हैं।[337] मित्र जब भावना में बहने लगता है तो उसकी आवाज़ बहुत घनी-घनी होने लगती है।[338] कोई अप्रिय बात सुनने पर 'चेहरा कटु और कठोर'[339] होने लगता है। मन में एक काँटा चुभने लगता है।[340] ऐसा भी लगता है जैसे कहनेवाला गाली दे रहा हो और 'एक ठंडी लहर...पूरे शरीर में दौड़' रही हो।[341] मेलजोल और बातचीत पूरी ज़िन्दगी के साथ आते हैं यहाँ।

अकेलेपन और चुप्पी के रूप भी ऐन्द्रिक हैं। यहाँ सत्य दिमाग़ में डुगडुगी बजाते रहते हैं।[342] कमरे में सन्नाटा हो तो 'टेबिल पर रखी हुई टाइमपीस की टिक-टिक के अलावा और कुछ भी नहीं सुनाई देता।'[343] अगर कोई न बोले तो 'चुप्पी काली होकर घनी और घनी होकर और भी काली और लम्बी हो जाती'[344] है। चुप्पी का रंग काला है। काला रंग मुक्तिबोध के यहाँ काफ़ी है। अनेक रूपों में। लिखते हैं कि 'यह पीड़ा उजला दर्द नहीं, काली वेदना है।'[345] यह भी कि 'समय ने हम दोनों के चेहरों पर सूखेपन और अनाशा की कालिख पोत दी थी'[346] और यह भी कि वाचक लेट गया पर उसे आराम नहीं मिला। उसका ''दिमाग़ चलने लगा। वह साइकिल पर चढ़कर, काली सुरंगों में घुसने का यत्न करने लगा।''[347] स्पष्ट है कि काला रंग यहाँ वेदना, सूखेपन, निराशा और अवचेतन का सूचक है।

उल्लासजनक परिस्थिति में जाग उठनेवाले अफ़सोस का सूचक वह इस हिस्से में है—'धूप बरामदे में सुनहला कालीन बिछा चुकी है। ताज़ी हवा, ऐसी जो दिल में घुलती है, किसी भूली बात को फिर से जगा देती है। अफ़सोस का एक गहरा काला धुआँ, सुबह के सुनहलेपन में नहाता हुआ, दिल के बाहर निकलता रहता है।'[348] दुःख और दर्द के अनेक रूप इस डायरी में हैं। अनेक ऐन्द्रिक संवेदन मिल-जुलकर इन रूपों को आकार देते हैं। लिखा है कि 'ऐसा दर्द भी क्या काम का, जो...परुष पीड़ा की सँड़ासी से दिल के गरम लोथड़े को पकड़ ले, हमें विक्षोभ और चिन्ता के खारे कुएँ में बोर दे!'[349] कोमल दिल कठोर पीड़ा की जकड़ से छूट नहीं पाता। उसका खारे कुएँ में डूबना ज़ख़्म का नमक में सराबोर होना है। दर्द यहाँ बहुत ज़्यादा और लगातार है।

इसका कारण डायरी के इन शब्दों में है—'मैंने उसे (अपने दुःख को) दो सौ रुपयों का साहबी सूट पहनाया, टाई लगवाई, होठों पर शालीन, सभ्य, सुसंस्कृत मुसकराहट विकसित की, उसके होठों के बीच कैवेंडर की सिगरेट खोंस दी—लेकिन वह बेवकूफ़ कष्ट, उसने यह बाना उतार फेंका और चटपट मिडिल स्कूल का शिक्षक बन बैठा! मैं चाहता था कि वह नपुंसक बनकर शान से घूमे। लेकिन, वह उल्लू का पट्ठा पुंसत्व

और पौरुष प्राप्त करके भूखों मरने लगा।'[350] दिखावे के काम आनेवाला दुःख नपुंसक होता है। उसके 'दाग़ो को तमग़ों-सा पहना' जा सकता है। यही उसके होने का अर्थ है। दुःख का सच्चाई के साथ, अपने कारणों के साथ, उन कारणों को सचमुच ख़त्म करने की चुनौतियों के साथ सामने आना पौरुष के साथ सामने आना है। ऐसे दुःख को चुनना आसान नहीं होता।

चुन लिया जाए तो ज़िन्दगी कॉलेज या यूनिवर्सिटी न रहकर वह प्राइमरी स्कूल बन जाती है 'जहाँ टाट-पट्टी पर बैठना पड़ता है; ज़रा-सी बात पर चाँटे के आघात की सारी संवेदनाएँ गालों पर झेलनी पड़ती हैं।'[351] सारी संवेदनाओं की संगठित तक़लीफ़ को यहाँ गालों पर देखा जा सकता है। यह देखा हुआ नहीं, सहा हुआ दुःख है। दुःख को दूर न कर पाने का दुःख और उसे दूर करने के संघर्ष का दुःख भी इसमें शामिल है। मुक्तिबोध ने डायरी में इस दुःख को इसके बहुतेरे रूपों के साथ लिखा है। 'घर में बीमारियों ने कई बिस्तर बिछा रखे थे'[352] इसका एक रूप है तो '(घोर बेचैनी में) कभी-कभी ऐसा भी होता है, मन अपने को भूनकर खाता है'[353] दूसरा। ये तमाम रूप मूलतः जीवन के और जीवन के लिए हैं, इसीलिए साहित्य के और साहित्य के लिए हैं।

इनपर डायरी में जो बहस है, वह भी बहस के लिए नहीं, (सबके लिए मानवीय) जीवन और उसपर न्यौछावर होनेवाले साहित्य के लिए है। डायरी पढ़ते हुए यह बहस पाठक के सामने घटित होती है। कारण यह कि लगातार बहस से होनेवाली थकान भी डायरी का हिस्सा है। 'अगर कोई व्यक्ति एक कप चाय दे दे तो नसें गरमा जाएँ। फिर शायद बहस के क़ाबिल हो सकूँ'[354] और 'चाय के कप ने हमारे शरीरों में मानवोचित गरमी पैदा की'[355] जैसे वाक्य इसके सूचक हैं। जीवन की 'चाय' जैसी मामूली (समझी जाने वाली) गतिविधियाँ डायरी में न होती तो इसकी बहसें ज़िन्दगी के हिस्सों की तरह न आकर अलग से स्वायत्त रूप में आतीं।

मुक्तिबोध के यहाँ जीवन का आदर्श रूप अकसर अग्नि के विविध रूपों में सामने आता है। इन रूपों को वे 'बिजली-भरी तड़पदार ज़िन्दगी' कहते हैं। ऐसी ज़िन्दगी, 'जिसमें सुलगती कल्पना छूती हुई भावना को पूरा करती है, जिसमें सीने का पसीना हो, और मेहनत के बाद की आनन्दपूर्ण थकन का सन्तोष हो।'[356] दूसरे शब्दों में 'सच्चा जीना तो वह है जिसमें प्रत्येक क्षण आलोकपूर्ण और विद्युन्मय रहे, जिसमें मनुष्य की ऊष्मा को बोध प्राप्त हो।'[357] मुक्तिबोध की डायरी का संवेदनात्मक उद्देश्य यही है। उनको अनुभव होता है कि 'हमारा ज्ञान, जीवन से अछूता रहने के कारण, रेगिस्तान के समान नीरस, और अर्थहीन हो जाता है। ज्ञान हममें रस नहीं हो पाता।'[358] अपने ऊर्जस्वी ऐन्द्रिक प्रयोगों के फलस्वरूप 'एक साहित्यिक की डायरी' में आनेवाला ज्ञान, रस हुआ है।

अपने को सीमित रह जाने से बचाने में समर्थ रस। वही रस, जिसकी ज़रूरत वैचारिकता को आज भी है।

## सन्दर्भ


1. रस मीमांसा –आचार्य रामचंद्र शुक्ल –पृष्ठ संख्या:120
2. अंतस्तल का पूरा विप्लव 'अँधेरे में' –सं. निर्मला जैन –पृष्ठ संख्या:36
3. हजारीप्रसाद द्विवेदी ग्रंथावली : 8 : पृष्ठ संख्या : 213
4. हजारीप्रसाद द्विवेदी ग्रंथावली : 8 : पृष्ठ संख्या : 195
5. मुक्तिबोध रचनावली : 4 : पृष्ठ संख्या : 98
6. मुक्तिबोध रचनावली : 4 : पृष्ठ संख्या : 116–117
7. मुक्तिबोध रचनावली : 5 : पृष्ठ संख्या : 102
8. मुक्तिबोध रचनावली : 5 : पृष्ठ संख्या : 96
9. रस मीमांसा–आचार्य रामचंद्र शुक्ल : पृष्ठ संख्या : 119
10. मुक्तिबोध रचनावली : 5 : पृष्ठ संख्या : 243
11. मुक्तिबोध ज्ञान और संवेदना –नंदकिशोर नवल : पृष्ठ संख्या : 69–70
12. मुक्तिबोध रचनावली : 5 : पृष्ठ संख्या : 145
13. दोहावली –तुलसीदास : पृष्ठ संख्या : 31
14. हजारीप्रसाद द्विवेदी ग्रंथावली : 8 : पृष्ठ संख्या : 169
15. मुक्तिबोध रचनावली : 5 : पृष्ठ संख्या : 197

16. सदानीरा : 1-अज्ञेय : पृष्ठ संख्या : 238
17. प्रतिनिधि कविताएँ -मुक्तिबोध : पृष्ठ संख्या : 34
18. आलोचना (त्रैमासिक), सहस्राब्दी अंक 55 -जुलाई-सितम्बर, 2015, मुक्तिबोध पर केन्द्रित -पृष्ठ संख्या 27
19. मुक्तिबोध : कविता और जीवन-विवेक-चन्द्रकान्त देवताले -पृष्ठ संख्या 118
20. मुक्तिबोध की कविताएं -संपादक : त्रिलोचन शास्त्री (भूमिका) पृष्ठ संख्या 11, 17
21. एक कवि की दूसरी नोट बुक: समकालीनता और साहित्य -राजेश जोशी -पृष्ठ संख्या : 52
22. नया ज्ञानोदय -सितम्बर, 2014 -भारतीय ज्ञानपीठ : पृष्ठ संख्या-34
23. उद्धृत -मुक्तिबोध : कविता और जीवन-विवेक -चन्द्रकान्त देवताले : पृष्ठ संख्या-241
24. अंतस्तल का पूरा विप्लव 'अँधेरे में' -सं. निर्मला जैन, पृ. 19
25. कंक (द्विमासिकी) -वर्ष : 9, अंक 51, 52, 53, 54, 55 -संयुक्तांक: मुक्तिबोध विशेषांक : पृष्ठ संख्या-76
26. मुक्तिबोध रचनावली : 4 : पृष्ठ संख्या : 197
27. सामयिक सरस्वती (शब्दों का उत्सव) -सामयिक प्रकाशन का त्रैमासिक आयोजन -अप्रैल-जून, 2016 -पृष्ठ संख्या: 11
28. आलोचना (त्रैमासिक), सहस्राब्दी अंक 55-जुलाई-सितम्बर, 2015, मुक्तिबोध पर केन्द्रित-पृष्ठ संख्या: 22
29. आलोचना (त्रैमासिक), सहस्राब्दी अंक 55-जुलाई-सितम्बर, 2015, मुक्तिबोध पर केन्द्रित-पृष्ठ संख्या: 73
30. मुक्तिबोध: कविता और जीवन-विवेक-चन्द्रकान्त देवताले, पृ. 234
31. अंतस्तल का पूरा विप्लव 'अँधेरे में' -सं. निर्मला जैन, पृ. 30-31
32. अंतस्तल का पूरा विप्लव 'अँधेरे में' -सं. निर्मला जैन, पृ. 20
33. मुक्तिबोध: कविता और जीवन-विवेक -चन्द्रकान्त देवताले, पृ. 183
34. उद्धृत-मुक्तिबोध: कविता और जीवन-विवेक -चन्द्रकान्त देवताले, पृ. 221
35. सामयिक सरस्वती (शब्दों का उत्सव)-सामयिक प्रकाशन का त्रैमासिक आयोजन-अप्रैल-जून, 2016, पृ. 97
36. मुक्तिबोध रचनावली-1, पृ. 362
37. तद्भव-सं. अखिलेश-वर्ष : 3 : अंक : 1, अक्तूबर, 2014, पृ. 15
38. नयी कविता और अस्तित्ववाद -रामविलास शर्मा, पृ. 142
39. निराला की साहित्य साधना: 2-डॉ. रामविलास शर्मा, पृ. 179
40. अन्तस्तल का पूरा विप्लव 'अँधेरे में'-सं. निर्मला जैन, पृ. 109
41. मेरे समय के शब्द -केदारनाथ सिंह, पृ. 70
42. मुक्तिबोध रचनावली : 2, पृ. 315
43. मुक्तिबोध रचनावली : 1, पृ. 179
44. मुक्तिबोध रचनावली : 2, पृ. 311
45. मुक्तिबोध रचनावली : 2, पृ. 318

46. मुक्तिबोध रचनावली : 2, पृ. 385
47. मुक्तिबोध रचनावली : 2, पृ. 385
48. चाँद का मुँह टेढ़ा है–मुक्तिबोध, पृ. 19
49. मुक्तिबोध रचनावली : 2, पृ. 203
50. नयी कविता और अस्तित्ववाद –रामविलास शर्मा, पृ. 144
51. मुक्तिबोध रचनावली : 2, पृ. 164
52. नया ज्ञानोदय, सितम्बर, 2014 –भारतीय ज्ञानपीठ, पृ. 33
53. मुक्तिबोध रचनावली : 2, पृ. 303
54. मुक्तिबोध रचनावली : 4, पृ. 186
55. मुक्तिबोध रचनावली : 2, पृ. 373
56. मुक्तिबोध रचनावली : 2, पृ. 162
57. मुक्तिबोध रचनावली : 2, पृ. 298
58. मुक्तिबोध रचनावली : 2, पृ. 304
59. मुक्तिबोध रचनावली : 1, पृ. 181
60. मुक्तिबोध रचनावली : 2, पृ. 303
61. मुक्तिबोध रचनावली : 2, पृ. 376
62. मुक्तिबोध रचनावली : 2, पृ. 374
63. आलोचना (त्रैमासिक), सहस्राब्दी अंक 55–जुलाई–सितम्बर, 2015, मुक्तिबोध पर केन्द्रित, पृ. 74
64. उद्धृत–मुक्तिबोध : कविता और जीवन–विवेक–चन्द्रकान्त देवताले, पृ. 288
65. मुक्तिबोध रचनावली : 2, पृ. 238
66. मुक्तिबोध रचनावली : 2, पृ. 102–103
67. मुक्तिबोध रचनावली : 2, पृ. 39
68. मुक्तिबोध रचनावली : 2, पृ. 371
69. मुक्तिबोध रचनावली : 2, पृ. 155
70. मुक्तिबोध रचनावली : 5, पृ. 188
71. उद्धृत–मुक्तिबोध : कविता और जीवन–विवेक–चन्द्रकान्त देवताले, पृ. 202
72. आलोचना (त्रैमासिक), सहस्राब्दी अंक 55–जुलाई–सितम्बर, 2015, मुक्तिबोध पर केन्द्रित, पृ. 27
73. मुक्तिबोध रचनावली : 2, पृ. 135
74. मुक्तिबोध रचनावली : 2, पृ. 138
75. मुक्तिबोध रचनावली : 2, पृ. 139
76. मुक्तिबोध रचनावली : 2, पृ. 140–141
77. पेड़ का हाथ–डॉक्टर विश्वनाथ त्रिपाठी, उद्धृत, पृ. 52
78. मुक्तिबोध रचनावली : 2, पृ. 141
79. मुक्तिबोध रचनावली : 2, पृ. 142
80. मुक्तिबोध रचनावली : 2, पृ. 144

81. मुक्तिबोध रचनावली : 2, पृ. 145
82. मुक्तिबोध रचनावली : 5, पृ. 24
83. मुक्तिबोध रचनावली : 5, पृ. 32
84. मुक्तिबोध रचनावली : 2, पृ. 172
85. मुक्तिबोध रचनावली : 2, पृ. 173
86. मुक्तिबोध रचनावली : 2, पृ. 233
87. अंतस्तल का पूरा विप्लव अँधेरे में –सं. निर्मला जैन, पृ. 109
88. मुक्तिबोध रचनावली : 2, पृ. 235
89. मुक्तिबोध रचनावली : 2, पृ. 236
90. मुक्तिबोध रचनावली : 2, पृ. 238
91. मुक्तिबोध रचनावली : 2, पृ. 239
92. मुक्तिबोध रचनावली : 2, पृ. 243
93. मुक्तिबोध रचनावली : 2, पृ. 243–244
94. मुक्तिबोध रचनावली : 2, पृ. 273
95. मुक्तिबोध रचनावली : 2, पृ. 274
96. मुक्तिबोध रचनावली : 2, पृ. 277–278
97. मुक्तिबोध ज्ञान और संवेदना –नन्दकिशोर नवल, पृ. 320
98. मुक्तिबोध रचनावली : 2, पृ. 279
99. मुक्तिबोध रचनावली : 2, पृ. 283
100. मुक्तिबोध रचनावली : 2, पृ. 284
101. मुक्तिबोध रचनावली : 5, पृ. 206
102. मुक्तिबोध रचनावली : 5, पृ. 250
103. मुक्तिबोध रचनावली : 5, पृ. 253–254
104. मुक्तिबोध रचनावली : 2, पृ. 287
105. मुक्तिबोध रचनावली : 2, पृ. 287–288
106. मुक्तिबोध रचनावली : 2, पृ. 289
107. मुक्तिबोध रचनावली : 2, पृ. 290–291
108. मुक्तिबोध रचनावली : 2, पृ. 292
109. मुक्तिबोध रचनावली : 3, पृ. 131
110. मुक्तिबोध रचनावली : 3, पृ. 132
111. मुक्तिबोध रचनावली : 2, पृ. 316
112. मुक्तिबोध रचनावली : 2, पृ. 319
113. मुक्तिबोध रचनावली : 2, पृ. 320
114. कविता के नये प्रतिमान –नामवर सिंह, पृ. 219
115. अंतस्तल का पूरा विप्लव 'अँधेरे में' –सं. निर्मला जैन, पृ. 110
116. कविता के नये प्रतिमान –नामवर सिंह –पृष्ठ संख्या : 225
117. मुक्तिबोध रचनावली : 2, पृ. 322

118. मुक्तिबोध रचनावली : 2, पृ. 322-323
119. मुक्तिबोध : कविता और जीवन विवेक-चन्द्रकान्त देवताले, पृ. 146-147
120. मुक्तिबोध रचनावली : 2, पृ. 323
121. मुक्तिबोध रचनावली : 2, पृ. 324
122. मुक्तिबोध रचनावली : 2, पृ. 325
123. मुक्तिबोध रचनावली : 2, पृ. 329-330
124. आलोचना (त्रैमासिक), सहस्राब्दी अंक 55-जुलाई-सितम्बर, 2015, मुक्तिबोध पर केन्द्रित, पृ. 135
125. मुक्तिबोध रचनावली : 2, पृ. 332-333
126. मुक्तिबोध रचनावली : 2, पृ. 340-341
127. मुक्तिबोध रचनावली : 2, पृ. 342-343
128. मुक्तिबोध रचनावली : 2, पृ. 344
129. मुक्तिबोध रचनावली : 2, पृ. 348
130. समुद्र पर हो रही है बारिश -नरेश सक्सेना, पृ. 28
131. मुक्तिबोध रचनावली : 2, पृ. 348
132. मुक्तिबोध रचनावली : 2, पृ. 350-351
133. मुक्तिबोध रचनावली : 2, पृ. 351
134. मुक्तिबोध रचनावली : 2, पृ. 352
135. मुक्तिबोध रचनावली : 2, पृ. 352-353
136. आलोचना (त्रैमासिक), सहस्राब्दी अंक 55-जुलाई-सितम्बर, 2015, मुक्तिबोध पर केन्द्रित, पृ. 72
137. कविता के नये प्रतिमान -नामवर सिंह, पृ. 217
138. एक कवि की दूसरी नोटबुक: समकालीनता और साहित्य-राजेश जोशी, पृ. 51
139. सामयिक सरस्वती (शव्दों का उत्सव) -सामयिक प्रकाशन का त्रैमासिक आयोजन - अप्रैल-जून 2016, पृ. 81
140. मुक्तिबोध रचनावली : 4, पृ. 197
141. कंक (द्विमासिकी)-वर्ष : 9, अंक : 51,52,53,54,55 -संयुक्तांक : मुक्तिबोध विशेषांक -पृष्ठ संख्या: 223
142. मुक्तिबोध रचनावली : 2, पृ. 368
143. मुक्तिबोध रचनावली : 2, पृ. 369-370
144. मुक्तिबोध रचनावली : 2, पृ. 370
145. मुक्तिबोध रचनावली : 2, पृ. 371
146. मुक्तिबोध रचनावली : 5, पृ. 25
147. मुक्तिबोध रचनावली : 5, पृ. 19
148. मुक्तिबोध रचनावली : 5, पृ. 32
149. कंक (द्विमासिकी) -वर्ष: 9, अंक : 51,52,53,54,55 -संयुक्तांक : मुक्तिबोध विशेषांक, पृ. 219

150. आज की कहानी –विजय मोहन सिंह : पृ. 30
151. आज की कहानी –विजय मोहन सिंह : पृ. 27
152. कंक (द्विमासिकी) –वर्ष: 9, अंक : 51,52,53,54,55 –संयुक्तांक : मुक्तिबोध विशेषांक, पृ. 206
153. आज की कहानी –विजय मोहन सिंह : पृ. 32
154. मुक्तिबोध रचनावली : 3, पृ. 68
155. आलोचना (त्रैमासिक), सहस्राब्दी अंक 55–जुलाई–सितम्बर, 2015, मुक्तिबोध पर केन्द्रित, पृ. 118–119
156. मुक्तिबोध रचनावली : 3, पृ. 15
157. मुक्तिबोध रचनावली : 3, पृ. 15
158. मुक्तिबोध रचनावली : 3, पृ. 17
159. मुक्तिबोध रचनावली : 3, पृ. 18–19
160. मुक्तिबोध रचनावली : 3, पृ. 24
161. मुक्तिबोध रचनावली : 3, पृ. 25
162. मुक्तिबोध रचनावली : 3, पृ. 40
163. मुक्तिबोध रचनावली : 3, पृ. 41
164. मुक्तिबोध रचनावली : 3, पृ. 42
165. मुक्तिबोध रचनावली : 3, पृ. 44
166. मुक्तिबोध रचनावली : 3, पृ. 48
167. मुक्तिबोध रचनावली : 3, पृ. 52
168. मुक्तिबोध रचनावली : 3, पृ. 109
169. मुक्तिबोध रचनावली : 3, पृ. 95
170. मुक्तिबोध रचनावली : 3, पृ. 276–277
171. मुक्तिबोध रचनावली : 3, पृ. 114
172. मुक्तिबोध रचनावली : 3, पृ. 102
173. मुक्तिबोध रचनावली : 3, पृ. 340
174. मुक्तिबोध रचनावली : 3, पृ. 173
175. मुक्तिबोध रचनावली : 3, पृ. 212
176. मुक्तिबोध रचनावली : 3, पृ. 106
177. मुक्तिबोध रचनावली : 3, पृ. 107
178. मुक्तिबोध रचनावली : 3, पृ. 102
179. मुक्तिबोध रचनावली : 3, पृ. 106
180. मुक्तिबोध रचनावली : 3, पृ. 110
181. मुक्तिबोध रचनावली : 3, पृ. 330
182. मुक्तिबोध रचनावली : 3, पृ. 363
183. मुक्तिबोध रचनावली : 3, पृ. 179
184. अपना देस परदेस–विश्वनाथ त्रिपाठी : पृ. 7

185. मुक्तिबोध रचनावली : 3, पृ. 330
186. मुक्तिबोध रचनावली : 3, पृ. 167
187. मुक्तिबोध रचनावली : 3, पृ. 217
188. मुक्तिबोध रचनावली : 3, पृ. 237-239
189. मुक्तिबोध रचनावली : 3, पृ. 233
190. मुक्तिबोध रचनावली : 3, पृ. 95
191. मुक्तिबोध रचनावली : 3, पृ. 76
192. मुक्तिबोध रचनावली : 3, पृ. 77
193. मुक्तिबोध रचनावली : 3, पृ. 77
194. मुक्तिबोध रचनावली : 3, पृ. 82
195. मुक्तिबोध रचनावली : 3, पृ. 83
196. मुक्तिबोध रचनावली : 3, पृ. 84
197. मुक्तिबोध रचनावली : 3, पृ. 85
198. मुक्तिबोध रचनावली : 3, पृ. 85
199. मुक्तिबोध रचनावली : 3, पृ. 86
200. मुक्तिबोध रचनावली : 3, पृ. 130
201. मुक्तिबोध रचनावली : 3, पृ. 130
202. मुक्तिबोध रचनावली : 3, पृ. 131
203. मुक्तिबोध रचनावली : 3, पृ. 135
204. मुक्तिबोध रचनावली : 3, पृ. 138
205. मुक्तिबोध रचनावली : 3, पृ. 139
206. मुक्तिबोध रचनावली : 3, पृ. 140
207. मुक्तिबोध रचनावली : 3, पृ. 141
208. मुक्तिबोध रचनावली : 3, पृ. 142
209. मुक्तिबोध रचनावली : 3, पृ. 146-147
210. मुक्तिबोध रचनावली : 3, पृ. 150
211. मुक्तिबोध रचनावली : 3, पृ. 155-156
212. मुक्तिबोध रचनावली : 3, पृ. 196
213. मुक्तिबोध रचनावली : 3, पृ. 197
214. मुक्तिबोध रचनावली : 3, पृ. 199
215. मुक्तिबोध रचनावली : 3, पृ. 201
216. मुक्तिबोध रचनावली : 3, पृ. 201-202
217. मुक्तिबोध रचनावली : 5, पृ. 41
218. मुक्तिबोध रचनावली : 5, पृ. 79
219. मुक्तिबोध रचनावली : 5, पृ. 83-84
220. मुक्तिबोध रचनावली : 5, पृ. 105
221. मुक्तिबोध रचनावली : 5, पृ. 115

222. मुक्तिबोध रचनावली : 5, पृ. 116–117
223. मुक्तिबोध रचनावली : 6, पृ. 171
224. मुक्तिबोध रचनावली : 5, पृ. 109
225. मुक्तिबोध रचनावली : 5, पृ. 100–101
226. मुक्तिबोध रचनावली : 5, पृ. 104–105
227. मुक्तिबोध रचनावली : 5, पृ. 163
228. मुक्तिबोध रचनावली : 5, पृ. 169
229. मुक्तिबोध रचनावली : 5, पृ. 333
230. मुक्तिबोध रचनावली : 5, पृ. 226
231. मुक्तिबोध रचनावली : 5, पृ. 181
232. मुक्तिबोध रचनावली : 4, पृ. 107
233. मुक्तिबोध रचनावली : 4, पृ. 112
234. मुक्तिबोध रचनावली : 5, पृ. 243
235. मुक्तिबोध रचनावली : 5, पृ. 210
236. मुक्तिबोध रचनावली : 5, पृ. 228
237. मुक्तिबोध रचनावली : 5, पृ. 244
238. मुक्तिबोध रचनावली : 4, पृ. 89
239. मुक्तिबोध रचनावली : 4, पृ. 85
240. मुक्तिबोध रचनावली : 4, पृ. 197
241. मुक्तिबोध रचनावली : 4, पृ. 197
242. मुक्तिबोध रचनावली : 4, पृ. 197
243. मुक्तिबोध रचनावली : 4, पृ. 197
244. मुक्तिबोध रचनावली : 4, पृ. 85
245. मुक्तिबोध रचनावली : 4, पृ. 195
246. मुक्तिबोध रचनावली : 4, पृ. 198–199
247. सामयिक सरस्वती (त्रैमासिक) –अप्रैल–जून, 2016 : पृ. 7
248. कंक (द्विमासिकी) –वर्षः 9, अंक : 51, 52,53, 54, 55 –संयुक्तांक : मुक्तिबोध विशेषांक, पृ. 153
249. सामयिक सरस्वती (त्रैमासिक) –अप्रैल–जून, 2016 : पृ. 59
250. आलोचना (त्रैमासिक) –सहस्राब्दी अंक 55–जुलाई–सितम्बर, 2015 :पृ. 73
251. मुक्तिबोध की कविताएं–सम्पादक : त्रिलोचन शास्त्री –भूमिका, पृ. 20
252. एक कवि की दूसरी नोटबुक : समकालीनता और साहित्य–राजेश जोशी, पृ. 50–51
253. मुक्तिबोध रचनावली : 4, पृ. 185
254. मुक्तिबोध रचनावली : 4, पृ. 54
255. मुक्तिबोध रचनावली : 4, पृ. 56
256. मुक्तिबोध रचनावली : 4, पृ. 17
257. मुक्तिबोध रचनावली : 4, पृ. 20

258. मुक्तिबोध रचनावली : 4, पृ. 21
259. मुक्तिबोध रचनावली : 4, पृ. 22
260. मुक्तिबोध रचनावली : 4, पृ. 37
261. मुक्तिबोध रचनावली : 4, पृ. 75
262. मुक्तिबोध रचनावली : 4, पृ. 135
263. मुक्तिबोध रचनावली : 4, पृ. 63
264. मुक्तिबोध रचनावली : 4, पृ. 77
265. मुक्तिबोध रचनावली : 4, पृ. 131
266. मुक्तिबोध रचनावली : 4, पृ. 82
267. मुक्तिबोध रचनावली : 4, पृ. 54
268. आलोचना, सहस्राब्दी अंक 33-जुलाई-सितम्बर, 2015, मुक्तिबोध पर केन्द्रित-पृ. 66-67
269. मुक्तिबोध रचनावली : 4, पृ. 115
270. मुक्तिबोध रचनावली : 4, पृ. 117
271. मुक्तिबोध रचनावली : 4, पृ. 68
272. मुक्तिबोध रचनावली : 4, पृ. 74-75
273. मुक्तिबोध रचनावली : 4, पृ. 69
274. मुक्तिबोध रचनावली : 4, पृ. 135
275. मुक्तिबोध रचनावली : 4, पृ. 107
276. मुक्तिबोध रचनावली : 4, पृ. 28
277. मुक्तिबोध रचनावली : 4, पृ. 48
278. मुक्तिबोध रचनावली : 4, पृ. 37
279. मुक्तिबोध रचनावली : 4, पृ. 130
280. मुक्तिबोध रचनावली : 4, पृ. 94
281. मुक्तिबोध रचनावली : 4, पृ. 127
282. मुक्तिबोध रचनावली : 4, पृ. 26
283. मुक्तिबोध रचनावली : 4, पृ. 53
284. मुक्तिबोध रचनावली : 4, पृ. 34
285. मुक्तिबोध रचनावली : 4, पृ. 27
286. मुक्तिबोध रचनावली : 4, पृ. 53
287. मुक्तिबोध रचनावली : 4, पृ. 160
288. मुक्तिबोध रचनावली : 4, पृ. 99
289. मुक्तिबोध रचनावली : 4, पृ. 122
290. मुक्तिबोध रचनावली : 4, पृ. 66
291. परसाई रचनावली : 6, पृ. 368
292. परसाई रचनावली : 6, पृ. 370
293. परसाई रचनावली : 6, पृ. 371

294. परसाई रचनावली : 6, पृ. 370
295. परसाई रचनावली : 6, पृ. 372
296. मुक्तिबोध रचनावली : 4, पृ. 25
297. मुक्तिबोध रचनावली : 4, पृ. 66
298. मुक्तिबोध रचनावली : 4, पृ. 72
299. मुक्तिबोध रचनावली : 4, पृ. 29
300. मुक्तिबोध रचनावली : 4, पृ. 50
301. मुक्तिबोध रचनावली : 4, पृ. 134
302. मुक्तिबोध रचनावली : 4, पृ. 39
303. मुक्तिबोध रचनावली : 4, पृ. 37
304. मुक्तिबोध रचनावली : 4, पृ. 47
305. मुक्तिबोध रचनावली : 4, पृ. 81
306. मुक्तिबोध रचनावली : 4, पृ. 92, 132
307. मुक्तिबोध रचनावली : 4, पृ. 33, 40
308. मुक्तिबोध रचनावली : 4, पृ. 31
309. मुक्तिबोध रचनावली : 4, पृ. 127
310. मुक्तिबोध रचनावली : 4, पृ. 77, 82
311. मुक्तिबोध रचनावली : 4, पृ. 119, 77
312. मुक्तिबोध रचनावली : 4, पृ. 54
313. मुक्तिबोध रचनावली : 4, पृ. 52, 55
314. मुक्तिबोध रचनावली : 4, पृ. 125
315. मुक्तिबोध रचनावली : 4, पृ. 81, 101
316. मुक्तिबोध रचनावली : 4, पृ. 70
317. मुक्तिबोध रचनावली : 4, पृ. 55
318. मुक्तिबोध रचनावली : 4, पृ. 62
319. मुक्तिबोध रचनावली : 4, पृ. 55-56
320. मुक्तिबोध रचनावली : 4, पृ. 76
321. मुक्तिबोध रचनावली : 4, पृ. 145
322. मुक्तिबोध रचनावली : 4, पृ. 65
323. मुक्तिबोध रचनावली : 4, पृ. 91
324. मुक्तिबोध रचनावली : 4, पृ. 105
325. मुक्तिबोध रचनावली : 4, पृ. 71
326. मुक्तिबोध रचनावली : 4, पृ. 175
327. मुक्तिबोध: कविता और जीवन-विवेक -चन्द्रकान्त देवताले, पृ. 214-215
328. मुक्तिबोध रचनावली : 4, पृ. 90
329. एक कवि की नोटबुक - राजेश जोशी, पृ. 15
330. मुक्तिबोध रचनावली : 4, पृ. 125

331. मुक्तिबोध रचनावली : 4, पृ. 128-129
332. मुक्तिबोध रचनावली : 4, पृ. 73-74
333. मुक्तिबोध रचनावली : 4, पृ. 43
334. मुक्तिबोध रचनावली : 4, पृ. 133
335. मुक्तिबोध रचनावली : 4, पृ. 116
336. मुक्तिबोध रचनावली : 4, पृ. 134
337. मुक्तिबोध रचनावली : 4, पृ. 125
338. मुक्तिबोध रचनावली : 4, पृ. 68
339. मुक्तिबोध रचनावली : 4, पृ. 48
340. मुक्तिबोध रचनावली : 4, पृ. 26
341. मुक्तिबोध रचनावली : 4, पृ. 41
342. मुक्तिबोध रचनावली : 4, पृ. 124
343. मुक्तिबोध रचनावली : 4, पृ. 129
344. मुक्तिबोध रचनावली : 4, पृ. 78
345. मुक्तिबोध रचनावली : 4, पृ. 96
346. मुक्तिबोध रचनावली : 4, पृ. 83
347. मुक्तिबोध रचनावली : 4, पृ. 98
348. मुक्तिबोध रचनावली : 4, पृ. 122
349. मुक्तिबोध रचनावली : 4, पृ. 123
350. मुक्तिबोध रचनावली : 4, पृ. 128
351. मुक्तिबोध रचनावली : 4, पृ. 105
352. मुक्तिबोध रचनावली : 4, पृ. 91
353. मुक्तिबोध रचनावली : 4, पृ. 97
354. मुक्तिबोध रचनावली : 4, पृ. 106
355. मुक्तिबोध रचनावली : 4, पृ. 119
356. मुक्तिबोध रचनावली : 4, पृ. 99
357. मुक्तिबोध रचनावली : 4, पृ. 100
358. मुक्तिबोध रचनावली : 4, पृ. 173

# परिशिष्ट

*सन्दर्भ-स्रोत*

## पुस्तकें


— चाँद का मुँह टेढ़ा है—गजानन माधव मुक्तिबोध—प्रकाशक : भारतीय ज्ञानपीठ, बी/45-47, कनॉट प्लेस, नयी दिल्ली-110001 -चतुर्थ संस्करण: जून, 1975

— मुक्तिबोध रचनावली : 1-6 -सम्पादक : नेमिचन्द्र जैन—राजकमल प्रकाशन प्रा. लि., 1-बी, नेताजी सुभाष मार्ग, नयी दिल्ली-110002—प्रथम संस्करण : 1980, द्वितीय परिवर्द्धित संस्करण: 1986, पहली आवृत्ति : 1998

— प्रतिनिधि कविताएँ—गजानन माधव मुक्तिबोध—सम्पादक : अशोक वाजपेयी -राजकमल पेपरबेक्स में प्रकाशित प्रथम संस्करण : 1984—राजकमल प्रकाशन प्रा. लि., 1-बी, नेताजी सुभाष मार्ग, नयी दिल्ली-110002—मूल्य : रुपये 10.00

— मुक्तिबोध की कविताएँ—सम्पादक: त्रिलोचन शास्त्री—साहित्य अकादेमी, रवीन्द्र भवन, 35 फ़ीरोज़शाह मार्ग, नयी दिल्ली-110001-प्रथम संस्करण : 1991 पुनर्मुद्रण : 1999, 2004, 2009 -मूल्य : 75 रुपये

— दोहावली—गोस्वामी तुलसीदास—अनुवादक : हनुमानप्रसाद पोद्दार—प्रकाशक : गोविन्द भवन कार्यालय, गीताप्रेस, गोरखपुर—पहला संस्करण : संवत् 1996—तीसवाँ संस्करण : संवत् 2048 -मूल्य: पाँच रुपये।

— परसाई रचनावली : 3 -सम्पादक मंडल : कमलाप्रसाद, धनंजय वर्मा, श्यामसुन्दर मिश्र, मलय, श्याम कश्यप—राजकमल प्रकाशन प्रा. लि. 1-बी, नेताजी सुभाष मार्ग, नयी दिल्ली-110002—पहला संस्करण : जनवरी, 1985, तीसरा संस्करण : सितम्बर, 1998

— परसाई रचनावली : 6 -सम्पादक मंडल : कमलाप्रसाद, धनंजय वर्मा, श्यामसुन्दर मिश्र, मलय, श्याम कश्यप—राजकमल प्रकाशन प्रा. लि. 1-बी, नेताजी सुभाष मार्ग, नयी दिल्ली-110002—पहला संस्करण : जनवरी, 1985, तीसरा संस्करण :

सितम्बर, 1998
— हजारी प्रसाद द्विवेदी ग्रन्थावली-8—सम्पादक : मुकुन्द द्विवेदी—राजकमल प्रकाशन प्रा. लि., 1-बी, नेताजी सुभाष मार्ग, नयी दिल्ली-110002—पहला पेपरबेक संस्करण : 1999
— रस मीमांसा—आचार्य रामचन्द्र शुक्ल—सम्पादक : विश्वनाथप्रसाद मिश्र—प्रकाशक : नागरी प्रचारिणी सभा, काशी—पंचम संस्करण : संवत् 2039
— निराला की साहित्य साधना : 2 -डॉ. रामविलास शर्मा—राजकमल प्रकाशन प्रा. लि., 8, नेताजी सुभाष मार्ग, नयी दिल्ली-110002—प्रथम संस्करण : 1972, द्वितीय संस्करण : 1981
— नयी कविता और अस्तित्ववाद—डॉ. रामविलास शर्मा—राजकमल प्रकाशन प्रा. लि., 8, नेताजी सुभाष मार्ग, नयी दिल्ली-110002—प्रथम संस्करण : 1978, द्वितीय संस्करण : 1987
— कविता के नये प्रतिमान—नामवर सिंह—राजकमल प्रकाशन प्रा. लि., 8, नेताजी सुभाष मार्ग, नयी दिल्ली—110002 -प्रथम संस्करण : 1968, तृतीय संस्करण : 1982
— पेड़ का हाथ (केदारनाथ अग्रवाल की कविताओं का विवेचन)—विश्वनाथ त्रिपाठी—वाणी प्रकाशन, 21-ए, दरियागंज, नयी दिल्ली-110002—प्रथम संस्करण : 2002—मूल्य : 100.00 रुपये।
— अपना देस परदेस—विश्वनाथ त्रिपाठी—स्वराज प्रकाशन, 7/14, गुप्ता लेन, अंसारी रोड, दरियागंज, नयी दिल्ली—110002, फ़ोन : 011-23289915, 09968629836—प्रथम संस्करण : 2010 -मूल्य : 225.00 रुपये।
— अन्तस्तल का पूरा विप्लव 'अँधेरे में'—सं. निर्मला जैन—राधाकृष्ण प्रकाशन प्राइवेट लिमिटेड, 2/38, अंसारी मार्ग, दरियागंज, नयी दिल्ली—110002—पहला संस्करण : 1994, पहली आवृत्ति : 1999 -मूल्य : 45 रुपये
— मेरे समय के शब्द—केदारनाथ सिंह—राधाकृष्ण प्रकाशन प्राइवेट लिमिटेड, 2/38, अंसारी मार्ग, दरियागंज, नयी दिल्ली-110002—पहला संस्करण : 1993 -मूल्य : 125 रुपये।
— आज की कहानी—विजय मोहन सिंह -राधाकृष्ण प्रकाशन प्राइवेट लिमिटेड, 7/31, अंसारी मार्ग, दरियागंज, नयी दिल्ली-110002—पहला संस्करण : 1983, दूसरा संस्करण : 2002, पहली आवृत्ति : 2012—मूल्य : रु. 200/-
— मुक्तिबोध ज्ञान और संवेदना—नन्दकिशोर नवल—राजकमल प्रकाशन प्रा. लि., 1-बी, नेताजी सुभाष मार्ग, नयी दिल्ली-110002—पहला संस्करण : 1994, संशोधित संस्करण : 2000, पहली आवृत्ति : 2005

— मुक्तिबोध : कविता और जीवन-विवेक—चन्द्रकान्त देवताले—राधाकृष्ण प्रकाशन प्राइवेट लिमिटेड, जी-17, जगतपुरी, दिल्ली-110051—पहला संस्करण : 2003
— सदानीरा (दो जिल्दों में अज्ञेय की सम्पूर्ण कविताएँ)—1-नेशनल पब्लिशिंग हाउस, 23, दरियागंज, नयी दिल्ली-110002—प्रथम संस्करण : 1986
— समुद्र पर हो रही है बारिश—नरेश सक्सेना—राजकमल प्रकाशन प्रा. लि., 1-बी, नेताजी सुभाष मार्ग, नयी दिल्ली-110002—पहला संस्करण : 2001
— एक कवि की नोटबुक—राजेश जोशी—राजकमल प्रकाशन प्रा. लि., 1-बी, नेताजी सुभाष मार्ग, नयी दिल्ली-110002—पहला संस्करण : 2004
— एक कवि की दूसरी नोटबुक: समकालीनता और साहित्य -राजेश जोशी -राजकमल प्रकाशन प्रा. लि., 1-बी, नेताजी सुभाष मार्ग, नयी दिल्ली-110002 —पहला संस्करण: 2010

## पत्र-पत्रिकाएँ

— आलोचना (त्रैमासिक), सहस्त्राब्दी अंक 55-जुलाई-सितम्बर, 2015, मुक्तिबोध पर केन्द्रित—प्रधान सम्पादक : नामवर सिंह-सम्पादक : अपूर्वानन्द—सहसम्पादक : आर. चेतनक्रान्ति—राजकमल प्रकाशन प्रा. लि., 1-बी, नेताजी सुभाष मार्ग, नयी दिल्ली-110002—यह अंक : 60 रुपये।
— कंक (द्विमासिकी)—वर्ष : 9, अंक : 51, 52, 53, 54, 55—संयुक्तांक : मुक्तिबोध विशेषांक : दिसम्बर, 1980—सम्पादक/प्रकाशक/मुद्रक : निर्मल शर्मा -सम्पर्क : दयानन्द मार्ग, धानमंडी, रतलाम-457 001, मध्य प्रदेश—मूल्य : वार्षिक 20 रुपये, इस अंक का 10 रुपये।
— तद्भव, हिन्दी त्रैमासिक, सम्पादन : अखिलेश, वर्ष : 3, अंक : 1, अक्तूबर, 2014—सम्पर्क : 18/201, इन्दिरा नगर, लखलऊ-226016, उत्तर प्रदेश-दूरभाष : 9522-2345301
— नया ज्ञानोदय -सितम्बर, 2014 -सम्पादक: लीलाधर मंडलोई -भारतीय ज्ञानपीठ, 18, इंस्टीट्यूशनल एरिया, लोदी रोड, नयी दिल्ली-110003 —मूल्य : 30 रुपये।
— सामयिक सरस्वती (शब्दों का उत्सव) -सामयिक प्रकाशन का त्रैमासिक आयोजन —सम्पादक : महेश भारद्वाज—कार्यकारी सम्पादक : शरद सिंह—अतिथि सम्पादक : दिनेश कुमार—वर्ष : 2, अंक : 1, अप्रैल-जून, 2016, प्रकाशन तिथि : 10 जून, 2016—प्रकाशक : सामयिक प्रकाशन, 3320-21, जटवाड़ा, नेताजी सुभाष मार्ग, दरियागंज, नयी दिल्ली-110002 -सहयोग राशि : मूल्य : रुपये 50/-

❑❑❑